공급사슬관리

Supply Chain Management

김진한

머리말

과거의 개별 기업 간 경쟁은 이제 공급사슬 간 경쟁 혹은 공급 네트워크 간 경쟁으로 진화하는 양상을 보이고 있다. 이것은 어떤 기업이 경쟁력을 갖추기 위해서는 전략적 및 운영적 의사결정에서 자신만의 국부적 최적화를 추구하기보다는 공급사슬 혹은 공급 네트워크 차원의 전체 최적화를 추구해야 한다는 것을 의미한다. 결국, 기업의 모든 의사결정이 공급사슬의 관점에서 수행되어야 하기 때문에 공급사슬관리에 대한 이해는 경영학 분야에서 매우 중요한 이슈가 되고 있다. 특히, 최근의 코로나19 감염병, 자연재해, 인간이 초래한 재해 등으로 인해 공급사슬의 한 축에서 발생하는 붕괴가 특정 기업뿐만 아니라 전체 공급사슬의 경쟁력과 생존에 직접적으로 영향을 미친다는 것은 자명한 사실이기 때문에 공급사슬관리의 중요성은 더욱 강조되고 있다.

이러한 중요한 시기에 본서는 공급사슬관리에서 필수적인 다양한 이슈들을 논의한다. 주 내용으로는 공급사슬 협력과 그 기법, 구매자-공급자 관계와 공급자 개발, 공급사슬 전략을 다룬다. 특히, 본서에서 가장 중점적으로 강조하고 있는 내용은 공급사슬 리스크 관리이다. 이를 위해 공급사슬 복잡성과 가시성, 강건성, 민첩성, 유연성, 회복성을 다루고 그 리스크에 대응하는 전략적 방법을 논의한다. 또한 4차 산업혁명과 관련한 최근 동향으로서 기술의 발전이 공급사슬관리에 어떤 영향을 미치는지를 소개한다.

본서의 몇 가지 특징을 정리하면 다음과 같다.

첫째, 본서의 주요 내용은 경영학 분야의 공급사슬관리에서 주로 다루어지고 있는 공급사슬 전략을 중심으로 정리되었다. 사실, 공급사슬관리의 중요한 주제 중 하나인 공급사슬 디자인과 관련된 의사결정 문제를 다루기 위해 다양한 수학적 및 계량적 모형이 적용될 수 있으나 분량의 문제뿐만 아니라 난이도 조절을 위해 과감하게 생략하였다. 이에 대해 관심이 있는 독자는 경영과학, 공급사슬 디자인 등 관련 과목의 해당 내용을 참고하기 바라고 이를 포함한 교재는 다음 기회로 미루기로 한다.

둘째, 본서는 공급사슬관리의 주요 내용에 대해 새로운 관점을 창출하거나 저자의 독창적인 통찰을 강조하는 교재가 아니다. 오히려 독자들이 공급사슬관리에 대한 전반적 내용을 익히고 기본 체계를 잡는 데 도움을 주기 위해 기존의 전문 학술지에 게재된 연구를 가급적 많이 소개하고 체계적으로 정리하는 역할에 초점을 두었다.

셋째, 본서의 수준은 학부뿐만 아니라 대학원 수준에도 적합하도록 최근의 다양한 내용이 많이 포함되어 있다. 학부 수준에서 익혀야 하는 필수적인 내용을 모두 다루도록 노력하였을 뿐만 아니라 각 장별로 최근의 전문 학술지에서 논의되었던 중요한 이슈들을 많이 소개하였다. 특히, 대학원 수업을 듣거나 논문을 준비하는 독자들이 본 교재를 통해 어떤 주제에 필요한 내용을 가급적 짧은 시간에 정리하고 체계를 잡도록 많은 개념과 이슈를 포함시켰다.

넷째, 너무 많은 내용을 포함시키다 보면 핵심 주제가 분산될 가능성이 있어 관련 주제 중 대표적 연구를 소개하는 것에서부터 출발하여 다양한 기타 논의를 언급하는 방식으로 교재가 전개되었다. 따라서 분량이 너무 많다고 생각하는 독자는 자신의 목적에 맞게 기본 연구를 중심으로 학습하고 여유가 있을 경우에 나머지를 추가로 학습할 수 있을 것이다.

제가 이 자리에 오기까지 많은 분들의 도움이 있었다. 지도교수님을 포함하여 그동안 저와 함께 과제와 연구를 수행했던 교수님, 금오공대의 동료 및 선후배 교수님과 제자분들께 감사의 말씀을 드린다. 이름을 모두 거론할 수 없지만 10년이 넘는 연구소 생활에서도 많은 분들의 도움을 받았다. 그분들과 함께 한 경험은 저에게 이론을 벗어나 실제와 현실에서의 경영학을 맛보게 했다. 또한 이 책의 출판을 위해 많은 기여를 해 준 박영사 임직원분들께도 감사드린다. 마지막으로 저를 위해 한없는 희생을 해 주신 부모님, 삶의 교훈을 안겨준 가족, 다 표현할 수 없지만 여러 친구들께도 감사의 마음을 전한다.

2021년 2월
자택에서 저자 씀

차례

CHAPTER 2
공급사슬 협력

CHAPTER 3

공급사슬 협력 기법

CHAPTER 6
공급사슬 전략

CHAPTER 7
공급사슬 복잡성과 가시성

CHAPTER 8
공급사슬 리스크

CHAPTER 9
공급사슬 강건성

CHAPTER 10
공급사슬 유연성

공급사슬 민첩성

공급사슬 회복성

공급사슬관리의 기본

01 공급사슬 관련 기초

1.1. 주요 완제품의 부품 현황

자동차라는 하나의 제품이 완성되기 위해서는 <그림 1-1>과 같이 500종류의 2만여 개의 부품이 필요하다. 테슬라의 전기차도 부품이 단순할 것으로 생각하지만 2만 2천여 개의 부품으로 이루어져 있다고 한다. 스마트폰도 부품 수

🎁 〈그림 1-1〉 자동차를 구성하는 부품

자료원: Stephan Krinke (VW), *Environmental friendly vehicle design throughout the life cycle*, 6. Ökobilanz Werkstatt, Darmstadt 30.9.2010.(https://www.oekobilanzwerkstatt.tu-darmstadt.de/media/oeko/2010_1/fachvortraege_2010_oebw/Krinke_30092010_-_Environmentally_friendly_vehicle_design.pdf)

는 700-1,000개 수준이라고 한다. 이처럼 많은 부품 중 하나라도 제대로 조달되지 않을 경우에는 제품의 완성에 어려움을 겪게 된다.

그러나 완성차 업체가 이러한 모든 부품을 자체 생산하여 조달하는 것은 현실적이고 경제적으로 불가능하기 때문에 수많은 협력업체(이하 공급자로 통일)로부터 생산된 부품(혹은 원재료, 반제품 등)을 조달(혹은 sourcing)받아 완제품 제조에 사용하게 된다.

Apple의 iPhone은 다소 다른 형태의 생산방식을 갖는다. <그림 1-2>와 같이 Apple은 디자인과 개발만 하고 부품 조달, 생산 및 조립, 로지스틱스는 전부 아웃소싱을 하는 방식이다.

〈그림 1-2〉 Apple의 공급사슬 개요

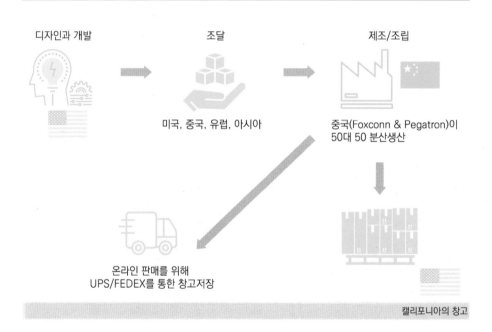

이를 위한 전 세계의 공급자는 <그림 1-3>과 같이 분포되어 있어 공급사슬의 복잡성을 가중시킨다.

75	미국	148	일본
9	멕시코와 라틴아메리카	38	대한민국
5	이스라엘	35	대만
9	영국	26	말레이시아
6	벨기에와 네덜란드	23	필리핀
13	독일과 오스트리아	19	태국
6	체코와 헝가리	18	싱가포르
7	프랑스와 이탈리아	10	베트남
330	중국		

1.2. 공급 사슬과 공급 네트워크

완제품(혹은 최종제품) 제조업체와 직접 거래를 하는 공급자를 1차 공급자 (first-tier suppliers), 그 1차 공급자와 거래를 하는 공급자를 2차 공급자 (second-tier suppliers), 다시 2차와 거래하는 공급자를 3차 공급자(third-tier suppliers) 등으로 부르게 된다. 그러면, 완제품 제조업체는 n차 공급자(nth-tier suppliers)로 구성된 하나의 사슬형태의 거래 관계를 갖게 된다. 또한 완제품 제조업체에서 생산된 제품은 다시 유통업체, 창고업체, 물류회사를 통해서 최종적으로 고객에게 전달된다. 우리는 이것을 공급 사슬(supply chain)이라고 부르고 제조업체(혹은 초점기업이라고도 한다)를 중심으로 공급자와 가까운 부분을 상류 (upstream)로, 고객에게 가까운 부분을 하류(downstream)로 구분하기도 한다. 나아가 공급자들 간의 거래 관계(혹은 부품 조달 관계)가 일방향적(one-way)이지 않고 양방향적(two-way)이거나 그 관계가 간접적으로 다시 연결을 갖거나 공급자들끼리 서로 어떤 관계를 맺는 상황이 발생하면 그것을 공급 네트워크(supply network)라고도 부른다. 과거의 단순하고 위계적인 거래 관계하에서는 공급 사슬이 일방적이었지만 현재는 현실적으로 그러한 거래 관계가 존재하기 어렵고 그 관계가 매우 복잡하게 얽혀 있어 공급 네트워크 관점에서 정의하는 것이 더 타당한 상황이 되고 있다.

02 공급사슬의 중요성

2.1. 외부 조달의 이유

완제품 제조업체는 왜 직접 많은 부품을 제조하지 않고 외부의 공급자에 제조를 맡기는가? 다음의 두 가지 이유가 대표적이다.

(1) 아웃소싱(outsourcing)의 효율성 관점

아웃소싱은 더 나은 경쟁력을 보유한 외부 업체에 제품 또는 서비스라는 산출물의 변환 시스템 일부를 위탁함으로써 비용감소와 가치 향상이라는 더 나은 경쟁력을 창출하는 하나의 전략이자 운영 방법이다. 결과적으로 자신보다 더 효율적으로 운영할 수 있는 외부 조직에 자신의 하나 이상의 운영 프로세스를 맡김으로써 운영의 효율성과 효과성을 향상시킬 수 있는 비용효율적인 운영이 아웃소싱을 통해 가능하게 되었고 이는 대부분의 경쟁력 있는 조직이 추구하는 전략적 방향이 되었다.

(2) 비교우위의 원칙

국제경제학과 무역학에서는 리카르도(David Licardo)의 비교우위의 원칙(principle of comparative advantage)을 국제 간 무역의 중요한 토대로서 제시하고 있다. 과거 생산과 소비의 자급 시대는 이동 수단이 부족하고 생산과 소비의 시차를 극복하기 위한 보관 시스템도 불충분하였다. 물론 현재도 동남아시아, 남미, 아프리카 등의 일부 국가는 자급자족에 의존하고 있지만 기술의 발전으로 이러한 문제점을 극복할 수 있으면서 생산과 소비의 교역을 통한 수출국과 수입국 사이의 상호 혜택이 증가하고 있다. 결과적으로, 효율적인 공급사슬관리는 동일한 생산성을 보유하지 않은 국가들에게 거래를 통해 비교우위를 갖도록 유인하고 시간과 거리에 의해 분리된 제조와 시장 사이를 연결하는 가교역할을 한다.

2.2. 공급사슬관리가 필요한 이유

그렇다면 공급사슬은 왜 관리되어야 하는가? 다음의 성과를 달성할 필요가 있기 때문이다.

(1) 리스크와 붕괴사건에 대한 대응

거의 모든 제품은 공급사슬을 통해서 제품을 완성하게 된다. <그림 1-4>와 같이 글로벌 자동차 업계는 제조 서비스와 시스템 반도체(OSAT) 업체부터 부품 제조업체, 모듈 제조업체, 시스템 제조업체, 완성차 제조업체, 서비스 업체에 이르기까지 가치사슬을 따라서 전체 공급사슬이 구성되는데 이러한 사슬이 끊기지 않고 단단히 연결되어 있어야만 가치창출이 극대화된다.

만약 국내 완성차 업계에서 공급사슬이 무너지는 상황이 발생한다면 어떤 일이 발생할까? 완성차 제조에 매우 중요한 모듈업체뿐만 아니라 1, 2차 공급자 중 한 곳에서 부품 조달에 차질이 빚어지면 각 단계뿐만 아니라 다음 단계의 생산활동이 중단되어 그 파급효과는 연쇄적으로 발생하게 된다. 그 결과, 최종 완제품 생산이 어렵게 되고 이 파급효과는 한 업체뿐만 아니라 자동차 생산업계 전반에도 큰 영향을 미치게 된다.

이러한 현상은 왜 사슬이라는 용어가 사용되었는지를 생각하면 쉽게 이해될수 있다. 실제로, 태풍, 홍수, 지진, 쓰나미와 같은 자연재해뿐만 아니라 전쟁, 정치적 불안정, 화재, 노조 파업, 잘못된 의사결정과 같은 인위적인 사건으로 인해서 이제 이러한 현상은 일상이 되었다. 한 예로, 자동차업계에서는 '피스톤링의 교훈'이라는 용어가 있다고 한다. 2003년 독일 금속노조가 피스톤링을 생산하는 부품공장 출입구를 봉쇄한 경험이 있다. 또한 2007년 고베 대지진 때 일본 최대 피스톤링 제조업체가 2주간 공장가동을 멈춰 그 기업에 대한 의존도가 50%에 이르던 도요타는 직원 200명을 파견해 공장복구를 도울 정도로 큰 타격

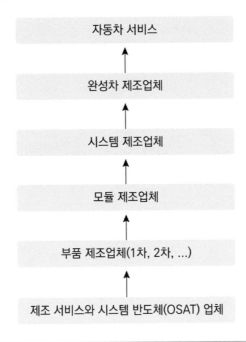

을 입었다. 국내의 현대기아차에서도 2010년 자동차용 시트의 90% 물량을 공급하는 다스의 파업으로 인한 공급부족 경험뿐만 아니라 피스톤링의 75%를 공급하는 2011년 노조의 특근거부와 태업으로 인한 재고부족으로 인해 결국 일부 생산차질을 빚은 경험을 갖고 있다.

(2) 부가가치 창출 확대

IMF(2019)의 통계에 의하면 제조업체 부가가치의 60−70%가 그 업체의 외부 공급사슬에서 발생한다고 한다. 또한 제조업체의 물류비용은 보통 전체 제품원가의 10−15%에 이른다고 하는데 공급사슬에 대한 효과적 관리를 통해 이 재고와 물류비용도 줄일 수 있다. 나아가 효과적인 공급사슬 관리를 통해서 공급 사이클타임 감소로 재고비용이 25−50% 감축되고 전체 공급사슬 배송과정에서 40%대의 재고절감이 이루어진다고 한다. 기업이 핵심역량에 집중하고 비핵심부문은 아웃소싱을 통해 고정비를 절감하는 전략을 추구하는 현대의 비즈니스 관행하에서 이러한 물류비 절감은 환경과 전략의 상충 문제를 해결해 주는 중요한 접근법이 된다. 따라서 부가가치 창출을 확대하려는 기업은 적극적으로 공급사슬에 대한 관리를 수행할 필요가 있다.

(3) 사이클타임 축소

제조업체에 고객의 주문이 도착한 후 완제품을 전달하기까지 소요되는 주문 사이클타임(order cycle time) 중에서 순수 제조에 소요되는 기간보다 공급사슬상에서 소요되는 기간이 훨씬 길다고 한다. 이러한 상황에서 공급사슬 주체들을 끈끈하게 연결하는 소위 접착제 역할을 하는 부품 조달, 로지스틱스, 배송 및 유통 등의 주체들과 공동의 협력적 노력 없이는 전체 사이클타임에 대한 관리가 어려워진다. 이러한 현상은 글로벌 조달과 글로벌 시장의 상황에서 더욱 심화될 수밖에 없다.

(4) 고객만족 향상

제조업체들이 자신의 생산공장 효율화를 목표로 공장자동화(Factory Automation)나 컴퓨터통합제조시스템(Computer Integrated Manufacturing) 구축을 위해 막대한 투자를 하고 있으나, 고객만족은 주문처리, 물류관리, 구매 및 조달 등에서 개선의 여지가 더욱 크며 이 작은 규모의 투자로 더욱 큰 고객만족 향상이 가능해진다. 특히, 고객의 요구가 다양해지고 급변하는 환경하에서 초점기업만의 고객만족 노력은 한계가 존재하며, 부품의 공급자, 물류업체, 유통업체, 창고업체 등 모든 공급사슬 주체들의 공동 노력이 뒷받침되어야만 진정한 고객만족의 극대화가 가능하게 된다.

(5) 불확실성에 대한 대응

부품 및 자재 공급의 납기/품질의 불확실성과 수요와 주문의 납기/수량 등의 불확실성을 줄이기 위해 오직 한 제조업체에서만 효과적인 생산일정계획을 수립하고, 재고를 최적으로 관리하고, 리드타임 절감을 추구하는 것은 한계가 있을 수밖에 없다. 한 제조업체의 생산성, 품질, 리드타임, 비용, 고객만족 등의 최적화는 공급사슬의 관점에서 보면 하위 최적화(sub optimization)가 되기 때문에 이러한 외부로부터의 변동을 감소시키는 적극적인 방안을 공급사슬상의 모든 주체가 협력해 찾아야 한다. 공급사슬의 관점에서 이러한 전체 최적화(global optimization)는 결국 모든 공급사슬 주체들의 최적화로 이어진다.

(6) 새로운 경쟁체제에 대응

과거에는 기업과 기업 간의 경쟁이 주류를 이루었다. 그러나 지금은 기업의 경계가 확장되고 산업의 구분이 모호해짐에 따라 공급사슬 간 경쟁 혹은 공급 네트워크 간 경쟁 시대로 전환되고 있다. 이러한 시대에 기업의 새로운 경쟁력은 기업 외부와의 제휴 및 협력에 의존할 수밖에 없고 이와 관련된 혁신적인 전략, 계획, 방법, 기술의 도입이 절실히 요구되고 있다. 특히, 혁신 추구, 재고 감소, 리드타임 축소, 유연한 제품개발, 품질개선, 수익성 향상 등을 통한 경쟁력 제고는 공급사슬 내 모든 주체들의 적극적인 관여 없이는 불가능해지고 있다.

공급사슬관리의 배경이론

공급사슬관리의 토대가 되는 중요한 이론으로서 채찍효과(bullwhip effect)와 제약이론(Theory Of Constraints: TOC)이 있다.

3.1. 채찍효과

(1) 개념

MIT 대학에서 시스템 다이내믹스(system dynamics)를 가르친 J.W. Forrester 교수가 제안한 채찍효과는 수요에 대한 편차가 공급사슬을 거치면서 비효율을 증대시킨다는 이론이다. 예를 들어, <그림1-5>와 같이 기저귀 제품의 수요는 아기부터 공급자까지 공급사슬을 따라 이동하면서 각 주체는 수요예측의 부정

〈그림 1-5〉 공급사슬 단계에 따른 기저귀 수요의 변화

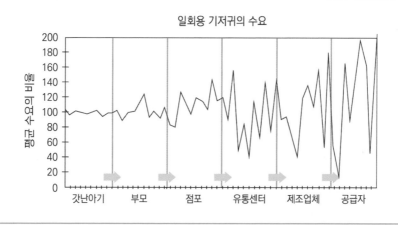

확성에 대비하기 위해 상당한 재고를 보유할 수밖에 없기 때문에 그 수요의 변동 폭은 점점 커지게 된다.

이러한 변동 폭 증대의 가장 큰 이유는 바로 정보의 왜곡에 있다. 공급사슬을 따라 각 단계의 주체들이 자신들의 정확한 수요 자료를 인접 주체에게 혹은 다른 주체에게 정확히 제공한다면 이러한 수요 변동 폭의 증가는 존재하지 않을 것이다. 그러나 수요 자료는 각 주체들에게 정확히 전달되지 않고 각 주체는 부정확한 수요예측에 근거하여 제품을 생산하기 때문에 공급사슬의 상향(upward)으로 갈수록 그 변동 폭은 크게 나타난다. 이러한 현상은 채찍을 휘둘렀을 경우에 그 끝부분의 변화가 더 크게 나타난다는 점에서 착안하여 채찍효과라는 용어로 불려진다.

(2) 채찍효과의 발생 이유

채찍효과가 발생하는 이유를 체계적으로 정리하면 다음과 같이 분류되고 결국 이러한 여러 요인이 복합적으로 작용하여 그 효과가 발생한다.

① 정보의 왜곡

다음은 공급사슬 각 주체 간의 정보의 왜곡을 반영한다.

가) 수요 신호 처리(demand signal processing)

과거 수요를 기초로 하여 변화하는 수요의 특징을 이해하고 예측하는 행동이 채찍효과를 초래

나) 배급게임(rationing game)

정보의 결여로 인해 수요가 공급을 초과하여 공급량 부족이 예상될 경우에 공급사슬 단계별 각 주체는 필요보다 많이 주문

② 국부적 최적화(local optimization)

다음은 전체 공급사슬의 최적화가 아닌 공급사슬 내 각 주체들의 국부적 예측과 이에 토대한 개별 최적화를 반영한다.

가) 배치 주문(batch order)

일반적으로 기업은 관리비용 절감을 위해 주문횟수를 줄이고 물류비용도 줄이기 위해 배치 형태(즉, 묶음단위의 주문)로 주문을 하기 때문에 채찍효과 발생

나) 가격 변동(price variation)

원자재 가격의 변화로 인해 저가일 때 대량 매입하거나 프로모션 등으로 제품가격이 급격히 변화하여 주문량 변화 폭이 커져 채찍효과가 발생

③ 공급사슬 구조

공급사슬 구조 자체가 채찍효과를 초래하기도 한다. 예를 들어, 주문이 들어간 후 실제 배송을 통해 부품이 조달되기까지 너무 긴 리드타임이 그 예이다. 주문은 배송이 도착하기 전에 미리 이루어져야 하는데, 주문점은 보통 예측된 수요에 리드타임과 안전재고량의 합을 곱해서 추정된다.

(3) 비어게임(beer game)

① 기본 원리

채찍효과 발생을 이해하기 위한 게임으로서 비어게임이라는 유명한 놀이가 있다. 이 게임은 1960년대 MIT 대학에서 학생들에게 시스템 다이내믹스 관점에서 공급사슬관리의 원리를 가르치기 위해 만든 게임이다. 청소년을 대상으로 할

🎁 〈그림 1-6〉 비어게임의 기본 원리

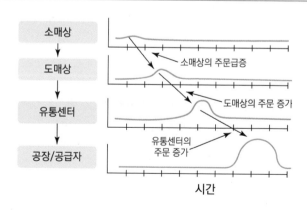

경우에 그 이름은 주스게임으로 바뀐다. 수업시간에 학생들끼리 팀을 구성하여 한번 해 보도록 하자. 비어게임의 기본 원리는 <그림 1−6>과 같다. 즉, 공급사슬상의 각 주체로 역할을 구분한 후 자신의 관점에서 최적화된 주문을 하여 최종적으로 공급사슬의 상류로 갈수록 주문의 변동 폭이 어떻게 확장되는지를 여러 번의 실험을 통해 관찰하는 것이다.

② 게임 방법

가) 게임 플레이어는 최소한 4주체 이상으로 구성
- 예를 들어, 공장/공급자, 물류센터, 도매상, 소매상 등
- 필요하면 고객, 공급자도 포함

나) 가정
- 각자의 주문완성은 일정기간(예 2일)이 소요되고 배송도 일정기간(예 2일)이 소요
- 재고 보유 시 특정 비용(예 1포인트, 100원) 발생
- 주문이 도착했으나 재고가 부족할 경우에 backlog(수주잔고)가 발생하고 그럴 때마다 특정 비용(예 2배의 페널티로서 200원)씩 차감
- 고객으로부터 매일 일정 범위(예 1천−2천 개)의 주문이 무작위로 발생
- 게임 시작 전 각 플레이어의 재고 보유량 결정(예 500개)

다) 각 플레이어의 주문량은 정보의 단절로 서로 모름
- 각자 알아서 수요예측을 하여 주문량 결정
- 예를 들어, 소비자가 소매상에게 주문을 한 뒤, 소매상은 남은 재고의 수량과 다음 수요의 예측량을 모두 고려하여 적절한 수량을 판단하여 도매상에게 주문
- 계속 제조를 하는 단계까지 주문 진행

라) 게임 목표
- 재고비용 최소화를 위해 재고가 부족하거나 과다하지 않게 최소로 보유

마) 진행
- 위 과정을 일정기간 동안 반복(예 30−60일)
- 각 플레이어는 매일 발생하는 재고, 주문량, 배송량을 기록

• 일정기간 동안 기록한 자료를 최종 취합하여 비교

더욱 구체적인 규칙과 지원 소프트웨어는 비어게임 홈페이지(beergame.org)를 이용하기 바란다. 또한 비어게임 앱(Beergameapp.com)을 설치해 이용해 보기 바란다.

3.2. 제약이론

(1) 병목현상

우리가 흔히 경험하는 도로정체의 원인은 무엇일까? 많은 사람들은 교통사고, 도로공사, 꼬리물기, 유령체증, 병목현상 등을 지적한다. 여기서 유령체증은 차선 변경한 앞차를 보고 브레이크를 밟아 속도를 줄이는 데 약 1초 정도의 '반응시간 지체 현상'이 발생하고 이러한 현상의 연속으로 인해서 뒤로 갈수록 차가 막히고 결국 정차하게 되는 현상을 의미하며, 병목현상은 처리용량보다 교통흐름이 과다한 경우에 발생한다. 이러한 현상은 의학분야에도 적용이 될 수 있다. 폐렴이 발병하였을 경우에 고열, 기침, 요통, 경련, 오한이 발생하는데 이 증상을 하나씩 완화하기 위해 해열제, 기침약, 마사지, 아스피린, 얼음찜질 등의 치료를 받을 수 있지만 이 모든 증상의 근본원인인 폐렴을 치료하면 모든 증상을 한꺼번에 극복할 수 있다. 이처럼 문제의 근본원인을 찾아내 해결하는 것이 필요하며 이러한 사고에 기초하여 제약이론이 설명된다.

특히, 병목현상은 일상생활뿐만 아니라 생산운영 공정에서도 빈번하게 발생하는 중요한 문제이다. 순차적으로 운영이 이루어지는 세 개로 구성된 생산공정라인을 가정하자. 여기서, 첫 번째와 두 번째 라인은 시간당 100개의 부품을 생산하고 세 번째 라인에서는 50개를 생산한다. 이때, 첫 번째와 두 번째 생산라인을 두 배로 향상시켜 시간당 200개의 부품을 생산하더라도 세 번째 생산라인을 많은 투자를 통해 개선하지 않으면 전체 생산성의 향상은 불가능해진다. 이 경우, 바로 세 번째 생산라인이 병목구간이 되고 이를 '제약요인(constraint)'이라 한다.

이러한 원칙에 착안해 골드랫(Eli Goldratt) 박사는 자신의 저서를 통해 제약

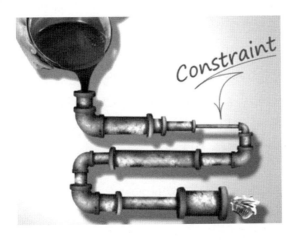

자료원: http://leanhealthcareconsortia.org/theory-of-constraints/

이론을 제기하였다. 이 이론의 핵심은 〈그림 1-7〉과 같이 생산라인에 존재하는 약한 지점(즉, 제약요인)이 전체 생산성의 저하를 가져온다는 주장이다. 결국, 기업의 목표(이윤)을 제고하기 위해서는 자원의 낭비를 초래하는 이 부분(병목)을 찾아 효율화시켜야 한다.

(2) 공급사슬에서 병목현상

병목현상과 제약이론은 공급사슬에도 적용할 수 있다. 예를 들어, 기업 활동의 전체 가치사슬 또는 공급사슬 전체는 하나의 사슬로서 고려될 수 있다. 이 경우에 고객의 주문부터 원재료 조달, 생산, 유통, 판매, 입금까지 활동에서 각 활동은 사슬처럼 잘 연결되어 있어야 하고 결국 공급사슬 전체의 이익은 바로 이 전체 사슬의 연결강도에 달려 있다. 만약, 이 사슬의 연결이 깨진다면 더 이상 가치창출이 불가능하고 사슬을 구성하는 모든 주체의 이익창출로 연결되지 않을 것이다.

따라서 공급사슬에서도 능력이 가장 낮은 구간(혹은 활동)에 해당하는 곳이 병목현상이 일어나는 곳(즉, 제약요인)이기 때문에 이러한 공급사슬 주체에 대한 재설계와 적극적인 관리가 필요하다. 결과적으로, 공급사슬이 창출해 내는 이익은 가장 능력이 낮은 구간에 의해 제약되기 때문에 이익(The Goal)을 증대시키기 위해서는 바로 이 능력이 가장 약한 곳을 강화시켜야 한다.

TOC에서는 이러한 관리를 위해 Drum－Buffer－Rope라는 방법을 제시한다. 여기서, Drum은 공정진행 속도를 의미하는 것으로서 병사들은 병목에 해당하는 속도에 기초하여 행군을 할 필요가 있다. Buffer는 작업이 원활하게 이루어지도록 돕는 완충에 해당하는 것으로서 공정의 혼란이 생기는 것을 막는, 즉 병사들이 넘어지거나 충돌하지 않도록 하는 역할을 한다. 마지막으로, Rope는 전체 공정을 일사불란하게 이끌어가는 역할을 하는 것으로서 일관되게 박자를 맞춰 병사들의 행군을 이끌어가도록 한다.

〈그림 1-8〉 Drum-Buffer-Rope 방식의 관리

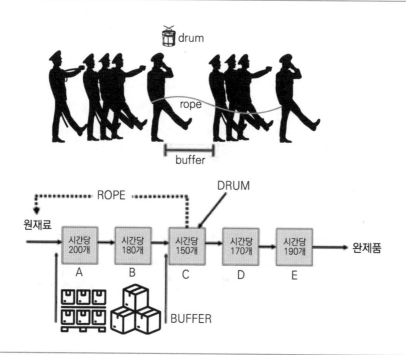

<그림 1-8>에서 A부터 E까지 공정 능력에서 가장 낮은 C 공정(제약요인)이 존재한다면 이 공정이 전체 공정의 속도를 결정하는 drum 역할을 하고 이 공정 이전(A와 B)에는 완충이 발생하고 이 공정을 효과적으로 이끌어가기 위해서는 rope가 필요하게 될 것이다. 결과적으로, E 공정의 기준에 맞춰 생산량을 최대로 끌어가기 위해서는 이 세 가지 관리 포인트에 대한 체계적인 의사결정이 필요하다.

04 주요 산업의 공급사슬 특징

모든 산업은 저마다의 독특한 공급사슬 형태를 갖고 있다. 일부 예로서, 전자, 철강, 제약산업의 기본적 특징을 정리하면 다음과 같다.

4.1. 전자산업

전자산업은 전형적 B2C(반도체 제외) 업종으로서 부품업체, 소프트웨어업체, 장비업체, 소재업체, 설비업체 등 여러 공급자로부터 다양한 부품을 조달하여 초점기업(흔히 삼성전자와 LG전자)에서 완제품을 생산한 후 이를 물류업체, 대리점, 서비스업체 등을 통해 고객에게 전달한다. 이러한 형태는 본 교재에서 언급하는 전형적인 공급사슬의 형태이다. 다양한 부품과 주체들로 이루어져 있는 산업의 특성상 공급사슬의 길이(상류와 하류를 구성하는 단계들의 수)는 타 산업에 비해 상대적으로 길고 공급사슬 내 주체들의 수도 상대적으로 많다고 볼 수 있다.

4.2. 철강산업

전형적 B2B 산업인 철강산업의 원재료 공급자는 철광석을 보유한 호주 등의 해외에서 선박을 이용하여 조달된 후 제철소에서 쇳물을 만드는 데 사용되는 다양한 소재를 결합하여 열연 및 냉연강판, 후판, 선재, STS, 특수강, 봉형강 등 다양한 철강제품을 제조한다. 이후, 이 제품은 코일센터를 통해서 고객기업에게 유통되는 단계를 갖는다. 철강산업은 전자산업과 달리 초점기업(흔히 포스코와 현대제철)은 공급사슬의 상류부분에 존재하고 B2B 형태로 재화를 하류부분의 조선사, 중공업, 전자, 자동차, 가전산업에 인도하게 된다. 이 산업에서 공급사슬의 길이는 타 산업에 비해 상대적으로 짧고 공급사슬 주체들의 수도 상대적으로 적다.

4.3. 제약산업

　제약산업은 공급자에게서 원료를 조달받아 약을 생산한 후에 타 제약사, 도매업체, 병원, 약국, 요양병원, 편의점 등 고객에 따라 직접 유통과 간접 유통을 병행한다. 따라서 제약산업의 공급사슬은 다양하게 분류될 수 있다.

05 공급사슬관리의 개념 정리

5.1. 공급사슬의 정의

앞서 언급한 바와 같이 공급사슬은 자재와 서비스의 공급자로부터 생산자의 변환과정을 거쳐 완성된 산출물을 고객에게 인도하기까지 상호 연결된 사슬로서 정의한다.

5.2. 내부 공급사슬과 외부 공급사슬

내부 공급사슬이란 초점기업 내에서 자재의 흐름과 관련된 사슬을 의미하며, 이 사슬 내 주요 기능인 구매, 생산 통제 및 배송에 초점을 둔다. 반면에, 외부 공급사슬은 초점기업의 외부 공급자들과 외부 물류업체 및 유통업체, 고객 등을 포함한다.

5.3. 공급사슬관리의 정의

공급사슬관리라는 용어는 1980년대 초 컨설턴트들에 의해 소개되었으며, 1990년대 이후 본격적으로 이에 대한 연구가 활발히 진행되었다. 공급사슬관리는 공급자로부터 기업 내 변환과정(즉, 생산 및 운영 시스템), 유통망을 거쳐 최종고객에 이르기까지의 자재, 서비스 및 정보의 흐름을 전체 시스템의 관점에서 관리하는 것으로 정의할 수 있다.

공급사슬관리는 '광범위'와 '심오한 깊이'로서 간주될 수 있다. 공급사슬관리는 제조, 마케팅, 로지스틱스와 같은 여러 비즈니스 기능을 포함하기 때문에 광범위하다. 또한 그것은 전략적, 전술적, 운영관리 단계들을 포괄하기 때문에 심오한 깊이를 갖는다(de Kok & Graves, 2003).

공급사슬관리를 기존의 전통적 생산운영관리와 비교하면 <표 1-1>과 같다.

▼ 〈표 1-1〉 전통적 생산운영관리와 공급사슬관리의 비교

차원	전통적 생산운영관리	공급사슬관리
최적화 목표	개별 주체의 최적화	전체 공급사슬의 최적화
재고	각 주체별 재고 감소	공급사슬 전체의 재고 감소
총비용	각 주체의 비용 최소화	공급사슬 전체의 비용효율화
정보공유	거래 유지를 위한 최소한의 수준	실시간의 전반적 수준
공동계획 대상	개별 주체가 수행하는 특정 거래	공급사슬 내 모든 거래
위험 및 보상 공유	각 주체가 관리	공급사슬 전체에서 공유
운영 의사결정 기간	단기 지향	장기 지향

5.4. 공급사슬관리의 목적

공급사슬관리는 단기적으로는 생산성 증가와 재고 및 사이클타임 감소에 목적을 두고 있으며, 장기적이고 전략적 관점에서는 고객만족 증가와 공급사슬 내 모든 주체의 시장점유율 및 수익성 향상에 목적을 두고 있다. 다시 말해 공급사슬관리의 목적은 공급사슬을 원활하게 통합하여 낭비를 제거하고 공급자의 기술과 능력을 최대한 활용함으로써 성과를 개선하는 데 있다. 따라서 기업은 최적의 공급사슬을 구성하기 위해 규모의 경제를 추구하는 공급사슬의 통합 및 협력, 협력과 관련한 조직과 정보기술의 표준화, 그리고 성과지표에 대한 관리를 중요하게 고려해야 한다.

구체적으로, 공급사슬관리는 그 사슬상에서 자재의 흐름을 효과적이고 효율적으로 관리하고 불확실성과 위험을 줄임으로써 재고수준, 리드타임 및 고객 서비스 수준을 향상시키고자 한다. 그 결과는 서비스 요구를 만족시키면서 총 시

스템 비용을 최소화하고 제품이 올바른 시간에 올바른 위치에 올바른 양으로 생산되고 유통되도록 공급자, 제조업체, 창고, 도소매상을 효율적으로 통합하는 것과 관련된다. 이 목적 중에서 참여 주체, 비용, 서비스 수준도 중요하지만 가장 중요한 것은 협력이다.

하지만 공급사슬에서 여러 목적들은 서로 충돌한다. 구매의 목적은 안정적인 물량 요구, 유연한 납기 시간, 제품배합의 작은 변동을 추구하지만 제조의 목적은 장기 생산, 고품질, 고생산성, 낮은 생산비용이다. 또한 창고에서는 낮은 재고, 감소된 운송비용, 신속한 보충(replenishment) 역량을 목적으로 하는 반면에 고객은 단기 주문 리드타임, 높은 재고, 제품의 다양성, 낮은 가격 등을 요구한다. 그 이유로 공급사슬관리가 어려운 주제로 인식될 수 있다.

5.5. 공급사슬관리의 주요 이슈

공급사슬관리는 <그림 1-9>와 같이 매우 다양한 활동으로 구성되어 있고

〈그림 1-9〉 공급사슬관리 활동

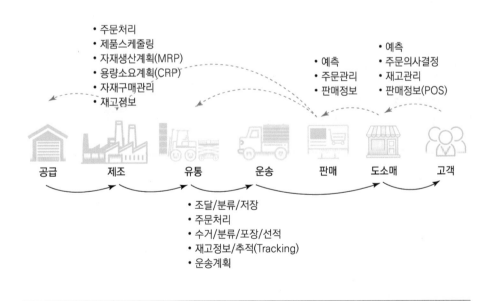

이에 대한 모든 의사결정이 포함된다.

이러한 활동에 바탕을 두고서 도출될 수 있는 공급사슬관리의 주요 이슈는 <표 1-2>와 같이 정리될 수 있다.

▼ 〈표 1-2〉 공급사슬관리 주요 이슈

이슈	고려사항
네트워크 계획	• 창고 입지와 용량 • 설비 입지와 생산 수준 • 비용과 시간 최소화를 위한 설비 사이의 운송흐름
재고 통제	• 재고의 관리 • 재고의 변동을 최소화하기 위한 전략
공급 계약	• 물량할인과 수익공유의 영향 • 주문-선적 변동성을 줄이기 위한 가격책정 전략
배송 전략	• 배송 전략의 선택(예 직접 선적 대 크로스 도킹) • 크로스 도킹 배송센터의 수 • 다른 전략의 비용/편익
통합과 전략적 파트너링	• 파트너와 통합이 달성되는 방법 • 통합의 수준 • 공유되는 정보와 프로세스 • 상황별 실행되는 파트너십의 유형
아웃소싱과 촉진 전략	• 핵심 공급사슬 역량 • 제품 디자인과 아웃소싱 접근법 • 리스크관리
제품 디자인	• 재고유지비와 운송비와 제품 디자인의 영향 관계 • 대량고객화를 가능하게 하는 제품 디자인

자료원: Simchi-Levi, D., Kaminsky, S. & Simchi-Levy, E.(2000), *Designing & Managing The Supply Chain Concepts, Strategies and Case Studies*, 3rd ed. McGraw-Hill Book Company, NY.

06 수요사슬

공급사슬의 최상류는 공급자이고 최하류 부분에는 고객이 있다. 이러한 개념에 반하여 시장, 즉 고객에서 출발하는 대비되는 개념으로서 수요사슬(demand chain)이라는 용어가 등장하였다. 이 개념은 공급사슬의 반대흐름을 강조하여 사슬상의 내부 효율성보다는 목표 고객의 요구사항 충족에 초점을 둔다. 따라서 <그림 1-10>과 같이 공급사슬은 자재 혹은 재료 흐름(material flow)에 기반한 효율성 중시, 수요사슬은 정보흐름(information flow)에 기반한 효과성과 수익성 중시로서 바라볼 수 있다.

〈그림 1-10〉 공급사슬과 수요사슬의 초점

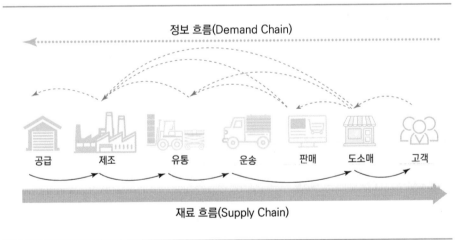

두 개념을 구체적으로 비교하면 다음의 <표 1-3>과 같다.

▼ 〈표 1-3〉 공급사슬관리와 수요사슬관리의 관점 비교

	공급사슬	수요사슬
목표	효율성, 품목당 비용절감	효과성, 고객 초점, 제품-시장 적합
공정 초점	공정은 실행에 초점	공정은 계획과 배송가치에 초점
핵심 동인	비용	현금흐름과 수익성
지향	즉각적이고 통제가능한 미래 내에서 단기 지향	다음 계획 사이클 내에서 장기 지향
담당 기능	전술적 운영관리자(제조와 로지스틱스 인력)의 영역	마케팅, 판매, 전략적 운영관리자의 영역
역량	단기 자원과 용량 제약에 초점	단기 제약이 아니라 장기 역량에 초점
핵심 주제	생산 및 운영계획과 통제	수요관리와 공급사슬에 초점

07 공급사슬관리를 둘러싼 환경의 변화

앞서 설명한 바와 같이 공급사슬이 필요하고 중요한 이유는 여러 가지로 제시될 수 있다. 이와 더불어 공급사슬이 점점 중요해지고 있는 이유는 다음과 같은 공급사슬과 관련한 환경의 변화에 있다. 결국, 이러한 환경변화는 공급사슬의 경쟁력을 강화할 수밖에 없는 니즈를 불러일으킨다.

① 장기 리드타임을 갖는 글로벌 공급사슬의 확대
② 다양하게 변화하는 고객 기대
③ 개발도상국의 노동비용 증가
④ 로지스틱스(물류) 비용의 증가
⑤ 전례 없는 투입물의 변동성(에너지 가격 등)
⑥ 지속가능성의 중요성
⑦ 급격한 기술혁신
⑧ 전염병의 확산으로 인한 비대면 활동의 증가

참고문헌

de Kok, A.G. & Graves, S.C.(2003), *Handbooks in Operations Research and Management Science: Supply Chain Management: Design, Coordination and Operation*, 11, Elsevier, Amsterdam.

Goldratt, E.M.(1990), *Theory of Constraints*, North River Press, MA.

IMF(2019), *Global Manufacturing Downturn, Rising Trade Barriers*, World Economic Outlook Reports.

Simchi-Levi, D., Kaminsky, S. & Simchi-Levy, E.(2000), *Designing & Managing The Supply Chain Concepts, Strategies and Case Studies*, 3rd ed. McGraw-Hill Book Company, NY.

Stephan Krinke(VW), *Environmental friendly vehicle design throughout the life cycle*, 6. Ökobilanz Werkstatt, Darmstadt 30.9.2010.(https://www. oekobilanzwerkstatt. tu-darmstadt.de/media/oeko/2010_1/fachvortraege_2010_oebw/Krinke_30092010_ -_Environmentally_friendly_vehicle_design.pdf)

추가 읽을거리

Sterman, J.D.(2016), *Business Dynamics: Systems Thinking and Modeling for a Complex World*, McGraw Hill, NY.

연습문제

1. 객관식 문제

1.1. 다음 문제의 참과 거짓을 구분하시오.

(1) 완성차 업체의 부품 조달은 기업의 생존과도 직결되는 문제이다.

(2) 제조업체가 모든 부품을 자체 생산하여 조달하는 것은 이론적뿐만 아니라 현실적으로도 가능하다.

(3) 구매자와 공급자 간의 관계가 양방향적이거나 간접적으로도 연결되는 상황에서는 그것을 공급 네트워크로 확장할 수 있다.

(4) 제조업체가 직접 부품을 제조하지 않고 외부에서 조달하는 이유 중 하나는 아웃소싱이 제공해 주는 효율성이다.

(5) 채찍효과와 제약이론은 공급사슬관리의 필요성을 설명해 주는 중요한 개념이다.

(6) 채찍효과에서 발생하는 변동 폭 확대의 가장 큰 이유는 정보의 지연 전달이다.

(7) 공급사슬에서 각 주체들의 국부적 최적화는 배치방식의 주문과 가격 변동의 편익에 의해 발생한다.

(8) 수분이 늘어간 후 실제 부품이 조달되기까지의 리드타임이 짧을수록 채찍효과는 확대된다.

(9) 기입의 목표(이윤)를 세고하기 위해서는 사원의 낭비를 초래하는 이 부분(병목)을 찾아 효율화시켜야 한다는 것이 제약이론의 핵심이다.

(10) 공급사슬관리는 공급사슬에 기반한 효과성에 초점을 두는 반면에 수요사슬관리는 생산 및 운영계획과 통제에 기반한 효율성에 초점을 둔다.

1.2. 다음 문제의 정답을 찾아내시오.

(1) 다음 중 공급사슬의 최상류에 존재하는 주체는?
① 공급자　　　　　　　② 유통업체
③ 제조업체　　　　　　④ 고객

(2) 다음 중 공급사슬의 필요성을 적절하게 설명하는 내용이 아닌 것은?
① 내부조달(insourcing)을 통한 효율성 확대
② 비교우위의 원칙
③ 채찍효과
④ 공급사슬 붕괴
⑤ 제약이론

(3) 다음 중 채찍효과 발생원인이 아닌 것은?
① 정보의 왜곡　　　　　② 배치 주문
③ 공급사슬 전체 최적화　④ 장기 리드타임

(4) 다음 중 제약이론의 관리를 위한 방법에 해당되지 않는 것은?
① Rope　　　　　　　② Lean
③ Buffer　　　　　　　④ Drum

(5) 다음 중 공급사슬관리의 주요 목적이 아닌 것은?
① 재고수준 감소　　　　② 아웃소싱 확대
③ 리드타임 감소　　　　④ 고객 서비스 수준 향상

(6) 다음 중 공급사슬관리의 주요 활동과 가장 거리가 먼 것은?

① 재고관리   ② 주문관리

③ 수요예측   ④ 제품가격책정

(7) 다음 중 수요사슬관리의 특징에 해당되지 않는 것은?

① 현금흐름과 수익성이 핵심 동인이다.

② 장기적 역량에 초점을 둔다.

③ 제조와 로지스틱스가 전담하는 영역이다.

④ 공정초점은 계획과 배송가치에 있다.

2.1. 사전 학습문제

(1) 철강산업/전자산업/제약산업의 국내 공급사슬 네트워크의 특징을 정리하고 유사점과 차이점을 비교하시오.

(2) 마켓컬리의 콜드체인 시스템을 설명하고 그 실행방안과 관련기술을 정리하시오.

(3) 다음 조직의 운영 시스템을 구체적으로 정의해 보시오.

> 대학, 미용실, 식당, 스마트폰 제조회사, 자동차 제조회사, 철강회사

(4) KF94마스크(mask)의 공급사슬을 언론과 인터넷 검색을 통해 규정해 보시오.

2.2. 사후 학습문제

(1) 비어게임 홈페이지(beergame.org)를 방문하여 게임의 세부 규칙과 절차를 정리해 보시오.

(2) 비어게임에 관련된 엑셀파일을 인터넷에서 찾아 팀을 구성하여 실습하시오.

(3) 하루 생활이 수면, 공부, 운동으로만 이루어졌다고 할 때 학습에서 병목현상을 바라는 결과와 현재 결과에 기초하여 각각 찾아내 보시오.

(4) P&G, 포드자동차, 루슨트테크놀로지, 병원에서 TOC이론의 성공사례를 찾아 정리하시오.

(5) 자신의 인생의 목표는 무엇인가? 그 목표를 달성하는 데 장애가 되는 제약요인과 Drum – Buffer – Rope가 무엇인지 파악하고 그 요인을 해결하기 위한 집중개선 프로세스를 제안해 보시오.

(6) 공급사슬관리는 기존의 생산운영관리 이슈들(생산전략, 수요예측, 용량계획, 일정계획, 재고관리, 품질관리 등)과 어떻게 관련되는지 정리하시오.

공급사슬 협력

01 공급사슬 협력의 개념

1.1. 개념

공급사슬 협력(collaboration)은 공통 목적을 갖는 공급사슬 파트너들(주체들 혹은 멤버)이 개별적으로 달성하는 것보다 더 큰 상호 우위를 달성하도록 긴밀하게 함께 일하는 장기 파트너십(partnership) 프로세스로 정의된다. 그것은 당사자들이 상호 편익을 달성하기 위해 함께 일하고, 정보/자원/리스크를 공유하고, 공동 의사결정을 하는 파트너십이다. 공급사슬 협력의 이러한 정의는 프로세스 초점과 관계 초점이라는 두 가지 항목으로 구성될 수 있다(Simatupang & Sridharan, 2005). 첫째, 공급사슬 협력은 공급사슬 파트너들이 공통의 목표를 향해 일하는 비즈니스 프로세스이다. 이 프로세스로는 계획 활동, 교차기능 프로세스의 통합, 공급사슬의 조정, 공급사슬 목표의 설정, 전략적 제휴의 개발, 정보공유 척도의 구축, 자체생산과 외부조달 옵션의 검토가 포함된다. 둘째, 공급사슬 협력은 공급사슬 주체들이 공통의 목표에 도달하기 위해 함께 일하고, 정보, 자원, 리스크를 공유하는 긴밀하고 장기적인 파트너십이다. 여기서, 파트너십은 확장된 기간에 걸친 헌신과 정보/리스크/보상의 상호 공유를 포함하는 두 기업 사이의 지속적 관계로서 정의할 수 있다(Ellram & Hendrick, 1995).

이러한 협력적 노력의 예로는 제품개발과 JIT 프랙티스를 조율하고, 수요예측과 납기 스케줄에 대한 정보를 교환하고, 비용과 다른 전략적 정보를 공유하는 것을 포함한다. 공급사슬 협력은 협력하는 기업들이 전유적 투자, 공유된 노하우, 보완적 자산, 효과적 지배구조를 통해 관계를 구축하는 것으로서 자체생산 혹은 외부 구매(make or buy) 의사결정에 대한 대안으로 고려될 수 있다(Dyer & Singh, 1998).

1.2. 통합과 협력의 차이

공급사슬관리에서 가장 중요한 이슈는 협력이다. 이 협력의 주체는 자재와 정보가 흘러가는 공급자, 제조업체, 창고업체, 유통업체, 고객 등이다. 이 주체들 사이에 발생하는 수요 변동의 확대를 나타내는 채찍효과는 공급사슬 협력의 가장 큰 동인이다.

지금까지 유사한 개념으로 제안되어온 공급사슬 통합(integration)과 공급사슬 협력 두 개념은 공급사슬 파트너 사이의 단단한 결합 프로세스를 의미하기 때문에 때때로 혼용해서 사용되고 있다. 그러나 통합이라는 용어는 이전에 독립적으로 수행된 몇 개의 연속적 혹은 유사한 프로세스의 단일화된 통제를 의미한다. 따라서 그 개념은 계약적 수단에 의해 지배된 중앙적 통제, 소유권(ownership), 프로세스 통합을 강조한다. 이에 비해 협력은 계약적 수단을 통한 지배구조와 더불어 관계적 수단(예 신뢰, 파트너십 등)을 통한 지배구조를 강조하기 때문에 더욱 매력적이고 폭넓은 개념이다(Nyaga et al., 2010). 비록 두 개념의 중복이 존재하지만 공급사슬 협력이 자율적인 공급사슬 파트너 사이의 공동 관계를 포착하는 더 나은 개념으로 사용될 것이다.

02 공급사슬 협력의 기반이론

2.1. 자원의존이론

　Pfeffer & Salancik(1978)는 조직이 환경의 불확실성을 극복하고 안정된 환경에서 필요한 자원을 얻기 위해서는 다른 조직과 제휴를 형성해야 한다고 제안하는 자원의존이론(Resource Dependence Theory: RDT)을 제안하였다. 이 이론의 본질은 조직이 필요한 자원을 스스로 창출할 수 없을 때 다른 조직과 보완적이고 상호 의존적인 교환관계에 진입할 수 있다는 것이다. RDT에 따르면 구매기업(즉, 초점기업)은 그들의 자원을 협력 파트너의 보완적 자원과 결합할 수 있고 그 결과로 독특하고 모방이 어려운 자원을 창출한다. 공급사슬 관점에서도 공급사슬 내 여러 주체들은 필요한 자원을 스스로 창출하기 어려울 때 상호 의존적인 관계에 기반한 협력을 수행할 수밖에 없게 된다.

　이 이론에 따르면 소수의 기업만이 효과적으로 기능하는 데 필요한 모든 자원을 내부적으로 통제할 수 있다. 그 결과, 대부분의 기업은 시장에서 중요한 자원을 확보하기 위해 다른 기업에게 의존할 수밖에 없고 그에 따라 예측 불가능한 사건들의 발생 가능성을 증가시킨다. 만약 한 기업의 어떤 자원이 특정 영역에서 부족하고 그 자원의 보유가 경쟁우위를 얻는 데 필수적이라면 그 기업은 그 자원을 획득하기 위해 목적에 맞는 조치를 취할 것이다.

　특히 공급 관계는 부품 디자인과 생산의 일정 비율을 외부에서 아웃소싱하는 기업에게 더욱 중요하다. 예를 들어, 정보통신장비 제조는 부품 제조에 일정 역할을 하는 중소기업의 광범위한 부품개발뿐만 아니라 자본집약적 투자를 필요로 하는 많은 복잡한 생산 활동을 포함한다. 종합하면, RDT 관점은 파트너에 대한 기업의 의존성과 이들 관계의 지배구조와 더불어 그 파트너들 간의 성공적 협력을 위한 선행요인을 규명하는 데 큰 공헌을 한다.

2.2. 불확실성 감소

불확실성은 이미 현대 비즈니스 상황에서 일반적인 상황이고 높은 거래비용의 기반이 되는 요인 중 하나이다. 투명한 정보흐름을 통해 불확실성을 줄이는 것은 공급사슬 협력에서 핵심 목적 중 하나이다. 시장과 기술적 불확실성은 공급사슬 파트너들이 기대하지 않은 사건에 대한 정보를 공유하는 파트너십을 통해 효과적으로 다루어질 수 있기 때문이다. 공급사슬 파트너 사이의 빈번하고 강한 커뮤니케이션은 또한 행동의 불확실성(예 기회주의)을 줄여준다. 만약 정보가 파트너 사이에 공유되지 않는다면 투명하지 않은 수요 패턴은 수요 확대와 채찍효과를 초래할 것이고 이것은 빈약한 서비스 수준, 높은 재고, 빈번한 재고 부족으로 이어진다. 따라서 높은 불확실성에 직면할 때 기업은 장기 관계를 구축하기 위해 파트너들과 더욱 협력하는 경향이 있다.

2.3. 거래비용이론

거래비용경제(Transaction Cost Economics: TCE)에 따르면 계층(hierarchy)과 시장(market)은 기업의 활동을 조직화하는 두 가지 방법이다(Williamson, 1975). 수직적 통합/계층 혹은 시장 메커니즘 중 하나를 사용하는 의사결정은 파트너들의 사리사욕 및 기회주의로 인한 불확실성과 제한된 합리성에서 발생하는 감시비용에 의존한다. 공급사슬 협력은 기업이 프로세스 통합과 상호 신뢰를 통해 시장 거래에 내재하는 기회주의와 감시비용을 줄이도록 만들고 파트너들이 상대방의 최선의 이익 관점에서 행동하는 가능성을 증가시킨다.

TCE는 가치사슬상의 활동이 기업의 경계 내에 있어야 하는지 혹은 계약적 관계에 기반하여 기업의 외부에서 아웃소싱되어야 하는지에 대한 의사결정에 중요한 이론적 배경을 제공한다. 교환을 위한 가장 효율적인 지배구조는 제조와 거래비용의 합을 최소화함으로써 결정되기 때문이다. Williamson(1991)은 또한 왜 거래비용이 시장실패 모형을 사용함으로써 발생하는지를 설명한다. 인적 요인과 환경적 요인이라는 두 요인이 시장 실패에 공헌할 수 있다. 여기서, 인적 요인은 제한된 합리성과 기회주의적 행태를 포함하는 반면에, 환경적 요인은 기술적 변화와 외부 시장의 불확실성으로부터 결과되는 불확실성으로 구성된다. 이때, TCE는 기업 간 협력이 제한된 합리성의 한계를 극복, 감소된 거래비용으로 경제적 효율성을 보장, 기회주의적 위협으로부터 거래의 안정성을 실현할 수 있다고 설명한다. 즉, 복잡한 시장 거래와 계층 거래와 같은 조직 간 지배의 혼합적인 형태는 효율적 거래비용을 유인하거나 불확실성을 해소한다.

구매자-공급자 관계에서 TCE는 불확실성이 환경 혹은 거래 파트너로부터 발생할 수 있다고 제안한다. 여기서, 환경에 관한 불확실성은 기업 간 관계 외부에 있는 요인들로부터 결과되고 거래 파트너에 관한 불확실성은 관계의 구조적-경제적 특징으로부터 발생한다. 따라서 이 불확실성을 최소화하기 위해서는 공급사슬 내 주체들이 거래비용을 최소화하도록 프로세스 통합과 상호 신뢰에 기반한 시장 거래를 통해 파트너십을 형성하는 것이 필요한 것이다.

2.4. 자원기반관점

자원기반관점(Resource Based View: RBV)은 기업 성과의 변동은 핵심역량(Prahalad & Hamel, 1990), 동태적 역량(Teece et al., 1997), 흡수역량(Cohen & Levinthal, 1990)과 같은 전략적 자원으로 설명될 수 있다고 주장한다. 독특한 방법으로 자원을 결합하는 기업은 그렇지 못하는 경쟁기업에 대해 경쟁우위를 점유할 수 있다. 관계특유의 자산에 투자하고 보완적이고 희소한 자원을 결합하는 것은 기업으로 하여금 독특한 제품과 서비스를 창출할 수 있게 만든다. 결과적으로, 공급사슬 협력은 기업이 공급사슬이 부가가치적인 프로세스에 공헌하고 최선을 다하도록 하는 데 초점을 두도록 공급사슬 내 다른 주체들과 긴밀한 협력을 통해서 이 자원과 역량을 확보할 수 있게 만든다.

2.5. 학습과 지식관점

　기업은 조직학습과 지식창출을 위한 기회를 활용하기 위해 파트너십을 형성한다. 높은 불확실성에 직면할 때 변화하는 환경에 재빨리 대응하기 위해서는 폭넓고 깊이 있는 지식기반에 접근하는 것이 중요하다. 각기 다른 지식들이 공급사슬을 따라서 널리 분포되어 있기 때문에 협력은 학습을 위한 이상적인 플랫폼을 제공하고 파트너가 가능하게 하는 지식창출을 촉진한다(Malhotra et al., 2005). 공급사슬 협력은 기업 간에 지식과 스킬을 이전하는 효과적인 방법이다. 기업은 일반적으로 지식과 스킬의 암묵적 특성으로 인해 그것을 시장에서 구매하는 것이 매우 어렵다. 하지만 특정 분야에서 지식이 풍부한 기업과 협력함으로써 기업은 새로운 역량을 얻는 기회를 더 잘 잡을 수 있다.

2.6. 사회적 자본이론

　사회적 자본이론은 여러 주체들의 관계 네트워크가 사회적 상호작용을 위한 가치 있는 자원이라고 주장한다. 사회적 자본은 개인 혹은 사회적 단위에 의해 소유된 관계 네트워크 내에 내재된(embedded), 그 네트워크를 통해 이용가능한, 그 네트워크로부터 도출된 실제와 잠재적 자원의 총합이다.

　사회적 자본관점은 기업 간 제휴와 같은 협력적 행동을 권장한다. 예를 들어, 사회적 자본 이론가들은 쌍방 수준에서 연계 강도(Granovetter, 1973)와 같은 관계의 구조적 차원에 많은 관심을 두었다. 한편 강한 연계들이 자원교환의 중요한 통로인 반면에 조직적 신뢰와 같은 사회적 자본의 관계적 차원은 연계 강도와 자원교환 사이의 관계를 매개하기도 한다. 높은 신뢰 관계하에 조직은 자원을 교환하고 결합함으로써 가치창출을 위한 잠재력을 향상시킨다.

　사회적 자본은 그 자체로서 공급사슬 주체들이 사회적 교환에 더 많이 참여하도록 하고 그렇지 않다면 경쟁력 약화를 의미하는 것으로 만든다. 게다가 사회적 자본의 관계적 차원은 당사자들 간 공유된 설명, 해석, 의미 시스템을 제공하는 자원들을 의미한다(Nahapiet & Ghoshal, 1998). 쌍방의 참가자들이 동일한 목표와 가치를 지닌다면 그들은 더욱 협력적 관계를 형성할 것이다. 결과적으로, 사회적 자본이론은 조직 간 신뢰, 목표 일관성, 호혜성과 같은 협력적 관계를 위한 선행요인을 규명하는 데 중요한 공헌을 한다.

03 공급사슬 협력 단계

3.1. 일반적 통합의 단계

공급사슬은 하나의 실체(entity)이다. 따라서 구매, 자재, 제조, 판매, 배송이라는 제조업체 내 각 기능 분야에 단편적인 책임을 귀속시키지 않는다. 이러한 논리에 기초하여 공급사슬 자체를 통합적으로 관리할 필요가 있다. 일반적 공급사슬 통합의 단계는 <그림 2-1>과 같다. 초기에는 제조업체 내 기능부서들이 개별적으로 자신들의 목표를 달성하기 위해 활동을 한다. 이후, 기능적 통합 단계에서는 제조업체 내부에서 통합이 가능한 일부 기능을 통합시키고 내부적 통합은 제조업체 내 모든 기능을 통합한다. 마지막으로 진정한 공급사슬 통합이라고 할 수 있는 외부적 통합은 제조업체 내부뿐만 아니라 공급사슬상의 최상류 공급자와 최하류 고객까지도 통합의 대상으로 포함시키는 단계이다.

〈그림 2-1〉 공급사슬 관점에서 일반적 통합 단계

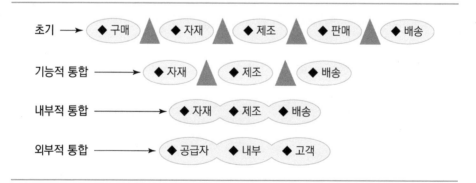

자료원: Christopher, M.(1994), *Logistics and Supply Chain Management*, Financial Times series, Irwin Professional Pub, London.

3.2. 파트너십 관점에서 공급사슬 협력 단계

파트너십에 기초한 공급사슬 관점에서 기업 간 협력의 수준은 <그림 2-2>와 같은 단계로 구분할 수 있다. 가장 낮은 수준의 연결성, 신뢰, 효율성을 보이면서 주체들 간에 상호 견제를 보이면 분산된 공급사슬로서 표현될 수 있고 높은 연결성, 신뢰, 효율성과 전략적 파트너십으로 갈수록 협력적 공급사슬관리와 수직적 및 가상 통합으로 표현할 수 있다.

〈그림 2-2〉 파트너십 관점에서 공급사슬 협력 수준

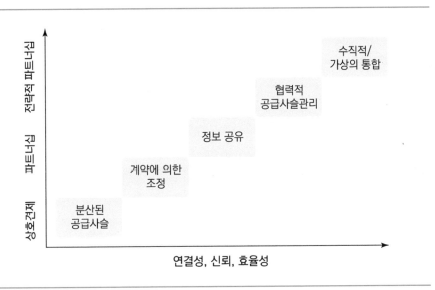

자료원: Erhun, F. & Keskinocak, P. 2010), *Collaborative supply chain management*. In: Kempf K., Keskinocak P. & Uzsoy R.(eds), *Planning Production and Inventories in the Extended Enterprise*, International Series in Operations Research & Management Science, 151. 233-268, Springer, New York.

3.3. 협력 수준과 관계의 수에 따른 진화

공급사슬관리에서 협력의 진화는 다양한 형태로 표현되어 왔다. 그중에서 협력의 수준과 관계의 수에 따라 공급사슬 협력의 진화 과정은 <그림 2-3>과 같이 구분할 수 있다.

🎲 〈그림 2-3〉 공급사슬 협력의 진화

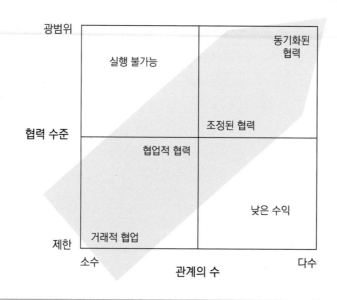

자료원: Cohen, S. & Roussel, J.(2005), *Strategic Supply Chain Management: The Five Disciplines for Top Performance*, McGraw-Hill, New York.

새로운 경쟁환경에서 기업 간 상호 협업(cooperation)은 기본적인 정보공유와 소수 기업과 장기적인 관계를 형성하는 것이다. 그러나 이러한 협업은 공급사슬관리의 출발점이기는 하지만 불충분한 측면이 있다. 따라서 다음 단계로 기업 간 원활한 거래를 위해 다양한 기술과 메커니즘을 사용하여 세부적인 업무흐름과 정보를 교환하는 상호 조정(coordination)의 단계가 필요하다. 하지만 거래기업 간 활동에 따라 협업 또는 조정을 할 수 있으나 이러한 단계만으로는 진정한 기업 간 제휴활동이라고 할 수 없다. 따라서 파트너와 진정한 협력 단계에 이르기 위해서는 공급사슬 내 주체들과 동기화된 통합적 협력 프로세스를 구축해야 한다.

<그림 2-3>에서 화살표는 진화하면서 정보 시스템, 시스템 인프라, 의사 결정지원 시스템, 계획 메커니즘, 정보 공유, 프로세스 이해의 복잡성과 정교함이 증가하고 있다는 것을 보여준다.

3.4. 영향력과 상호관계의 형태 관점에서 공급사슬 협력

현재 공급사슬관리는 통합과 협업의 단계를 거쳐 주체들 간의 프로세스 동기화로 진화 중에 있다. 1단계는 기존 공급사슬에서 기능이 통합되는 단계이다. 2단계는 공급사슬을 구성하는 일부 주체들 간의 특정 업무 프로세스에 대한 협업과 협력체제를 구성하고 개선하는 단계이다. 마지막 3단계는 모든 공급사슬 주체들 간에 가상기업 형태로 업무 동기화가 이루어진다.

〈그림 2-4〉 영향력과 상호관계 형태 관점에서 공급사슬의 진화

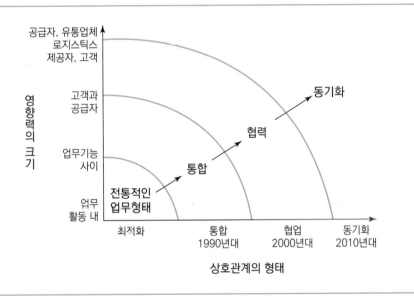

자료원: Gattorna, J.L.(ed) (1998), *Strategic Supply Chain Alignment*, Gower Publisning, Aldershot.

한편, 이러한 단계는 정보 시스템 관점에서도 적용될 수 있다. 전통적인 업무 행태를 프로세스 수월성으로 바꿔주면 단순 업무 지원을 통한 생산성 향상의 지원 도구로서 정보 시스템은 프로세스 효율성을 추구한다. 이후, 통합 단계에서는 정보 시스템이 제공하는 기능이 점차 기업 내부의 프로세스 자동화로 발전하고 ERP와 연동된 e-business의 기반이 마련된다. 협력 단계에서는 기업 외부의 다른 주체들과 프로세스 간 통합을 위해 주요 업무의 협업이 이루어지고 기업 내/외부의 정보 시스템 간 연계가 이루어진다. 마지막으로 동기화 단계에서는 관련된 모든 전략적 파트너들과 업무/정보의 통합 및 동기화가 이루어지는 단계가 된다.

3.5. 협력 기법의 관점

다양한 협력 기법의 예로서, JIT, 소매업체-공급자 관계, 소매업체 관리된 재고, VMI, CMI, ECR, QR, CPFR, 동기화된 협력 등이 활용되고 있다. 이 모든 것은 정보 시스템 혹은 정보 기술이 중추로서 요구된다. 이 기법들에 대한 구체적 내용은 다음 장에서 설명한다.

〈그림 2-5〉 협력기법의 관점에서 공급사슬관리의 진화

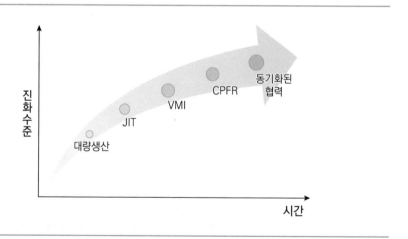

자료원: J.S., N., Chilkapure, A. & Pillai, V.M.(2019), "Literature review on supply chain collaboration: comparison of various collaborative techniques", *Journal of Advances in Management Research*, 16(4), 537-562.

04 공급사슬 협력의 유형 및 대상

4.1. 공급사슬 협력 유형

(1) 기능별 협력에 따른 유형

채찍효과를 최소화하고 효과적인 공급사슬관리를 실행하기 위한 시금석으로서 다양한 유형의 협력을 시도해야 한다.

① 동기화된 생산 스케줄링

공급자들과 제조업체 사이의 자재, 부품 등의 주문 및 생산일정 수립에서 정보공유를 통한 생산일정의 일치를 의미한다.

② 협력적 제품 개발

공급자들과 제조업체 사이의 신제품개발에서 서로의 규격, 성능, 생산여부 등에 대한 정보공유를 통해 신속한 신제품개발을 촉진한다.

③ 협력적 수요 계획

제조업체와 도소매상 사이에서 고객의 요구사항과 수요예측을 일치시킴으로써 채찍효과를 감소시킨다.

④ 협력적 로지스틱스 계획

내부 조달인 경우에는 제조업체 내에서 혹은 외부 조달(즉, 아웃소싱)인 경우에는 로지스틱스 제공자들과 운송 서비스와 유통센터 서비스에 대한 정보를 공유하여 일치된 로지스틱스 계획을 수립한다.

(2) 협력 방향에 따른 유형

① 수직적 협력

수직적 협력은 다른 공급사슬 수준에서 발생한다. 즉, 구매자-공급자 협력과 같이 공급사슬 주체들 간의 협력을 의미한다. 제조업체와 유통업체 사이의 통합은 더 나은 물리적 재료 및 정보흐름, 서비스와 평균 재고 수준 사이의 상상충관계의 향상, 경제적인 재고관리 통제와 더 나은 운송 시스템을 가능하게 한다.

② 수평적 협력

수평적 협력은 유사한 제품 혹은 한 제품의 다른 부품을 생산하는 둘 이상의 관련되지 않거나 동일 수준의 공급사슬 내에서 경쟁하는 조직들이 창고와 제조 역량과 같은 자원을 공유하기 위해 협력적 관계를 형성할 때 발생한다. 주로 제조업체들 간의 협력 혹은 유통업체들 간의 협력에서 발생한다.

③ 횡적 협력

수직과 수평적 통합의 편익과 공유 역량을 결합한다. 통합된 로지스틱스와 복합운송은 중단 없는 효과적인 화물 운송 네트워크에서 운송수단을 동기화하는 것을 지향하는데 이것이 횡적 통합 적용의 한 예이다.

(3) 협력 방법에 의한 유형

① 전략적 제휴

전략적 제휴는 둘 이상의 파트너들이 서로의 경쟁 포지션을 향상시키는 목적으로 자원, 지식, 역량을 공유하는 장기 지향의 기업 간 관계이다. 전략적 제휴는 신기술을 확산시키고, 신시장에 침투하고, 정부의 통제를 피하고, 산업 리더로부터 지식을 재빨리 획득하는 데 사용될 수 있다.

② 조인트벤처

조인트벤처(joint venture)는 둘 이상의 기업이 자본을 투자하여 새로운 모험회사를 설립하는 것으로서 새로운 시장 기회를 개발하는 데 사용된다.

③ 협력 협약

많은 조직은 빠르게 변하는 기술, 경쟁환경, 역량의 조달 폭을 넓히기 위해 다른 조직들과 협력적 협약을 추구한다. 이러한 협력 협약의 배경 이유는 프로세스와 제품의 재디자인을 통한 비즈니스 목표의 추구뿐만 아니라 유무형 자원의 협력과 공유에 초점을 둔다. 협력 협약의 목표는 단순한 계약에서 당사자들과 더욱 신뢰하는 관계로 이동하는 것이다.

④ 가상 협력

가상 통합은 정보통신 기술로 연결된 독립적 주체들 사이의 단단하게 결합된 협력 노력을 의미한다.

(4) 조직 경계에 따른 유형

① 내부 통합(internal integration)

내부 통합은 제조업체가 고객의 요구사항을 이행하고 그 공급자들과 효율적으로 상호작용하기 위해 자신의 조직적 전략, 프랙티스, 프로세스를 협력적, 동시화된 프로세스로 구조화하는 수준을 의미한다. 다시 말해, 내부 통합은 기업이 고객 요구를 충족시키기 위해 자신의 조직 전략, 프랙티스, 절차, 행태를 협력적, 동기화된, 관리가능한 프로세스로 구조화시킬 수 있는 수준으로서 고려된다. 직접적으로 내부 통합은 기업 내 기능적 영역의 조정, 협력, 통합이다. 이 내부 통합의 목적은 기업 내 부서와 기능들이 응집적 프로세스로서 기능하도록 만드는 것이다.

② 외부 통합(external integration)

외부 통합은 제조업체가 협력적, 동시화된 프로세스로 조직 간 전략, 프랙티스, 프로세스를 구조화하기 위해 외부 파트너들과 협력하는 수준으로서 정의될 수 있다. 외부 통합은 다시 공급자 통합(supplier integration)과 고객 통합(customer integration)으로 분류된다. 고객 통합은 중요한 고객들과 조정으로부터 도출된 핵심 역량을 포함하는 반면에 공급자 통합은 중요한 공급자들과 조정과 관련된 핵심 역량을 포함한다. 공급자와 고객 통합은 기업이 고객 요구를 충족시키기 위해 자신의 조직 전략, 프랙티스, 절차, 행태를 협력적, 동기화된, 관리가능한 프로세스로 구조화하기 위해 주요 공급자 또는 고객과 협력할 수 있는 수준을 의미한다.

가) 공급자 통합

공급자 통합은 초점기업이 정보를 제공하고 의사결정하는 데 공급자가 직접 참여하는 것을 수반한다. 공급자 통합은 구매자와 협력적 관계를 갖는 상류 공급자와의 관계로 특징된다. 그 관계는 거래 파트너들 사이의 연결을 배양하는 계획과 프로그램을 잠재적으로 포함할 수 있다.

나) 고객 통합

고객 통합은 공급자의 제품 및 프로세스와 고객 사이의 상호작용을 수반한다. 이 활동에서 공급자가 바친 관심과 자원은 모두 고객에 초점을 둔다. 고객 통합은 공급자에 의해 판매된 제품에 관한 의사결정에 고객을 도입하고 거래 파트너 사이에 조정을 향상시키기 위해 활용된 방법과 전략을 포괄한다.

4.2. 공급사슬 협력 시 공유 대상

공급사슬 협력 시에 공유할 수 있는 대상은 여러 가지가 있지만 그중에서도 가장 대표적인 것으로는 아이디어, 정보, 프로세스, 지식, 데이터, 리스크, 편익 등이 있다.

05 성공적 공급사슬 협력의 요구사항과 편익

5.1. 공급사슬 협력의 요구사항

더 높은 수준의 협력으로 갈수록 두 협력 당사자들의 공급사슬 성숙도는 동등하거나 유사한 수준에 존재해야 한다. 동기화된 협력은 공동의 계획, R&D와 정보의 공유를 요구한다. 즉, 공급사슬 전체를 통해 고객 수요 정보가 실시간으로 이동해야 한다는 것이다.

결국, 성공적인 공급사슬 협력을 위해서는 다음 사항이 충족될 필요가 있다.

① 외부 협력을 시도하기 전에 조직 내부적으로 먼저 협력
② 파트너들이 함께 일하는 것을 지원
③ 편익을 공유
④ 협력으로 달성하기 원하는 것에 초점을 두면서 소수의 선택된 파트너들에서 시작
⑤ 파트너가 관리할 수 있는 수준에서 IT 역량을 이용
⑥ 파트너의 성과를 모니터하도록 종합적 지표를 올바르게 설정
⑦ 사람에 초점(시스템이 사람을 대체하지 않음)

5.2. 공급사슬 협력의 편익

공급사슬 협력은 포함된 기업들에게 리스크 공유, 정보 획득, 보완자원에 대한 접근, 기술역량 향상, 로지스틱 비용절감, 거래비용 감소, 생산성 향상, 신제품개발 성과 향상, 재무 성과와 경쟁우위 향상 등의 편익을 제공한다. 어떤 연구

자는 이들을 분류하여 운영적, 재무적, 관계적, 전략적 성과로 구분하기도 한다 (Chang et al., 2016). 운영적 성과는 로지스틱스 비용절감, 적시납기, 재고회전, 사이클타임 감소를 포함하는 공급사슬과 관련한 조직 측정치의 향상을 포함하는 복잡하고, 다차원적이고, 계층적인 개념이다. 재무성과는 수익성, 투자수익률 (return on investment), 매출수익률(return on sales)과 같은 비용 대비 수익과 경제적 목표의 향상이다. 이에 비해 관계적 성과는 고객만족, 고객충성, 고객보유와 같은 고객 지향적 측정치들의 향상이고 전략적 성과는 매출, 시장지분, 매출과 시장지분의 성장과 같은 순수하게 수익기반의 측정치로 평가된 시장 목표의 향상이다.

또한 공급사슬 협력은 협력적 우위(collaborative advantage)로서 표현되는 다양한 편익을 제공한다(Cao & Zhang, 2011). 협력적 우위는 또한 공동의 경쟁우위로도 불린다. 그것은 공급사슬 파트너링을 통해 시장에서 경쟁자들을 초과하여 얻은 전략적 편익의 의미를 갖는다. 이 협력적 우위는 홀로 활동하는 어떤 기업에 의해 달성될 수 없는 협력적 활동의 바람직한 시너지 결과와 관련한다. 협력적 우위는 다음의 다섯 가지로 대표된다. 프로세스 효율성(기업의 협력 프로세스가 경쟁자에 비해 비용 경쟁적인 수준), 제공품(offering) 유연성(기업의 공급사슬 연결이 환경변화에 대응하여 제품 혹은 서비스 제공품(예 특징, 수량, 속도)의 변화를 지원하는 수준), 비즈니스 시너지(공급사슬 파트너들이 초과 편익을 얻기 위해 보완적이고 관련된 자원을 결합하는 수준), 품질(기업이 고객을 위해 더 높은 가치를 창출하는 고품질의 제품을 제공하는 수준), 혁신(기업이 새로운 프로세스, 제품, 서비스를 도입하는 데 공급사슬 파트너들과 함께 일하는 수준)이 있다.

이 외에도 공급사슬 협력이 다른 주체에게 제공하는 편익을 종합하면 다음과 같다.

(1) 고객에 대한 편익

재고 감소, 수익 증가, 주문관리 비용의 축소, 총 이익의 증가, 수요예측 정확성 개선, 촉진 예산 증가 등

(2) 자재 공급자에 대한 편익

재고 감소, 창고 비용 감소, 자재획득 비용의 축소, 재고부족 상황의 감소 등

(3) 서비스 제공자(로지스틱스 및 운송)에 대한 편익

화물비용 감소, 빠르고 신뢰할 수 있는 제품인도, 자본비용 감소, 감가상각 축소, 고정비용 감소 등

5.3. 공급사슬 협력의 선행요인

Cao & Zhang(2013)은 자신의 연구를 종합하여 공급사슬 협력의 선행요인을 다음과 같이 제시하였다.

(1) IT 자원

이것은 공급사슬 협력에서 기업 간 시스템을 지원하는 데 활용될 수 있는 IT 자산과 역량의 패키지를 의미한다. 이 수준이 높을수록 성공할 가능성이 높으며, 이 구성요소로는 IT 인프라 유연성과 IT 전문성이 있다. IT 인프라 유연성은 시스템(예 하드웨어, 소프트웨어, 통신기술, 데이터베이스)이 다른 비즈니스 응용과 서비스를 지원하기 위해 쉽게 재구성되는 수준을 나타내고 IT 전문성은 IT 인력과 관리자들이 기술적 및 비즈니스 솔루션을 제공할 수 있는 수준을 나타낸다.

(2) 기업 간 시스템 전유성

기업 간 시스템 사용의 패턴, 유형, 방식을 의미한다. 이 수준이 높을수록 성공할 가능성이 높으며, 구성요소로는 통합을 위한 기업 간 시스템 활용, 커뮤니케이션을 위한 기업 간 시스템 활용, 지능을 위한 기업 간 시스템 활용이 있다. 통합을 위한 기업 간 시스템 활용은 공급사슬 파트너 사이에 결합된 전자적 프로세스를 촉진하는 데 있어서 기업 간 활용의 수준을 나타내고 커뮤니케이션을 위한 활용은 공급사슬 파트너들 사이의 접촉과 메시지 흐름을 촉진하는 데, 지

능을 위한 활용은 공급사슬 파트너 사이에 학습과 지식창출을 향상시키는 데 있어 기업 간 시스템 활용의 수준을 나타낸다.

(3) 협력적 문화

협력적 문화는 공급사슬 내 적절한 비즈니스 프랙티스에 관해 어떤 기업에서 공유된 관계 지향의 규범, 신념, 기본 가치를 의미한다. 이 수준이 높을수록 성공할 가능성이 높으며, 구성요소로는 집단주의, 장기 지향, 파워 대칭, 불확실성 회피가 있다. 여기서, 집단주의는 어떤 기업이 공급사슬 파트너와 함께 일할 때 내가 아니라 우리라는 의식을 유지하는 수준을 나타낸다. 장기 지향은 어떤 기업이 공급사슬 파트너와 함께 지속적 관계를 개발하는 데 기꺼이 노력하려는 수준이다. 한편, 파워 대칭은 기업이 공급사슬 파트너가 그들의 관계에서 동등하게 말해야 한다고 믿는 수준을 나타내고 불확실성 회피는 기업이 공급사슬에서 모호한 상황에 의해 위협받는다고 느끼고 이것을 피하려고 노력하는 수준을 나타낸다.

(4) 신뢰

신뢰는 공급사슬 파트너가 상대방을 감시하고 점검하는 능력과 상관없이 확신 기대하에 거래를 한다고 어떤 기업이 주관적으로 믿는 수준을 의미한다. 이 수준이 높을수록 성공할 가능성이 높으며, 구성요소로는 신뢰성과 호의성이 있다. 신뢰성은 어떤 기업이 공급사슬 파트너의 예측가능성, 신뢰성, 정직, 역량에 대해 믿는 수준이다. 호의성은 기업이 공급사슬 파트너가 공정하게 행동하고 상황에 따라 불공정한 이익을 취하지 않을 것이라고 기대하는 수준을 나타낸다.

(5) 정보공유

기업이 공급사슬 파트너와 적시에 적절한, 정확한, 완전한, 신뢰할 수 있는 정보를 공유하는 수준을 의미한다. 정보공유는 공급사슬 협력의 심장, 생명선, 신경센터, 필수적 요소, 핵심 요구사항, 주축들로서 표현될 수 있다. 구체적으로 이것은 공급사슬 주체를 형성하는 주체들에게 이용가능한 재고 수준, 예측, 판매촉진, 전략, 마케팅 전략과 같은 전략적 및 전술적 데이터를 만드는 의지이다.

기업이 적절한, 정확한, 완벽한, 믿을 수 있는 아이디어/계획/절차를 적시에 공급사슬 파트너와 공유하는 수준이 높아야 한다(Angeles & Nath, 2001). 기업은 공유된 정보의 품질, 정확성, 완전성을 향상시키는 데 초점을 두어야 하고 협력에서는 상호 견제 관계보다는 더욱 전유적, 암묵적, 전체적으로 정보교환이 이루어져야 한다. 이상적으로, 정보는 온라인을 통해 실시간으로 접근될 수 있어야 하고 그러한 투명성은 불확실성을 줄이고 채찍효과를 발생시키는 정보왜곡 문제에 대응하는 효과적 방법이다.

(6) 목표 일치

공급사슬 파트너 사이의 목표 일치는 파트너들이 자신의 목표가 공급사슬 목표를 달성함으로써 충족된다는 것을 인식하는 수준이다. 그것은 공급사슬 파트너 사이의 목표 동의의 수준이다. 진정한 목표 일치의 경우에 공급사슬 파트너들은 그들의 목표가 공급사슬 목표와 완전히 일치한다고 느끼거나 불일치할 경우에는 공급사슬 목표를 향해 일하는 직접적 결과로 인해 그들의 목표가 달성될 수 있다고 믿는다.

공급사슬 파트너들이 자신의 목표가 공급사슬 목표를 달성함으로써 충족된다는 것을 인식해야 한다(Angeles & Nath, 2001). 그것은 공급사슬 파트너 사이의 목표 합의, 양립성, 적합성을 포함한다. 이 관점에서 공급사슬 협력은 기업의 특성, 가치, 신념, 비전, 기대, 전략적 방향, 프랙티스에 관한 상호 이해와 동의를 필요로 한다. 따라서 협력적 관계에 있는 모든 파트너들은 기대를 분명히 하는 것이 필요하다. 공급사슬 파트너들은 비전을 뒷받침하는 핵심 비즈니스 프로세스뿐만 아니라 공급사슬관리를 위한 비전에 동의해야 한다. 그렇게 함으로써 공유된 결과를 통해 파트너들을 서로 연결시켜 주기 때문이다.

(7) 의사결정 동기화

이 개념은 공급사슬 파트너가 공급사슬 편익을 최적화하는 의사결정을 공급사슬 계획과 운영에서 조율하는 프로세스를 말한다(Simatupang & Sridharan, 2005). 계획은 기업이 구체적 목표를 달성하기 위해 자원을 사용하는 최선의 방안을 결정하도록 지원한다. 운영계획, 수요관리, 생산계획과 스케줄링, 조달, 유통관리 등과 같은 공급사슬 의사결정에 대한 공동계획은 재고보충, 주문 접수와 전달에서 파트너들을 일치시키기고 의사결정을 조정하는 데 사용된다.

계획 의사결정은 특정 목표를 얻기 위해 기업의 자원을 사용하는 가장 효율적이고 효과적인 방법을 결정하는 데 필요하다. 일반적으로 7개의 핵심 공급사슬관리 계획 의사결정 항목이 존재한다. 그것은 운영전략 계획, 수요관리, 운영계획 및 일정, 조달, 약속 배송, 균형 변화, 유통관리이다. 공동계획은 협력적 파트너를 배열하고 재고보충, 주문, 주문 배송을 포함한 운영 의사결정을 하는 데 사용된다.

공급사슬 파트너들은 서로 다른 의사결정권과 전문성을 지닌다. 흔히, 소매상은 판매예측에 책임이 있고 공급자는 주문예측과 발생에 책임이 있다. 일반적으로 그 파트너들은 충돌하는 목표를 갖기 때문에 그 결과는 최적이 아닌 솔루션으로 나타난다. 따라서 공급사슬 파트너들은 성과를 향상시키는 방법에 영향을 미치는 중요한 의사결정을 조율해야만 한다.

(8) 인센티브 조정

이 의미는 공급사슬 파트너 사이에 비용, 리스크, 편익을 공유하는 프로세스를 나타낸다(Simatupang & Sridharan, 2005). 그것은 인센티브 계획을 수립할 뿐만 아니라 비용, 리스크, 편익을 결정하는 것을 포함한다. 성공적인 공급사슬 파트너십을 위해서는 각 참여자가 이익과 손실을 공평하게 공유하고 협력의 결과물이 모두에게 편익을 제공할 필요가 있다. 인센티브 조정은 이익을 공평하게 공유하는 메커니즘의 조심스러운 정의를 필요로 하고 이것은 이익이 투자와 리스크에 비례한다는 것을 의미한다. 그것은 또한 충분한 수준의 협력과 헌신을 보장할 뿐만 아니라 기회주의적 행동과 같은 피해를 주는 관행을 최소화해야 한다.

(9) 자원 공유

이 의미는 공급사슬 파트너와 역량과 자산을 활용하고 그것에 투자하는 프로세스를 의미한다. 자원기반관점(Resource-Based View)에서 자원은 제조설비, 시설, 기술과 같은 물리적 자산을 포함한다(Cao et al., 2010). 소매분야에서 공급자관리재고(Vendor Managed Inventory) 혹은 공동관리재고(Co-Managed Inventory)

는 공급자들이 EDI(Electronic Data Interchange)를 통해 재고수준 데이터를 평가하고 필요한 보충(replenishment)을 취하게 하는 것을 가능하게 한다. 나아가 지속가능한 협력을 위해서는 풍부한 상호 자원투자가 이루어져야 한다. 즉, 시간, 돈, 훈련, 기술 개선, 기타 자원을 포함한 재무적 및 비재무적 투자가 요구된다. 이러한 재무적 투자는 보통 효과적인 파트너십에서 제공되며, 여기에 투자되는 시간과 상호 노력이 과소평가되어서는 안된다.

(10) 협력적 커뮤니케이션

이것은 빈도, 방향, 유형, 영향 전략의 관점에서 공급사슬 파트너 사이의 접촉과 메시지 전달을 의미한다(Mohr & Nevin, 1990). 개방적이고, 빈번하고, 균형되고, 양방향적인, 다수준 형식의 커뮤니케이션이 긴밀한 기업 간 관계를 반영한다. 나아가 협력적 커뮤니케이션은 더 많은 빈도, 더 많은 양방향적 흐름, 더 나은 비공식적 형태, 향상된 간접적 영향을 갖는다. 여기서 빈도는 파트너 사이의 접촉의 양을 의미하고 방향은 공급사슬의 상류와 하류로 커뮤니케이션의 이동을 의미하다. 또한 유형은 정보를 전송하는 데 사용된 방법을 의미한다.

공식적 형태가 구조화된 규칙과 고정된 절차를 통해 구축된 커뮤니케이션을 나타내는 반면에 비공식적 형태는 공급사슬 파트너 사이의 커뮤니케이션이 즉흥적이고 비일상적인 방식으로 구축되는 수준이다. 영향은 커뮤니케이션 내용(예 전송된 메시지)에 내재된다. 직접적 영향으로서 기업은 추천, 약속, 법적 의무에 대한 호소를 통해 파트너로부터 특정 행동을 요청하여 행동을 변화시키는 데 비해 간접적 영향은 명백한 지시 혹은 숨겨진 위협 없이 의도된 행동의 바람직함에 대한 공급사슬 파트너의 신념과 태도를 변화시키도록 설계된다.

(11) 공동 지식창출

이 요소는 공급사슬 파트너가 함께 일함으로써 시장과 경쟁환경을 더 잘 이해하고 대응하는 것을 의미한다(Malhotra et al., 2005). 지식창출 활동에는 세 가지 유형이 있다. 그것은 지식 탐구(예 새롭고 적절한 지식을 탐색하고 얻는 것), 지식 활용(예 지식을 동화시키고 적용하는 것), 지식 양면성(예 지식 탐구와 활용의 동시 추구)이다.

공급사슬 파트너 사이에 지식을 포착, 교환, 동화시키는 것은 혁신을 가능하게 하고 장기 경쟁력을 촉진한다. 공급사슬 파트너들은 지식 기반을 구축하는 데 관여해야 하고 지식을 해석하는 데 함께 참여해야 한다. 그것은 기업이 신제품을 개발하고, 브랜드 이미지를 구축하고, 고객의 니즈에 대응함으로써 가치를 창출하도록 만들어주기 때문이다. 공급사슬 협력의 가치는 효율성 향상에만 있지 않고 가치사슬이 경쟁에 대응하고 고객을 충족시키는 것을 돕는 전략적 편익도 발생시킨다는 점을 항상 고려해야 한다.

5.4. 공급사슬 협력의 장애물

공급사슬 협력 시 발생하는 몇 가지 문제점도 지적될 수 있다. 첫째, 수많은 회의와 조정이 정보흐름을 촉진하고 동의하는 의사결정을 하는 데 요구되기 때문에 공급사슬 협력은 상당한 시간을 필요로 한다. 둘째, 공급사슬 협력은 목표와 자원에 대한 조직 간 갈등으로 이어질 수 있다. 다른 조직 혹은 기능들은 흔히 서로 다른 지향, 목표, 가치를 갖기 때문이다. 셋째, 기회주의적 행동과 지식유출이 공급사슬 협력 프로세스에서 발생할 수 있다. 넷째, 공급사슬 협력은 기업이 시장 압력에 대응하는 데 필요한 유연성이 결여되도록 만든다. 결국, 이들 네 가지 문제는 공급사슬 협력의 편익을 상쇄시킬 수 있다. 이 밖에도 공급사슬 협력의 장애물로는 다음의 내용이 자주 언급되고 있다.
① 신뢰의 결여
② 새로운 사고방식과 스킬을 위한 훈련의 결여
③ 협력적 및 전략적 계획의 결여
④ 최고경영층의 헌신 부족
⑤ 공급사슬 비전/이해의 결여
⑥ 파트너의 기술적 역량 불일치
⑦ 부적절한 정보 공유
⑧ 리스크와 보상을 공유하지 않으려는 의지
⑨ 일관적이지 않고 부적절한 측정 및 평가시스템
⑩ 공급사슬 가시성의 결여

⑪ 일치하지 않는 운영 목표
⑫ 유연하지 않은 공급사슬
⑬ 경쟁우위의 결여

06 종합적 공급사슬 협력 모델

Ralston et al.(2017)는 문헌을 종합하여 <그림 2-6>과 같은 종합적 공급사슬 협력 모델을 제시하였다.

여기서 협력의 초기요인이 협력에 영향을 미치고 협력의 결과로서 성과결과가 도출된다. 한편, 특정요인과 협력의 초기요인 중 일부는 기존 문헌에서 영향요인으로 고려되기도 한다. 이 영향요인은 협력에 직접 영향을 미치기도 하지만 초기요인과 성과결과를 매개하기도 한다. 협력에 영향을 미치는 요인들은 다음세 가지 측면으로 분해될 수 있다.

6.1. 내부요인

기업들은 협력할 준비가 되어 있어야 한다. 그 요인으로는 혁신하고 변화하려는 의지, 다른 기업을 이해하기, 공통의 목표, 적절한 측정치와 인센티브, 정보공유가 필요하다. 또한 전략적 의지, 내부 일치, 관계 지향, 관계 특유의 투자, 정보흐름과 커뮤니케이션, 공식화 등이 있다. 이 외에도 경영층을 포함한 관리의 헌신, 역할 정의, 시스템 통합, 성과측정, 관계관리, 신뢰구축, 합리화와 단순화, 흡수역량과 협력적 프로세스 역량, 경쟁 환경, 헌신과 관여 등이 있다.

〈그림 2-6〉 종합적 공급사슬 협력 모델

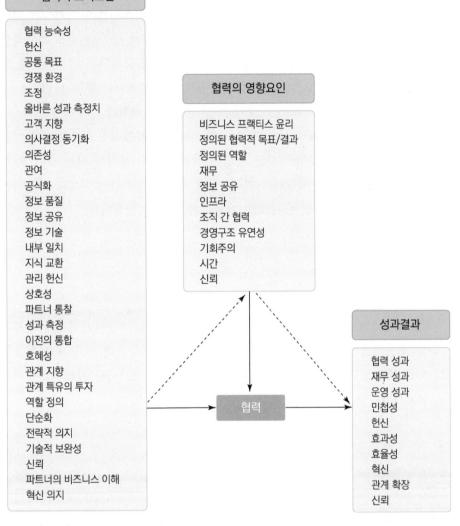

협력의 초기요인

협력 능숙성
헌신
공통 목표
경쟁 환경
조정
올바른 성과 측정치
고객 지향
의사결정 동기화
의존성
관여
공식화
정보 품질
정보 공유
정보 기술
내부 일치
지식 교환
관리 헌신
상호성
파트너 통찰
성과 측정
이전의 통합
호혜성
관계 지향
관계 특유의 투자
역할 정의
단순화
전략적 의지
기술적 보완성
신뢰
파트너의 비즈니스 이해
혁신 의지

협력의 영향요인

비즈니스 프랙티스 윤리
정의된 협력적 목표/결과
정의된 역할
재무
정보 공유
인프라
조직 간 협력
경영구조 유연성
기회주의
시간
신뢰

성과결과

협력 성과
재무 성과
운영 성과
민첩성
헌신
효과성
효율성
혁신
관계 확장
신뢰

협력

6.2. 관계적 요인

협력하는 기업 사이의 관계는 협력 성공에서 명백한 역할을 한다. 기업이 협력 혹은 특정 협력 업무가 성공하기를 원한다면 다른 파트너들과 기꺼이 일해야 한다. 관계 지향은 상호 교환과 편익으로 결과되는 고객 및 비즈니스 파트너들과 관계의 선행적 창출, 개발, 유지를 의미한다. 이 관계 지향은 고객가치를 창출하기 위해 다른 당사자들과의 관계로 진입하는 기업의 사고방식을 반영한다. 즉, 윈-윈 파트너십(win-win partnership)을 추구하는 의지가 존재해야 한다. 이 의지를 따라서 여러 조직 사이에 정보가 공유되고 의사결정이 동기화되기 때문이다. 협력의 성공을 고무하는 다른 방법은 관계 특유의 투자를 하는 것이다. 이 투자를 통해서 의존성이 창출되고 파트너들을 함께 모은다. 이 밖에도 커뮤니케이션 혹은 교환의 의미 있는 형태를 제공하는 의지가 필요하다.

6.3. 기술적 요인

기술은 공급사슬에서 협력을 촉진하는 역할을 한다. 커뮤니케이션의 전자적 수단은 접근성을 증가시키고 협력자들을 더 밀접하게 묶으며, 소통하고 정보를 공유하는 방법을 촉진한다. 이와 관련되는 요인으로는 정보기술 활용, 정보 시스템, 정보기술 역량, 기술적 보완성과 유연성 등이 있다.

07 전략적 공급사슬 파트너십

7.1. 개념

<표 2-1>은 전통적 관계와 공급사슬상의 파트너십 관계를 비교해 주고 있다.

▼ 〈표 2-1〉 전통적 공급자 관계와 전략적 공급사슬 파트너십

전통적 공급자 및 물류업체 관계	전략적 공급사슬 파트너십
가격 중심의 공급자 선정	다수 기준에 의한 공급자 선정
공급자와 단기 계약	공급자와 장기적 제휴
계약에 의한 공급자 평가	공급자가 제공하는 부가가치의 철저한 평가
다수 공급자 활용	소수 공급자 활용
정보 독점	정보 공유
권력 중심의 문제해결/개선/성공의 공유	상호주의적인 문제해결/개선/성공의 공유

자료원: Maloni, M.J. & Benton, W.C.(1997), "Supply chain partnerships: opportunities for opera tions research", *European Journal of Operational Research, 101*(3), 419-429을 수정.

공급사슬에서 두 당사자들이 상호작용할 때 상호작용의 프로세스는 장기뿐만 아니라 단기 관계를 포함한다. 그러나 공급사슬 상황에서 기업들은 상기 관계 행태를 유지하는 경향이 있고, 여기서 파트너들은 공급사슬 멤버들 간에 상호의 이익을 강화할 수 있다고 일반적으로 믿는다. 진정한 파트너십을 통해 각 당사자는 서로에게 헌신만 하는 것은 아니고 각자가 상대방의 니즈를 충족시키기 위해 행태를 변화시키는 경향이 있다고 생각하기 때문이다.

연속성, 관계 영속성, 각 파트너의 만족의 함수로서 파트너십 제휴가 필요하

다. 파트너십 제휴는 공급사슬 상황에서 중요한 관계이고, 이것은 소매업체, 도매업체, 유통업체를 포함한 시장 측면과 공급자, 물류업체들을 포함한 공급 측면의 모든 주체들을 포괄한다. 파트너십은 또한 공급자들과 전략적 제휴에 참여할 수 있고, 이것은 더 높은 수준의 신뢰와 헌신으로 결과되어야 한다.

결과적으로 전략적 파트너십은 성공적인 공급사슬 관계를 위한 장기 편익을 증가시키고 리스크를 줄이는 데 필수적인 역할을 한다. 전략적 파트너십은 또한 신뢰, 문화적 양립성, 최고경영층 지원, 효과적 정보공유를 포함한다. 따라서 전략적 공급사슬 파트너십은 상호 신뢰, 조직적 양립성, 최고경영층 지원, 정보공유에 의해 가능하게 된 공급사슬에서 거래 당사자 간의 성공적인 장기 관계로서 정의된다.

7.2. 선행요인

상호 신뢰는 전략적 공급사슬 파트너십에서 중요한 선행요인이다. 높은 수준의 신뢰를 개발하고 유지하는 것은 성공적인 관계 구축에 결정적이다. 상호 신뢰를 갖는 기업들은 바람직한 성과를 얻는 방향으로 효과적 행동을 취하는 데 있어 파트너를 신뢰할 만하고 진실된 것으로서 인식한다. 조직적 양립성은 공급사슬 파트너들과 경영 스타일과 목표 양립성에서 유사성을 반영한다. 양립적 기업문화는 또한 기업 간 장기적인 양자적 관계에 필수적이다. 나아가, 최고경영층 지원은 조직 내에서 공유된 비전을 소통하고 전략적 의사결정을 실행하는 데 중요하다.

7.3. 실행

프랙티스는 운영적 차원뿐만 아니라 전략적 차원에서 정의되어 왔다. 전략적 프랙티스는 최고경영층을 포함하고, 조직 수준에서 실행되고, 장기 지향적인 속성을 갖는다. 반대로 운영적 프랙티스는 중간경영층에서 시작하고, 기능에 초점을 두고, 단기 기반이다. 전략적 공급사슬 파트너십은 기업이 기꺼이 전략적 정보(예 조직적 비전, 장기 기회, 현실적 리스크들)를 공유하려고 할 때 그 효과가 커진다. 전략적 공급사슬 파트너십은 또한 운영 기반 정보(예 생산계획, 제조 성과, 신제품/서비스 개발 세부사항들)도 필요로 한다. 나아가, 조직 간 의사결정의 품질은 전략적 및 운영적 수준 모두에서 적시의, 정확한, 적절한 정보를 필요로 한다.

참고문헌

Angeles, R. & Nath, R.(2001), "Partner congruence in electronic data interchange(EDI) enabled relationships", *Journal of Business Logistics, 22*(2), 109−127.

Cao, M., Vonderembse, M.A., Zhang, Q. & Ragu−Nathan, T.S.(2010), "Supply chain collaboration: conceptualisation and instrument development", *International Journal of Production Research, 48*(22), 6613−6635.

Cao, M. & Zhang, Q.(2011), "Supply chain collaboration: Impact on collaborative advantage and firm performance", *Journal of Operations Management, 29*(3), 163−180.

Cao, M. & Zhang, Q.(2013), *Supply Chain Collaboration*, Springer−Verlag, London.

Chang, W., Ellinger, A.E., Kim, K & Franke, G.R.(2016), "Supply chain integration and firm financial performance: a meta−analysis of positional advantage mediation and moderating factors", *European Management Journal, 34*(3), 282−295.

Cohen, W.D. & Levinthal, D.A.(1990), "Absorptive capacity: a new perspective on learning and innovation", *Administrative Science Quarterly, 35*(1), 128−152.

Cohen, S. & Roussel, J.(2005), *Strategic Supply Chain Management: The Five Disciplines for Top Performance*, McGraw−Hill, New York.

Dyer, J. & Singh, H.(1998), "The relational view: cooperative strategy and sources of interorganizational competitive advantage", *Academy of Management Review, 23*(4), 660−679.

Ellram, L. & Hendrick, T.(1995), "Partnering characteristics: a dyadic perspective", *Journal of Business Logistics, 16*(1), 41−64.

Gattorna, J.L.(ed) (1998), *Strategic Supply Chain Alignment,* Gower Publisning, Aldershot.

Granovetter, M.(1973). "The Strength of Weak Ties", *American Journal of Sociology, 78*(6), 1360−1380.

J.S., N., Chilkapure, A. & Pillai, V.M.(2019), "Literature review on supply chain collaboration: comparison of various collaborative techniques", *Journal of Advances in Management Research, 16*(4), 537−562.

Malhotra, A., Gasain, S. & Sawy, O.(2005), "Absorptive capacity configurations in supply chains: gearing for partner−enabled market knowledge creation", *MIS Quarterly, 29*(1), 145−187.

Maloni, M.J. & Benton, W.C.(1997), "Supply chain partnerships: opportunities for operations research", *European Journal of Operational Research,* *101*(3), 419–429.

Mohr, J. & Nevin, J.(1990), "Communication strategies in marketing channels: a theoretical perspective", *Journal of Marketing,* *54*(4), 36–51.

Nahapiet, J. & Ghoshal, S.(1998), "Social capital, intellectual capital, and the organizational advantage", *The Academy of Management Review,* *23*(2), 242–266.

Nyaga, G., Whipple, J. & Lynch, D.(2010), "Examining supply chain relationships: do buyer and supplier perspectives on collaborative relationships differ?", *Journal of Operations Management,* *28*(2), 101–114.

Pfeffer, J. & Salancik, G.R.(1978), *The External Control of Organizations: A Resource Dependence Perspective,* Harper & Row, New York.

Prahalad, C.K. & Hamel, G.(1990), "The core competence of the corporation", *Harvard Business Review,* *68*(3), 79–91.

Ralston, P.M., Richey, R.G. & Grawe, S.J.(2017), "The past and future of supply chain collaboration: a literature synthesis and call for research", *The International Journal of Logistics Management,* *28*(2), 508–530.

Simatupang, T. & Sridharan, R.(2005), "An integrative framework for supply chain collaboration", *International Journal of Logistics Management,* *16*(2), 257–274.

Teece, D.J., Pisano, P.G. & Shuen, A.(1997), "Dynamic capabilities and strategic management", *Strategic Management Journal,* *18*(7), 509–533.

추가 읽을거리

Buddy, D., MacBeth, D. & Wagner, B.(2000), "Implementing collaboration between organizations: an empirical study of supply chain partnering", *Journal of Management Studies,* *37*(7), 1003–1017.

Bordonaba-Juste, V. & Cambra-Fierro, J.J.(2009), "Managing supply chain in the context of SMEs: a collaborative and customized partnership with the suppliers as the key for success", *Supply Chain Management: An International Journal,* *14*(5), 393–402.

Duffy, R. & Fearne, A.(2004), "The impact of supply chain partnerships on supplier performance", *The International Journal of Logistics Management, 15*(1), 57–72,

Lambert, D.M., Emmelhainz, M.A. & Gardner, J.T.(1996), "Developing and implementing supply chain partnerships", *The International Journal of Logistics Management, 7*(2), 1–18.

Spekman, R. E. & R. Carraway (2006), "Making the transition to collaborative buyer– seller relationships: an emerging framework", *Industrial Marketing Management, 35*(1), 10–19.

연습문제

1. 객관식 문제

1.1. 다음 문제의 참과 거짓을 구분하시오.

(1) 공급사슬 주체들 사이에 발생하는 수요 변동의 확대를 나타내는 채찍효과는 공급사슬 협력의 가장 큰 동인이다.

(2) 조직이 필요한 자원을 스스로 창출할 수 없을 때 다른 조직과 보완적이고 상호 의존적인 교환 관계에 진입할 수 있다는 이론적 근거는 거래비용이론에 해당한다.

(3) 투명한 정보흐름을 통해 불확실성을 줄이는 것은 공급사슬 협력의 핵심 목적 중 하나이다.

(4) 공급사슬 협력은 기업이 프로세스 통합과 상호 신뢰를 통해 시장 거래에 내재하는 기회주의와 감시비용을 줄이도록 만들고 파트너들이 상대방의 최선의 이익 관점에서 행동하는 가능성을 증가시킨다.

(5) 자원기반관점은 가치사슬상의 활동이 기업의 경계 내에 있어야 하는지 혹은 계약적 관계에서 기업의 외부에서 아웃소싱되어야 하는지에 대한 의사결정에 중요한 이론적 배경을 제공한다.

(6) 공급사슬 협력은 프로세스와 관계라는 두 가지 관점에 초점을 두어 정의될 수 있다.

(7) 협력기법의 관점에서 공급사슬 협력의 가장 높은 단계는 현재 동기화된 협력이 제안되고 있다.

(8) 조직이 경계에 따라 공급사슬 통합은 내부 통합, 공급자 통합, 고객 통합으로 구분된다.

(9) 공급사슬 협력을 위한 시작요인으로는 크게 내부요인, 관계요인, 술요인이 있고 이 모든 요인이 충족되어야 성공적인 협력이 가능해진다.

(10) 전략적 공급사슬 파트너십을 위한 선행요인으로 높은 수준의 상호 신뢰, 조직의 양립성, 성과에 기초한 단기적 관계가 필요하다.

1.2. 다음 문제의 정답을 찾아내시오.

(1) 다음 중 공급사슬 협력의 기반 이론으로 가장 거리가 먼 것은?
① 인적자본관점
② 학습과 지식관점
③ 자원기반관점
④ 거래비용이론

(2) 다음 중 자원기반관점의 주요 역량으로 고려하기 가장 어려운 것은?
① 흡수역량　　　　② 학습역량
③ 핵심역량　　　　④ 동태적 역량

(3) 다음 중 공급사슬 협력의 구성요소와 가장 거리가 먼 것은?
① 목표일치　　　　② 의사결정 동기화
③ 협력적 커뮤니케이션　　④ 신뢰

(4) 공급사슬 협력에서 공유되어야 하는 정보의 특성과 거리가 먼 것은?
① 완전성　　　　② 다양성
③ 정확성　　　　④ 고품질

(5) 공급사슬에서 긴밀한 협력 관계를 나타내는 커뮤니케이션 특성과 거장 거리가 먼 것은?
① 공식적   ② 고빈도
③ 양방향적   ④ 개방적

(6) 파트너십 관점에서 공급사슬 협력의 수준 중에서 가장 수준이 높은 것은?
① 협력적 공급사슬관리   ② 정보공유
③ 분산된 공급사슬   ④ 가상통합

(7) 다음 중 공급사슬 협력 시 공유 대상과 가장 거리가 먼 것은?
① 프로세스   ② 리스크
③ 인력   ④ 편익

(8) 다음 중 공급사슬 협력의 관계적 편익에 해당하는 것은?
① 고객충성   ② 적시납기
③ 시장지분 성장   ④ 투자수익률

(9) 다음 중 성공적인 공급사슬 협력의 선행요인으로 가장 적절하지 않은 것은?
① 협력문화   ② IT 자원
③ 인센티브 무시   ④ 의사결정 동기화

(10) 다음 중 전략적 공급사슬 파트너십의 특징에 해당하지 않는 것은?
① 정보공유
② 상호주의적 문제해결
③ 다수 기준에 의한 공급자 선정
④ 다수 공급자 활용

2.1. 사전 학습문제

(1) 공급사슬 통합 혹은 협력과 관련한 중요한 기업 사례를 3개 찾아 정리하시오.

(2) 공급사슬에서 통합 혹은 협력이 필요한 이유를 제시해 보시오.

2.2. 사후 학습문제

(1) 공급사슬 협력이 성공하기 위해 필요한 요인들을 모두 찾아 자신만의 방식으로 분류하시오.

(2) 공급사슬 협력의 유형을 특정 산업(예 자동차, 조선, 철강, 전자, 반도체 등)의 사례를 들어 구체적으로 설명하시오.

(3) 왜 공급사슬 협력이 필요한지 그 이유를 모두 찾아 정리해 보시오.

(4) 계획과 재고의 협력 여부에 따라 전통적 공급사슬, 정보교환, 공급자관리, 재고보충, 동기화된 공급으로 유형과 단계를 분류하고 그 의미를 해석해 보시오.

공급사슬 협력 기법

01 크로스 도킹

크로스 도킹(Cross-Docking)은 창고나 유통센터로 입고되는 제품을 단순히 보관하는 것이 아니라 분류 또는 재포장을 거쳐 다시 배송하는 '경유(transhipment) 중심의 물류 시스템'을 의미한다. 공급자들이 고객에게 직접 운송을 하는 기존의 방식은 빈 트럭 공간이 많은 낮은 트럭부하(truckload)를 초래한다. 하지만 공급자와 고객을 연결하는 크로스 도킹 유통센터를 통해서 배송하게 되면 완전한 트럭부하(full truckload)를 통해 효율적으로 물자를 이동시킬 수 있다.

<그림 3-1>과 같이 공급자의 물자를 접수한 유통센터에서는 고객별로 물자를 분류하여 선적함으로써 기존의 직접 운송방식보다 물류비뿐만 아니라 재고와 운송 리드타임을 줄일 수 있다. 이러한 시스템이 효과적으로 성과를 내기 위해서는 공급자와 고객(예 점포) 사이의 실시간 정보교환이 가능해야 한다.

〈그림 3-1〉 크로스 도킹의 흐름

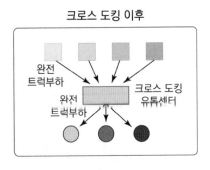

02   QR

    제조와 유통업체가 상호 협력하여 소비자에게 적절한 상품을, 적절한 장소에, 적절한 시기에, 적절한 양을, 적절한 가격으로 제공할 목적으로 바코드(Barcode), QR(Quick Response), RFID(Radio Frequency Identification) 등의 도구를 활용하고 생산, 유통기간 단축, 재고 감소, 반품으로 인한 손실절감 등 생산 및 유통의 각 단계에서 합리화를 실현하여 그 성과를 제조업체, 유통업체, 소비자에게 골고루 돌아가게 하는 혁신적 협력 방법이다.

    80년대 초반 미국에서 태동된 QR 코드는 식료품업자의 의뢰를 받은 미국 드렉셀대학교(Drexel University) 공과대학의 노먼 우들랜드(Norman Joseph Woodland, 1921–2012)의 아이디어에서 출발하였다. 즉, 검은색은 빛을 흡수하고 흰색은 빛을 반사하니 그 간격을 활용하여 아라비아 숫자나 알파벳을 표기한다는 아이디어에서 출발하여 코드 생성에 자외선 감응 잉크와 스캐너를 활용하여 <그림 3–2>와 같은 오늘날의 '1D 바코드'가 나오게 되었다. 현재의 정사각형 평면을 활용하는 2D 바코드는 1990년대 일본 산업기기 제조 기업 덴소 웨이브에서 개발했다. '다품종 소량생산' 체제하에서 도요타자동차는 덴소 웨이브에 새로운 상품 분류 표시법

 〈그림 3-2〉 1D 바코드와 2D 바코드(QR 코드)

개발을 주문하여 그 결과 <그림 3-2>와 같은 2D 바코드가 탄생했다. 현재 QR 코드는 여섯 가지 구성요소의 종합을 통해 정보를 제공해 준다. QR 코드의 장점은 용이한 데이터 저장과 빠른 연결속도가 있다. 그러나 일정한 거리에서만 인식이 가능하고 정보를 수정하거나 삭제할 수 없다는 단점이 있다. 물론, 이러한 단점을 보완한 RFID 기술이 등장하였고 3D 형태의 QR 코드가 개발 중에 있다.

이러한 도구를 활용한 Quick response 공급사슬은 리드타임을 줄임으로써 시장 변화에 재빨리 대응하는 재고관리 전략으로 개발되었다. 미국 의류 공급사슬에서 1980년대 중반에 처음 적용된 후 RFID와 모바일 컴퓨팅과 같은 신기술의 발전으로 인해 최근에 더욱 많은 관심을 받고 있다. 예를 들어, 기본적 QR에서 소매업체는 POS 데이터를 공급자에게 보내고 공급자는 이 정보를 수요예측과 생산/유통 일정을 향상시키기 위해 활용할 수 있다. 이 단순한 공급자-소매업체 파트너십은 재고 보충을 위해 필요한 리드타임을 효과적으로 단축시킨다. 특히, 시장 수요가 급변하고, 재고보충 리드타임이 길고, 제품이 짧은 라이프사이클을 갖는 상황에서 QR이 적합하기 때문에 패션 의류, 소비자 가전, 장난감과 같은 산업에서 자주 활용되고 있다. 결과적으로, QR 프로그램을 실행하는 것은 채찍효과를 경감시키고, 적시에 공급과 수요를 더 잘 일치시키고, 재고부족을 피하여 고객 서비스를 향상시키고, 전달 속도를 향상시킴으로써 공급사슬과 소매업체 모두에게 편익을 제공한다.

03   POS

POS(Point-Of-Sale) 시스템이란 키보드 입력(key in)방식이 아닌 광학적 자동판독방식으로 제품별로 수집된 판매정보와 매입 등의 활동에서 발생하는 각종 정보를 컴퓨터로 처리하는 소매업의 종합경영정보 시스템을 말한다. POS 시스템은 고객에게 판매금액을 제시하고 정산할 뿐만 아니라 소매업 경영에 필요한 각종 정보를 수집 및 처리한다. 여기서 POS 터미널은 매장에서 거래를 기록하고 금전을 보관하는 기능과 판매에 관한 정보를 컴퓨터에 기록하거나 직접 입력하는 기능을 갖고 있고, 상품 가격표상에 바코드로 표시된 상품정보를 자동판독할 수 있는 장치가 접속되어 있는 일종의 단말기이다. POS와 자주 병행해서 사용되는 RFID는 칩과 안테나로 구성된 태그에 정보를 입력하고 대상에 부착하는 방식으로서 게이트, 계산대, 톨게이트 등에 부착된 리더기에서 안테나를 통해 발사된 무선 주파수 태그에 접촉하며, 태그는 그 주파수에 반응하여 입력된 데이터를 안테나로 전송하고 안테나를 전송받은 데이터를 디지털 신호로 변조하여 리더기로 전송한 후 호스트 컴퓨터에서 그 데이터를 해독한다.

04   CR

소비자로부터 얻은 재고 및 판매정보를 기초로 상품을 지속적으로 보충하는 공급사슬관리 기법 중 하나는 연속적 보충(Continuous Replenishment)이다. CR에서 공급자가 주도적으로 재고관리를 수행하는 방식을 VMI(Vendor Managed Inventory)라고 하고 공급자와 유통업자가 공동으로 재고관리를 주도하는 방식을 CMI(Co-Managed Inventory)라고 한다.

4.1. VMI

VMI(Vendor Managed Inventory)는 제조업체의 관리를 공급자가 수행하는 방식이다. 일반적으로, 소매업의 경우에는 소매업체에 의한 발주 자체를 없애고 소매업의 재고관리를 제조업체와 도매업체에 맡기는 방식을 이용하고 있다. 예를 들어, 편의점의 경우에 발주를 편의점에서 하지 않고 편의점에 제품을 납품하는 제조업체와 도매업체가 직접 수행하는 방식이다.

<그림 3-3>과 같이 전통적 공급사슬은 구매자가 고객의 주문에 따라 제품을 인도하고 구매자가 다시 부족한 재고를 공급자에게 주문하여 제품을 전달받는다. 그러나 VMI 방식의 공급사슬은 고객의 주문에 따라 구매자가 제품을 인도하지만 재고와 관련한 정보가 공급자에게 전달되어 구매자의 주문이 아니라 자동으로 공급자가 필요한 제품의 재고를 보충하는 방식이다.

VMI의 편익은 공급자에 의해 자동으로 구매자의 재고가 보충이 되기 때문에 구매자의 재무적 관점에서 발주처리와 선적비용이 줄어들고 리드타임이 단축되어 재고가 절감되고 더 나은 가격책정이 가능하게 된다. 또한 운영적 관점에서 공급자와 구매자 사이에 노동력의 분배(즉, 분업)가 가능하고 운영의 정확성과

• 전통적 공급사슬

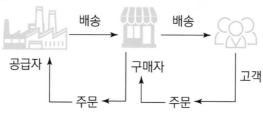

• VMI 공급사슬

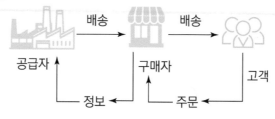

주문 충족율(fill rate)이 높아진다. 한편, 편의점 관점에서 본다면 제조업체와 도매업체가 소매(구매자) 점포에서 품절 혹은 수주잔고를 감소시키고 매출을 증가시킬 수 있다. 즉, 소매업체로부터 제품 파이프라인을 거슬러 전송되는 제품별 매상정보를 제조업체와 도매업체에서 시장분석, 제품기획, 제품별 수요예측 등에 이용함으로써 과잉생산과 과잉재고를 방지할 수 있게 된다.

이러한 편익을 제공하는 VMI의 실행은 다음의 의미를 갖는다. 첫째, 공급자가 고객의 장소에서 재고를 관리하는 책임을 갖게 된다. 구매 품목에 대한 폭넓은 포트폴리오를 자주 관리하는 구매자와는 달리 공급자들은 보통 그들이 더 구체적 지식을 갖는 제한된 범위의 제품에만 책임을 갖게 되고 따라서 최종 고객을 통해 그들의 제품흐름을 예측하고 관리하는 것을 더 잘 수행할 것이다. 둘째, 공급자가 재고 및 그 수준에 대한 정보, 기대 수요, 판촉 활동, 제품 관련 비용을 관리할 수 있도록 구매자에 의해 여건이 만들어져야 한다. 이 정보는 공급자가 전체 공급사슬 비용에 기초하여 더 나은 보충 의사결정을 하는 것을 가능하게 하고 두 당사자가 개별적으로 자신의 이익을 최적화하려고 할 때 발생하는 국지적 하위 최적화(즉, 기회주의)를 막게 된다. 이 정교하고 적시적인 수요정보는 공급자의 계획 기능뿐만 아니라 구매자의 마케팅과 공급 기능 사이에 공유될 필요가 있다. 따라서 VMI의 효과적 실행은 교차기능적이고 공급자와 구매자 조직 간 협력이라는 접근법을 요구한다. 셋째, VMI의 실행으로 수요예측과 주문의 한 단계가 공급사슬에서 효과적으로 제거된다. 공급사슬에서 한 단계를 제거하는 것은 정보와 재료 흐름의 지연을 축소하는 것을 돕고 공급사슬 의사결정에서 한 불확실성과 왜곡의 원천을 제거하기 때문에 상당한 편익으로 결과된다.

4.2. CMI

CMI(Co-Managed Inventory)는 구매자 재고의 연속적 보충을 위해 수요예측과 재고관리에 대해 공급자와 구매자가 공동으로 계획하고 실행하는 방법이다. 이 기법은 각 기업 내부의 계획수립과 실행단계를 통합시켜 고객 서비스 수준을 향상시키고 재고 및 비용을 줄이는 보다 소비자 중심적인 방법으로서 파트너들은 상호 협의를 통해 치밀한 공동사업계획을 수립하고 실행원칙을 결정한다. 따라서 거래 당사자들이 자주 만나 개방된 의사소통을 함으로써 서로의 비즈니스 활동에 대해 더 잘 이해하고 상호 교류를 증대시킴으로써 파트너 간에 신뢰를 쌓아야 가능하다. CMI의 편익은 운송비용 절감, 현금흐름 개선, 판매량 증가 등을 통해 고객의 가치를 증가시키는 데 있다. 물론, 효과적인 실행을 위해서는 공급사슬 파트너 사이에 서류 없이 거래를 수행할 수 있도록 글로벌 표준 및 EDI 등과 같은 도구를 적극적으로 활용하는 것이 필요하다.

05   ECR

    ECR(Efficient Consumer Response)은 소비자의 요구에 효율적이고 빠르게 대응하여 보다 나은 가치를 제공하기 위해 유통업체와 제조업체가 서로 밀접하게 제휴하는 방식으로서 식료품산업에서 출발하여 전 산업에 확산되고 있는 전략이다. 그 구성요소로서 수요 측면에서는 품목관리, 효율적 촉진, 효율적 구색 및 배치, 소비자 요구 제품개발 활동 등이 있고 공급 측면에서는 효율적 재고 보충, EDI(Electronic Data Interchange), 수요예측 정보의 공유로 최소의 재고 유지 등이 있다.

    효과적인 ECR을 위한 선제조건은 독립적 조직이 존재해야 하고 이 조직 간에 협력하려는 의지, 공유된 비전, 신뢰, 헌신, 장기 지향, 관계 지향적이라는 속성이 존재해야 한다. 그 결과, 내부 비효율성을 제거함으로써 비용절감, 조직 간 동기화와 프로세스 조화에 의한 비용절감, 더 많은 서비스와 높은 유연성을 통한 고객만족 향상 등이 있다.

06   CPFR

6.1. 특징

1990년대 중반 이후 많은 공급사슬 협력 기법들이 공급사슬 성과를 향상시키기 위해 개발되었다. 이 중에서 CPFR(Collobarative Planning, Forecasting and Replenishment)은 가장 발전하고 종합적인 것으로 고려된다. 이것은 1990년대 중반 실무자들에 의해 협력적 예측 및 보충(Collaborative Forecasting And Replenishment: CFAR)으로서 개발되었다. 처음 개발될 당시에는 복잡한 의사결정 지원과 제조/소매 전략의 변화를 가능하게 하면서 공동으로 수요를 예측하고 소매업체와 제조업체가 생산 일정을 공동으로 수립하도록 하는 새로운 조직 간 시스템으로서 고려되었다. 나중에 이 개념은 계획의 역할을 강조하기 위해 CPFR로 이름을 수정하였다. 그 후, 이 CPFR 시험 프로젝트는 Walmart, Warner-Lambert, SAP 등에 의해 수행되었다.

CPFR은 정보, 리스크, 편익/수익, 비용 등의 공유와 동기화된 예측을 도입하는 공동 계획 프로세스를 통해 공급사슬 멤버 사이에 관계를 향상시키려고 의도한 협력적 계획이다. 이러한 협력과 공유에 기초하여 생산 및 보충 프로세스가 결정된다. CPFR 모델은 협력적 계획, 예측, 보충의 프로세스로 이루어지고 이것은 다시 구체적 단계 혹은 업무들로 구분된다. CPFR은 전략, 전술, 실행을 협력하기 위해 거래 파트너 사이의 동의에 의해 구축되고 향상된 커뮤니케이션/협력을 통해 공급/수요 불확실성을 제거한다. 따라서 CPFR은 공급사슬 거래 파트너들이 매출과 주문 예측을 교환하고 독특한 예측을 개발하기 위해 가격과 수량을 수정, 조정, 제안하는 프로세스이다.

CPFR은 공급사슬 거래 파트너들이 공동계획과 의사결정을 통해 전반적 공급사슬 성과를 향상시키는 목적으로 정보, 동기화된 예측, 리스크, 비용, 편익을 공유하는 비즈니스 프로세스들의 응집적인 패키지로 정의된다. 이 구매자와 공급자 간 데이터를 교환하는 B2B 인터넷 기반의 업무흐름은 두 당사자가 하나의 공동 수요예측을 하고 이 데이터를 주기적으로 수정하는 프로세스를 갖는다. 특히, 판매계획 데이터, POS 데이터, 그리고 재고 데이터를 서로 공유하여 예측 시스템과 재고보충 시스템을 통합한다.

6.2. 구성요소

CPFR을 위해 필요한 주요 구성요소로는 다음이 있다.

① 조달 협력

구매 주문관리, 구매 요청관리 및 구매 예측관리를 통한 효율적인 구매활동 지원

② 용량 협력

생산용량에 대한 정보교류를 통해 공급사슬 멤버 간 가시성을 확보하고 갑작스러운 생산용량 변동의 최소화를 통한 생산지연의 최소화

③ 재고 협력

공급사슬 멤버 사이에 보유하고 있는 재고정보의 교류를 통해 멤버의 재고보유량 및 기간을 단축하고, 재고진부화를 최소화하고, 재고회전율을 높이고, 재고부족에 의한 서비스 수준하락을 최소화

④ 계획 협력

공급사슬 멤버 간 예측정보의 공유와 각 멤버 간 전략적/전술적 생산용량에 대한 정보교류를 통해 확보된 기초 자료를 바탕으로 가치사슬상의 제약 조건들이 고려된 가치사슬 생산계획 수립

6.3. 편익

CPFR의 주목적은 고객에 대응하는 리드타임을 단축시켜 과잉재고를 줄이는 한편 고객의 서비스나 구매 요구 시 재고로서 대응할 수 있는 해당 제품의 적정 재고율을 증가시키는 데 있다. 이를 위한 프레임워크로서 여러 상황에 대한 투입물로 수요, 조달, 인도, 재고, 생산, 재무에 대한 정보가 사용되고 공급사슬 멤버들의 전략적 계획을 통해 협력, 조직, 정보통신, 지표 등의 공급사슬 운영을 위한 구조와 프로세스가 작동한다. 그 결과, 협력적 계획/수요예측/보충이 산출물로 나오고 최종적으로 시장관련, 운영적, 재무적 성과가 도출된다.

따라서 CPFR의 구체적 결과는 첫째, 재고와 비용을 줄이면서 동시에 향상된 서비스 수준으로 결과된다. 둘째, 파트너 사이에 통합, 가시성, 협력을 더 크게 만든다. 셋째, 공급사슬관리에 전체적 접근법을 적용한다는 점이다. 나아가, 소매업체의 편익으로는 증가된 매출, 높아진 서비스 수준, 빨라진 주문반응 시간, 낮아진 제품 재고, 진부화 등이 있고 제조업체 혹은 공급자의 편익으로는 증가된 매출, 더 높아진 주문충족률, 낮아진 제품재고, 빨라진 사이클타임, 감소된 용량 요구 등이 있다. 마지막으로, 공유된 공급사슬 편익으로는 직접적인 자재흐름으로 감소된 재고저장 포인트의 수, 향상된 예측 정확성, 낮아진 시스템 비용 등이 있다.

6.4. 실행 성공요인과 저해요인

CPFR 실행의 성공요인은 공급사슬 파트너 간 신뢰, 정보공유의 품질(이용가능한, 적절한, 정교한 커뮤니케이션), 적절한 ICT의 활용, 최고경영층 지원, 내부 예측 프로세스, 리스크와 이익공유, 적절한 인력 훈련 등이 있다. 또한 성공의 저해요인으로는 내부 통합/협력의 결여, 협력에 대한 명백한 이해의 결여, 과도한 정보 보안과 기밀성, 시스템 비호환성, 실행 시 기술에 대한 과도한 의존성, 협력 대상과 실행순서를 판단하는 능력의 결여 등이 제시되고 있다.

조직화된 공급사슬

조직화된 공급사슬(orchestrated supply chain)은 대부분의 공급사슬 관련 기법의 특징인 국지적인 자원 이용가능성과 제약조건을 고려하여 특정 공급사슬 역량을 계획하고 최적화도록 설계된 전형적 공급사슬을 넘어 전체 엔드투엔드 프로세스(end-to-end process) 내 모든 기능에 걸쳐 동시에 계획하고 조직화하는 공급사슬을 의미한다. 최근의 공급사슬이 동기화, 최적화, 디지털화하기 어렵도록 다양하고 복잡해지고 있어 조직화된 공급사슬은 정보공유와 상호 연결성이 제한된다는 점을 해소할 수 있도록 만든다. 이 개념은 수요관리, 네트워크 흐름관리, 입지 용량관리, 운영적 부하계획, 운송이동 일정계획, 일상의 실행 조정 등을 포함하여 기존의 공급사슬에서 다루지 않는 매뉴얼 프로세스 제거, 향상된 계획과 실행, 비효율성의 제거, 채찍효과 감소, 향상된 네트워크 가시성, 향상된 공급사슬 네트워크 효율성과 비용의 편익을 제공할 수 있다(Crane et al., 2019).

08   기법의 비교

　지금까지 설명한 다양한 공급사슬 협력 기법의 종합적인 비교는 <표 3-1>과 같다.

▼ 〈표 3-1〉 공급사슬 협력 기법의 비교

기법	특징	설명
전통적	공급사슬 내 모든 계층이 단지 하류 멤버로부터 보충을 위한 주문을 접수	• 고객 수요의 공유 없음 • 멤버 간 조정 없음
연속적 보충 (CR)	• 견인 시스템(pull system)에 최적 • 공급자는 하류 멤버의 재고를 계속 주시 • 주문비용이 포함되지 않아 낮은 로지스틱스 비용으로 결과	• 신제품에 기법 적용 어려움 • 단일 제품공급에 적합
JIT	공급자에서 고객까지 대응시간뿐만 아니라 제조 시스템 내 시간 감소	• 작은 자재 주문량에 불충분 • 공급자의 최소 주문정책이 주문을 제한
QR 공급사슬	다양한 범위의 제품과 변화하는 추세에 적합	패션과 소비재로 제한
소매업체-공급자 관계	멤버들 사이의 개선된 계획과 조정 채찍효과 감소	소매업체는 특정 구매자에게 의존
소매업체 재고관리	고객의 요구에 대한 이해 향상	• 고객에게 제한된 선택 제공 • 제품부족 상황의 확산
VMI/CMI	• 계획과 주문비용이 소매업체에서 낮음 • 재고부족과 재고수준 감소 • 채찍효과 감소	• 멤버의 수가 증가할 때 어려움에 직면 • 종업원 수용, 파트너 사이의 신뢰, 예측능력의 결여

협력적 예측(CPFR)	• 실행을 위한 가이드라인 설정 • 법적 동의가 예측 정확성을 향상시키고 이익을 발생	부정확한 재고정보에 민감
조직화된 (orchestrated) 공급사슬	• 로지스틱 비용이 멤버 사이에 공유 • 역할과 책임을 규정	• 높은 초기 투자 • 기술에 대한 멤버의 지식 결여는 실패로 귀결

자료원: J.S., N., Chilkapure, A. & Pillai, V.M.(2019), "Literature review on supply chain collaboration: comparison of various collaborative techniques", *Journal of Advances in Management Research, 16*(4), 537-562.

공급사슬 협력 방법의 위치

소매업체−공급자 관계의 파워구조에 따른 공급사슬 협력 방법의 위치는 〈그림 3−4〉와 같다. 수직축은 소매업체에 대한 공급자의 관심 수준을 나타내고 수평축은 공급자에 대한 소매업체의 관심 수준을 나타낸다. 이 수준에 따라 소매업체의 파워가 높으면 소매업체 지배, 서로에 대한 관심이 높으면 협력이 이루어진다. 가장 높은 수준의 협력은 CPFR과 CMI이고 소매업체 지배 상황의 경우에는 QR, ECR 등이, 공급업체 지배의 경우에는 VMI가 전개된다.

〈그림 3-4〉 파워구조에 따른 SC 협력 방법의 위치 분류

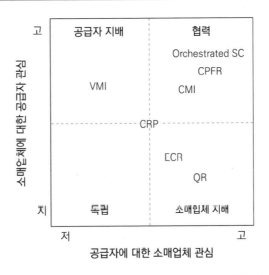

자료원: Derrouiche, R., Neubert, G. & Bouras, A.(2008), "Supply chain management: A frame work to characterize the collaborative strategies", *International Journal of Computer Integrated Manufacturing, 21*(4), 426-439을 수정.

참고문헌

Crane, A., Rainwater, D. & Rebello, R.(2019), "Orchestrating the complex supply chain", *Supply Chain Management Review Whitepaper*, (https://www.scmr.com/article/orchestrating_the_complex_supply_chain).

Derrouiche, R., Neubert, G. & Bouras, A.(2008), "Supply chain management: A framework to characterize the collaborative strategies", *International Journal of Computer Integrated Manufacturing, 21*(4), 426－439.

J.S., N., Chilkapure, A. & Pillai, V.M.(2019), "Literature review on supply chain collaboration: comparison of various collaborative techniques", *Journal of Advances in Management Research, 16*(4), 537－562.

추가 읽을거리

Aryal, A., Liao, Y., Nattuthurai, P. & Li, B.(2020), "The emerging big data analytics and IoT in supply chain management: a systematic review", *Supply Chain Management: An International Journal, 25*(2), 141－156.

Baryannis, G., Validi, S., Dani, S. & Antoniou, G.(2019), "Supply chain risk management and artificial intelligence: state of the art and future research directions", *International Journal of Production Research, 57*(7), 2179－2202.

Benrqya, Y., Babai, M.Z., Estampe, D. & Vallespir, B.(2020), "Cross－docking or traditional warehousing: what is the right distribution strategy for your product?", *International Journal of Physical Distribution & Logistics Management, 50*(2), 255－285.

Claassen, M.J.T., van Weele, J.J. & van Raaij, E.M.(2008), "Performance outcomes and success factors of vendor managed inventory (VMI)", *Supply Chain Management: An International Journal, 13*(6), 406－414.

Fliedner, G.(2003), "CPFR: and emerging supply chain tool", *Industrial Management & Data Systems, 103*(1), 14－21.

van Hoek, R.(2019), "Exploring blockchain implementation in the supply chain:

learning from pioneers and RFID research", *International Journal of Operations & Production Management, 39*(6/7/8), 829−859.

Spekman, R.E. & Sweeney, P.J.(2006), "RFID: from concept to implementation", *International Journal of Physical Distribution & Logistics Management, 36*(10), 736−754.

Singhry, H.B. & Rahman, A.A.(2019), "Enhancing supply chain performance through collaborative planning, forecasting, and replenishment", *Business Process Management Journal, 25*(4), 625−646.

연습문제

1. 객관식 문제

1.1. 다음 문제의 참과 거짓을 구분하시오.

(1) 크로스 도킹은 완전한 트럭부하를 통해 효율적으로 물자를 이동 시킬 수 있는 장점을 갖는다.

(2) 크로스 도킹의 장점으로는 공급자와 고객(예 점포) 사이의 실시간 정보공유를 가능하게 한다.

(3) QR 코드는 일정한 거리에서만 인식이 가능하고 정보를 수정하거 나 삭제할 수 없다는 단점이 있어 이러한 단점을 보완한 RFID 기 술이 등장하였다.

(4) RFID와 QR 코드는 데이터를 읽는 방식이 동일하지만 그 속도의 차이가 존재한다.

(5) VMI와 CMI는 POS의 유형이다.

(6) VMI는 구매자가 공급자 혹은 도매업체에게 재고보충을 위해 직접 주문하는 방식이 아니라 정보가 전달되면 공급자 혹은 도매업체 가 스스로 판단하여 재고를 보충하는 방식이다.

(7) VMI와 CMI의 가장 큰 차이점은 재고보충을 구매자가 하느냐 공 급자가 하느냐에 있다.

(8) CPFR은 공급사슬 거래 파트너들이 매출과 주문 예측을 교환하고 독특한 예측을 개발하기 위해 가격과 수량을 수정, 조정, 제안하 는 프로세스이다.

(9) 조직화된 공급사슬은 국지적인 자원 이용가능성과 제약조건을 고 려하여 특정 공급사슬 역량을 계획하고 최적화도록 설계된 공급 사슬을 의미한다.

(10) 가장 높은 수준의 공급사슬 협력 기법은 Orchestrated SC와 CPFR 이다.

1.2. 다음 문제의 정답을 찾아내시오.

(1) 다음 중 공급사슬에서 적용되는 QR 코드에 관한 설명이 아닌 것은?
  ① 리드타임을 줄임으로써 시장 변화에 재빨리 대응하는 재고관리 전략으로서 개발되었다.
  ② 시장 수요가 급변하고, 재고보충 리드타임이 길고, 제품이 짧은 라이프사이클을 갖는 상황에서 적합하다.
  ③ 주로, 스마트폰, 가전제품, 자동차 등 완제품 제조업체에서 자주 활용된다.
  ④ 소매업체는 POS 데이터를 공급자에게 보내고 공급자는 이 정보를 수요예측과 생산/유통 일정을 향상시키기 위해 활용할 수 있다.

(2) 다음 중 VMI의 편익에서 가장 거리가 먼 것은?
  ① 구매자의 발주처리와 선적비용이 줄어든다.
  ② 구매자의 리드타임이 단축되어 재고가 절감된다.
  ③ 공급자와 구매자의 운영의 정확성과 주문 충족률이 향상된다.
  ④ 공급자와 구매자 사이에 거래되는 제품의 품질을 향상시킨다.

(3) 다음 중 CPFR의 성공요인에 해당하지 않는 것은?
  ① 기술에 대한 적극적 의존
  ② 신뢰
  ③ 리스크와 이익공유
  ④ 정보공유의 품질

(4) 다음 중 CPFR의 구성요소 중 가장 거리가 먼 것은?

① 계획 협력　　　　　　② 용량 협력

③ 제품개발 협력　　　　④ 조달 협력

(5) 다음 중 공급사슬 협력 기법과 그 특징이 잘못 배열된 것은?

① 연속적 보충 – 견인 시스템에 최적

② VMI – 공급사슬 파트너의 수가 증가할 때 더욱 용이

③ CPFR – 부정확한 재고정보에 민감

④ QR 공급사슬 – 패션과 소비재에 적합

2.1. 사전 학습문제

(1) 편의점의 매장관리 방식에서 다음의 관리 방법을 정리해 보시오.
① 매출 기여도 관리
② 유통기한 관리
③ 매출 동향 분석
④ 날씨에 의한 관리

(2) Walmart의 재고 데이터 공유 방식에 대해 조사해 보고 재고 최적화를 위해 어떤 식의 관리를 하는지 정리하시오.

2.2. 사후 학습문제

(1) 학교 구내식당에서 효과적 공급사슬관리 적용이 가능한 공급사슬관리 프랙티스를 제시하고 예상되는 편익을 분석해 보시오.

(2) 귀하의 가정에서 구매하는 다양한 식자재의 경우에 냉장고의 재고를 줄이기 위해서 어떤 방식의 조달(sourcing)하는 것이 바람직한지 고민해 보고 그 방법 적용 시 발생하는 편익과 비용을 찾아 보시오.

(3) 7-eleven의 공급사슬관리 프랙티스인 신속보충(rapid replenishment)과 그 관리원칙을 조사해 보시오.

(4) 회전초밥집 시스템은 CMI와 어떻게 연결되는지 설명하시오.

(5) CPFR의 구체적인 프로세스 자료를 찾아 정리해 보시오.

구매자-공급자 관계

01 상생 협력

1.1. 협력의 개념

협력이란 인간 경제활동의 기본적 가정인 '기회주의'를 최소화하는 인간의 행동을 말한다. 여기서 기회주의란 단기적으로 자신의 이익을 추구하는 전략적 행동으로서 오도, 왜곡, 혼란을 조장할 목적으로 정보를 선택적으로 받아들이거나 왜곡하여 자신의 이익을 추구하는 것을 말한다. 낙관주의자와 비관주의자는 물잔에 대해 물이 절반이나 남았다거나 물이 절반밖에 없다를 논의하고 있을 때 기회주의자는 그것을 마신다고 한다. 또한 비근한 일례로서 어떤 사람은 사람이 물에 빠지면 그 사람을 구해 주는 것이 아니라 스마트폰으로 촬영을 한다고 한다.

1.2. 기회주의적 행동의 형태

기회주의적 행동에는 세 가지 형태가 존재한다.

(1) 부정직 행동(dishonesty)

정보를 독(과)점적으로 보유한 채 자신만의 이익을 위해 정보를 왜곡하여 활용하려고 하는 태도를 말한다. 예를 들어, 기업 간 거래에서 거짓말, 사실의 왜곡, 중요 정보의 은폐, 거래의 부정직성, 기만적 약속행위가 이에 해당한다. 시험에서 부정행위도 마찬가지이다.

(2) 배신행동(infidelity)

타인이 받게 될 피해는 전혀 고려하지 않은 채 어느 일방에게만 유리하도록 합의나 계약을 파기하거나 종료시키는 행태를 말한다. 예를 들어, 예상치 못한 거래처 전환, 편의적인 거래조건 변경 행동이 있다. 잘못된 이야기지만 나를 따르지 않는 정치는 모두 배신의 정치라는 주장이 있다. 팀 프로젝트 수행 시 팀원들이 마음에 들지 않는다고 중간에 다른 팀으로 이동하는 행위도 마찬가지이다.

(3) 태만행동(shirking)

기업 간 지속적인 관계 유지에 필요한 협동 및 관계관리 노력을 게을리하는 행태이다. 대기업과 중소기업 간 공동 기술개발 협약에서 어느 한쪽이 적극적으로 참여하지 않으면 그 계약은 무의미하게 된다. 팀 프로젝트 수행 시 적극적으로 참여하지 않는 팀원도 그 사례에 해당한다.

1.3. 공급사슬에서 협력의 실패 원인

(1) 협력 실패 현상

소위 불공정 관행에 해당하는 뉴스를 우리 주위에서 자주 쉽게 찾아볼 수 있다. 중소기업이 다수인 공급자들이 쉽게 말하지 못하는 대기업에 대한 잘못된 납품구조가 존재한다고 한다. 예를 들어, '하향식 비용절감' 약정이 있다. 공급사슬상에서 하류로 갈수록 단가 할인 부담이 전가되고 이 과정에서 최하의 위치에 있는 공급자가 부담해야 하는 비용절감 비율이 상승하게 된다. 또한 납품방식도 문제이다. 납품은 '시제품 납품', '승인도 방식(완성차업체로부터 부품업체가 선정되면 부품업체가 부품의 상세설계, 개발 활동, 시제품 테스트 등을 하고 특허권도 부품업체가 소유하며 완성차업체는 성능에 만족하면 설계도를 승인하는 방식)', '대여도 방식(예 완성차업체가 기본 및 상세설계를 하고 부품업체는 이 도면에 따라 부품을 생산하는 방식)'의 세 가지가 있다. 국내 공급자는 주로 완성품 제조업체가 정해 준 원재료를 통해 부품을 생산하는 대여도 방식이기 때문에 단순 용역업체로 전락하게 된다. 나아가 전속거래 구조도 문제이다. 공급자가 자체 기술을 확보하지 못하면 전속거래 구조의 고착화가 이루어지게 된다. 그 결과, 자생력을 잃은 공급자는 공급사슬상의 상위 업체에 의존하지 않으면 고사하게 된다. 마지막으로, 소위 '밀어내기'가 있다. 완제품 제조업체가 경기 불황 시 남는 재고를 유통업체에 밀어내는 방식으로 전가시키는 경우이다.

(2) 기업 간 협력 실패 원인

일반적으로 기업 간 협력이 실패하는 원인으로는 기업 간 정보의 비대칭성에서 기인하는 역선택, 도덕적 해이, 무임승차가 있다.

① 정보의 비대칭성

공동의 성과를 실현하기 위해 당사자들이 최선을 다하지만 원하지 않는 결과가 나올 때도 있다. 이때 최선을 다하지 않고 자기 자신에게 이익이 되는 행동을 취하게 되고 모두에게 최선이 아닌 차선의 결과로서 참여한 기업이 모두 손해를 보게 된다. 소위 죄수의 딜레마라고도 하는 이 상황은 '정보의 비대칭성(information asymmetry)'에 기인한다.

정보의 비대칭성은 구매자와 공급자가 거래에 대해 다른 정보를 소유하는 상황을 말한다. 이 구매자와 공급자의 정보의 격차는 지식 갭(knowledge gap)으로도 불리며 주로, 구매자의 응용, 니즈, 요구사항과 공급자의 제품/서비스 특징, 편익, 역량의 차이에 의해 발생한다.

② 역선택

공급사슬 주체들이 협력 협약에 참여할 때부터 자신은 최선을 다하지 않고 상대방을 이용하겠다는 의도를 보일 때 '역선택(adverse selection)'이 발생한다. 역선택은 흔히 흡연자들이 비흡연자들보다 건강보험을 더 많이 계약하는 경향이 있다는 사례를 통해 자주 이야기되고 있다. 중고차 시장에서도 판매자는 구매자보다 자동차의 품질에 대해 더 많이 알기 때문에 이러한 현상이 발생한다. 결과적으로, 역선택은 정보가 풍부한 당사자의 의사결정이 잘 알지 못하는 파트너에게 부정적으로 영향을 미치는 방식으로 나타난다.

③ 도덕적 해이

협력 협약 이후 계약 당사자가 공동의 가치를 크게 하기 위해 최선의 노력을 하지 않는 모든 행동을 '도덕적 해이(moral hazard)'라고 한다. 예를 들어, 무임승차(free-rider)나 공짜 점심은 도덕적 해이의 한 형태이다. 즉, 자신은 어떠한 노력이나 비용을 부담하지 않고 다른 사람의 노력의 결과물이나 비용을 들여 해 놓은 것을 이용하게 되는 것으로서 기술 탈취도 그 한 예이다.

1.4. 생존양식

구매자와 공급자 간 상생은 우월한 시장 지배력을 이용한 기회주의를 자제하는 행위에서부터 시작한다. 그 예로서, 중소기업에 대한 일방적 거래단절 행위(배신행동), 중소기업의 기술탈취 행위(부정직 및 태만행동), 대기업의 자구노력과 충분한 협의 없이 일방적 납품단가의 인하(태만행위) 등이 해결되어야 한다.

윤석철(2002)은 기업 간 생존양식으로 네 가지를 제시하였다. 네 가지는 너와 나 사이에 누가 살고 누가 죽느냐에 따른 구분이다. 따라서 생존경쟁에 임하는 생명체가 선택할 수 있는 대안(즉, 생존양식)의 수는 네 가지(2×2)이다.

(1) 너 죽고 나 살고 모형(약육강식)

대기업이 원가절감 압박을 중소기업에 강제적으로 전가하는 방식이다.

(2) 너 죽고 나 죽고 모형(한국형 부부싸움)

할인을 통한 편의점의 치킨게임, 경쟁기업 간 해외건설 수주, 선거, 바이어 쟁탈전, MLB/Worldcup 중계권 확보 사례 등이 있다.

(3) 너 살고 나 살고 모형(공자의 仁 모형)

공자의 인은 생명을 상징하는 것으로서 가장 이상적인 생존방식이다.

(4) 너 살고 나 죽고 모형(예수 그리스도 모형)

자신을 희생하여 남을 이롭게 하는 방식으로 이런 기업이 존재할까?

1.5. 죄수의 딜레마와 치킨게임

너무 당연한 이야기지만 공급사슬 내 구매자와 공급자가 취해야 하는 모형은 너 살고 나 살고 모형이다. 서로 윈-윈(win-win)하는 모형이 그 누구도 다치지 않는 지속가능한 가장 바람직한 모형이다.

이러한 개념과 관련하여 게임이론의 대가인 내쉬(John F. Nash)의 모형을 이용하여 보완하면 다음과 같다. 우선, 용의자의 딜레마로서 죄수 A와 죄수 B가 있을 때, 각각을 나누어 취조를 한다고 하자. 기본 가정으로 둘 다 침묵하면 1년, 한 명만 자백했을 때는 자백한 사람은 석방하고 나머지는 10년, 둘 다 자백했을 때는 5년을 선고받는다고 하자. 이때, 형사가 원래 10년형인데 먼저 자백을 하면 너는 풀어주겠다는 제안을 하게 되면 각 죄수들은 어떤 행동을 취할 것인가? 그 결과의 조합은 아래의 <그림 4-1>과 같다. 그러나 결론적으로 말하면 둘 다 자백을 하게 되어 10년형을 살게 되는 것이다. 이러한 결과는 상대방을 신뢰하지 못하고 불확실한 상황에서 최악의 상황인 본인만 침묵하게 되는 상

〈그림 4-1〉 죄수의 딜레마

	침묵(B)	자백(B)
침묵(A)	1년형/1년형 (-1,-1)	B 석방/A 10년형 (-10,0)
자백(A)	A 석방/B 10년형 (0,-10)	5년형/5년형 (-5,-5)

* 괄호 안은 A와 B 각각의 선택에 따른 편익의 단위로서 마이너스이면 피해

황을 회피(즉, 자신의 피해를 최소화시키는 선택)하기 위해 모두의 이익을 저해하는 선택을 하게 된다는 것이다.

한편, 죄수의 딜레마와 달리 치킨게임은 상대방의 의중을 보면서 선택할 수 있다는 차이가 있다. 서로 마주 달리는 자동차에서 누가 먼저 핸들을 꺾을 것인가 하는 상황에서 먼저 핸들을 꺾었을 때 'chicken(비겁자)'으로 몰리는 경우가 있다. 하지만 이를 막기 위해 저가 할인점에서 계속 가격경쟁을 하다 서로의 의중을 보고 합리적 협상이 가능할 수 있다. 결국 상대방보다 유리한 위치에 있을 때 경쟁을 종식시키는 제안도 가능하다. 반도체 시장에서 가격경쟁에서 가격인하를 주도하다가 누가 먼저 포기할 것인가의 상황에 몰리게 되는 것과 유사하다. 결과적으로 이러한 상황에서 서로 합의에 의해 가격경쟁을 포기하거나 경쟁자를 고사 직전까지 몰고 가서 회복이 불가능한 상황으로 만들 수도 있다.

<그림 4-2>에서 서로 회피하게 되면 피해는 발생하지 않고 비기는 경우에 해당한다. 그러나 치킨게임을 계속하게 되면(즉, 직진) 충돌로 인해 편익이 10단위만큼 줄어들게 된다. 하지만 어느 한쪽(더 많은 자원을 확보하여 인내할 수 있는 자로서 주로 대기업으로 이루어진 구매자)이 직진하고 다른 한쪽(주로 중소기업으로 이루어진 공급자)이 회피하면 회피하는 쪽은 편익이 5만큼 줄고 승리하는 쪽은 5만큼 늘어난다.

〈그림 4-2〉 치킨게임

	회피(B)	직진(B)
회피 (A)	비김/비김 (0,0)	패배/승리 (-5,5)
직진 (A)	승리/패배 (5,-5)	충돌/충돌 (-10,-10)

1.6. 생존기반

다시 윤석철(2002)의 글을 인용하면 다음과 같다. "모든 생명체는 타 개체와 의존하면서 생존한다고 제안한다. 직접적 의존은 먹이사슬로 표현되고 간접적 의존은 공생 관계로 나타낼 수 있다. 여기서, 생존기반은 한 생명체의 생존을 직접 또는 간접적으로 가능하게 해 주는 다른 생명체를 의미한다. 예를 들어, 벌과 나비의 생존기반은 식물이다. 이것이 바로 너 살고 나 살고 식이다. 너 죽고 나 살고 식의 대표 사례인 몸집이 거대한 공룡은 과다한 나뭇잎 섭취로 인해 자신의 생존기반을 잃고 자신도 멸종하게 된다.

결론적으로 지속가능성을 갖는 생존양식은 너 살고 나 살고 모형이다. 너 죽고 나 살고 식의 전형인 루이 14세는 '짐이 곧 국가이다'라고 주장하고 베르사유 궁전을 건설하였다. 이 작업에는 매일 36,000명이 동원되어 완공까지 50년이 소요되었다고 한다. 결국, 이 사건은 프랑스 혁명의 단초가 되었다. 이에 비해, 세종대왕은 백성을 정부의 생존기반으로 인식하여 백성을 가엽게 여겨 훈민정음을 창제하였다. 따라서 기업 생태계에서도 기업의 생존기반은 소비자/고객집단, 협력업체, 노동자 집단, 지역사회, 지구환경 등 모든 이해관계자들과 함께 더불어 살아갈 때 성공할 수 있는 것이다."

비록 우리나라만의 현상은 아닐지라도 갑질 사례는 주변에서 흔히 언론보도를 통해 쉽게 찾을 수 있다. 기업 오너의 폭행, 채용 갑질, 협력업체에 대한 갑질, 특허 갑질, 대리점 갑질, 우월적 지위 이용 등 제조업과 서비스업을 떠나 이 현상은 전방위적으로 나타나고 있다.

공급자에 해당하는 중소기업은 상생협력 정책으로 주로 대기업의 이익을 배분하는 협력 이익배분제, 생계형 적합업종 법제화를 통한 소상공인 생존권 보장, 상생결제, 성과공유제, 상생협력기금 등 다양한 상생협력 지원 확대 등을 원하고 있다. 그러나 더욱 중요한 것은 이러한 갑질에 대한 비판과 정책뿐만 아니라 너 살고 나 살기 위한 사고방식 변화가 필요하다는 것이다.

02 구매자와 공급자 관계

2.1. 관계의 단계

구매자-공급자 관계는 다음의 단계를 따른다.

(1) 파트너 선택

이 단계는 구매자가 잠재적 파트너를 인식하게 되고 최종적으로 적절한 기업을 선택하는 프로세스이다. 구매자는 파트너십을 추구하는 기업의 장단기 목표를 충족시킬 수 있도록 하게 만드는 스킬과 역량을 갖는 기업을 찾아야 한다.

(2) 목표 정의

이 단계에서 양 당사자가 관계의 개발을 위해서 그들의 태도와 감정을 소통한다. 관계의 목표를 정의하는 것은 당사자들이 그들의 공통 목표를 명확히 하는 것을 돕고 이들 공통 목표는 긴박한 때에 공동으로 관계를 유지한다.

(3) 관계 경계 설정

관계에서 가치를 창출하기 위해 이용가능한 자원들을 정의한다. 이 단계에서, 파트너들은 상대 기업으로부터 도출된 자원과 편익에 점점 더 상호 의존적이 된다.

(4) 관계 가치 창출

이 단계는 파트너의 경쟁 능력이 관계에 존재함으로써 향상되는 프로세스이다. 파트너의 역량은 그들 중 한 당사자 혹은 그 이상의 경쟁우위가 향상되도록 결합된다.

(5) 관계 유지

이 단계는 파트너가 다른 모든 잠재적 교환 파트너를 포함할 수 있는 만족 수준을 희망적으로 달성하는 단계를 나타낸다. 각각의 관계가 그들의 경쟁적 포지션의 최적화를 허용하기 때문에 관계에 계속 남아 있기 위해 노력한다.

2.2. 관계에 영향을 미치는 요인

(1) 명성

긍정적 명성은 기업이 지속적인 경쟁력을 확보할 수 있는 가치 있는 무형사산이며, 시장에서 희귀자원에 보다 쉽게 접근할 수 있도록 해 주기 때문에 내적 자산인 동시에 외적 자산을 확보하는 수단이다. 거래비용이론(transaction cost theory)과 대리인이론(agency theory)에 따르면 긍정적 명성은 특정 기업과 협업을 위한 탐색 및 모니터링 비용을 감소시킬 수 있으며, 결과적으로 전반적인 거래비용을 감소시킨다. 명성은 다른 조직의 역량에 대한 어떤 기업의 인식을 나타내기 때문에 관계에서도 중요하다. 적절한 파트너를 찾는 데 성과와 진실성에 대한 명성은 파트너가 처음이고 검증되지 않았을 때 중요한 판단지표가 된다. 공정성(fairness)에 대한 명성은 여러 기간 동안 쌓은 걸쳐 신뢰할 만하고 일관적인 행태를 토대로 한다. 효과적 성과에 대한 명성은 기업 사이에 구전될 수 있고 공급자의 신뢰성(credibility)을 향상시킨다. 반면에 관계를 종료한 경험이 있고 높은 이익을 추구하는 공급자들은 그들이 자신의 이익만에 관심을 갖는다는 신호를 보낸다.

(2) 성과만족

성과만족은 관계가 근본적 가치를 제공하는 수준이다. 교환관계에 포함된 각 파트너가 다른 기업의 성과에 만족되어야 한다. 성과만족은 장기 관계를 유지하는 데 핵심인 신뢰와 헌신(commitment)의 개발을 유인한다. 성과가 만족스러울 때 파트너들은 관계를 지속하려는 동기가 생기지만 불만족스러운 성과는 파트너들이 관계를 수정하거나 종료하는 것을 유인할 수 있다. 한편, 관계의 호혜성은 참여 기업이 리스크, 부담, 편익을 공유하는 것에 대해 인식하는 공평함(fairness)의 수준을 의미한다. 기업은 만약 그 손실이 장기에 공평하게 분배된다고 하면 일시적 손실을 수용한다. 또한 기업이 리스크 공유, 비용 공유, 이익 분배가 호혜적이라고 인식하면 각 파트너는 협력적 관계를 유지하려고 노력한다. 그 이유로 관계의 호혜성은 구매자─공급자 협력의 수준에 영향을 미칠 수 있다.

(3) 신뢰

신뢰는 기업이 확신(confidence)을 갖는 교환 파트너에 대해 의존하는 의지로서 파트너의 전문성(expertise), 신뢰성(reliability), 의도(intentionality)로부터 결과된 기대이다. 신뢰는 리스크의 인수를 포함하고 어떤 형태로든 모든 관계에 고유하게 존재한다. 신뢰에 대한 흥미로운 관점은 장기 관계는 신뢰를 필요로 하지 않을 수도 있다는 것이다. 하지만 비록 신뢰가 관계의 모든 단계에서 중요할 수 있을지라도 신뢰의 측정은 파트너가 이 차원을 평가하는 데 충분히 길게 관계한 후에만 이루어질 수 있다. 두 당사자 간 신뢰는 흔히 세 가지 방식으로 관계를 반영한다. 첫째, 기회주의적 행태에 관한 인식된 위험의 감소, 둘째, 단기 불공정성이 장기에 해결될 것으로 기대, 셋째, 교환 관계 특유의 거래비용의 감소이다. 게다가 조직 간 신뢰는 잠재적 갈등을 쉽게 해결하는 데 필수적이고 파트너들과 장기 지향을 강화한다.

(4) 사회적 연대

사회적 연대(social bonds)는 구매자와 공급자를 밀접하게 연결시키고, 붙들어 매고, 함께 공유된 공통의 우정과 연계의 수준을 나타낸다. 사회적 연대는 관계를 지속하는 동기이다. 사회적 연대는 우정 혹은 우호 이상의 큰 연대를 나타낸다. 교섭과 협상과 같은 사회적 연대의 어떤 측면은 관계의 시작에서 발생할 수 있는 반면에 공유된 의미와 같은 다른 측면은 나중에 발생할 수 있다. 사회적 연대는 관계의 초기 단계에 긍정적으로 영향을 미칠 수 있고 동시에 그것은 관계를 통한 성공적 상호작용의 결과일 수 있다.

(5) 공통 목표

공통 목표는 파트너들이 공동 활동과 관계의 유지를 통해 달성될 수 있는 목표를 공유하는 수준이다. 공통 목표의 규명은 그 목표가 무엇인가와 어떤 파트너가 조직의 목표를 달성하는 것을 도울 수 있는 수준의 결정을 포함한다. 목표 일관성은 조직적 목표, 의견을 같이한 우선순위들, 그들 관계의 공통 이해에서 파트너 사이의 일관성을 의미한다. 기업 간 관계에 참여하는 기업들은 다른 목표를 가질 수 있고 이 목표들은 갈등을 초래할 수 있으며, 기회주의적 행태를 유인할 수 있다. 기회주의적 행태를 피하기 위해 기업과 거래 파트너들은 그들의 목표와 우선순위를 공유해야 한다. 만약 여러 기업의 목표가 서로 조화된다면, 그들의 역할은 명확하게 되고 협력적 활동의 수용가능한 범위는 더욱 명확해진다.

(6) 권력/상호 의존성

권력(power)은 다른 사람에 대해 우위를 갖는 한 파트너의 능력이고 그것은 한 어떤 파트너가 다른 사람들이 할 수 없는 무엇인가를 하도록 강요하도록 할 수 있다. 권력은 강요된 당사자가 장기간 관계에 머물러 있지 않으려 한다는 점에서 관계에 해가 될 수 있다. 동등한 권력은 불균등한 권력보다 더 많은 양보를 낳을 수 있고 이것은 다시 더욱 빈번한 합의로 결과된다. 권력은 다른 파트너에 대한 의존성을 창출할 수 있고 이 의존성이 증가할 때 그 파트너는 그 관계에서 더욱 권력적이 된다. 의존적 파트너는 파트너에 의해 만들어진 요청을 기꺼이 존중할 수 있고 우월한 파트너는 자신에게만 편익을 줄 수 있도록 의존적 파트너에게 요청할 수 있다. 이들 유형의 관계는 단기에 잠깐 묶여질 수 있으나 어느 한편의 파트너가 상황이 불공정 혹은 균형이 맞지 않는다고 느끼자마자 그 연대는 무너지기 시작할 것이다.

(7) 공유된 기술

공유된 기술은 양 당사자가 편익을 얻을 경우에 더 강한 관계를 유인하는 기술에 가치를 부여하는 수준이다. 공유된 기술은 관계에 헌신을 증가시키고, 파트너 기업으로부터 도출된 자원과 편익에 대한 상호 의존성을 강화시킨다. 공유된 기술의 중요성은 기업이 파트너를 선택할 때, 관계의 목적을 정의할 때, 경계를 결정할 때, 관계의 가치를 평가할 때, 그리고 관계를 유지하는 것을 선택할 때 존재해야 한다.

(8) 비복원 투자

비복원 투자(non-retrievable investments)는 어떤 관계를 종료하고 대안적 관계를 시작하는 것과 관련된 비용이고 특정 파트너에 대한 의존성을 유인할 수 있다. 거래 특유의 투자는 쉽게 다른 관계로 전환될 수 없다. 따라서 공급자들이 거래 특유의 투자를 할 때 구매자는 이 투자를 관계에 대한 헌신으로서 인식한다. 비복원 투자는 관계에서 수행된 투자를 반영한다.

(9) 적응

적응(adaptation)은 관계에서 파트너 중 하나가 프로세스 혹은 다른 당사자를 수용하기 위해 교환된 품목(item)을 변화시키거나 조정할 때를 말하고 관계에서 가치창출에 긍정적으로 영향을 미친다. 적응은 관계의 수명기간 전체에 걸쳐 계속될 것이며, 관계를 강화하고 경쟁 공급자에게 진입 장벽을 창출할 것이다. 고객의 니즈를 충족시키기 위해 제품 혹은 서비스를 적응시키는 데 초점을 두는 것은 제품 혹은 서비스의 품질을 향상시키고, 향상된 품질은 더욱 만족된 고객들을 의미하고, 이것은 기업들 사이의 더욱 많은 상호작용을 유인할 것이다.

(10) 구조적 연대

구조적 연대는 각 당사자가 무엇인가를 달성하기 위해 파트너를 필요로 하기 때문에 창출된다. 이 연대는 멤버들을 함께 묶고, 그들을 함께 협조시키고, 그들이 관계에서 상호작용하는 것을 유인한다. 구조적 연대는 파트너들이 어떤 최종 결과를 달성하는 데 서로를 필요로 하기 때문에 만들어지는 반면에 사회적 연대는 사회적 상호작용에 기반하여 만들어지고 더욱 주관적이다. 구조적 연대는 관계가 어떤 시간 동안에 존재한 후에만 나타날 수 있고 관계의 유지를 통해 더욱 발전하게 되며 파트너를 함께 연결한다.

(11) 협력

협력(cooperation)은 공통 목표를 달성하기 위해 독립적 관계에 있는 기업에 의한 조정된 행동이다. 협력은 관계의 구조 혹은 경계가 이미 구축되고 난 후 그 관계가 유지되기 위해 나타나야 하는 지속적 관계를 암시한다.

(12) 헌신

헌신(commitment)은 교환 파트너 사이의 관계적 연속성의 보증을 의미한다. 헌신은 멤버들이 관계 내에 남아 있으려고 하는 감정적 애착으로 설명할 수 있다. 각 파트너가 관계가 무기한 지속된다는 것을 보장하기 위해 그것을 유지하는 최대의 노력을 할 만큼 중요하다는 것을 믿을 때 관계 헌신이 존재한다. 헌신은 관계가 잘 구축된 후에 발생하고 구체적으로 그 관계를 유지하는 데 존재하는 중요성과 관련된 이슈이다.

(13) 거래 기간

기업 간 관계는 시간에 걸쳐 적응된다. 따라서 파트너 사이의 거래 기간이 증가할수록 기업들은 서로에게 잘 적응하고 이것은 미래 거래의 기회를 증가시킨다. 거래 기간이 길어질수록 그 관계가 미래에 지속될 것이라는 기대는 더욱 확실하게 되고 이 기대는 파트너가 협력적 관계를 촉진하도록 동기부여한다. 또한 더 길어진 거래 기간이 거래 효율성을 향상시키기 위해 협력의 수준과 범위를 향상시킬 수 있다. 오랜 상호작용은 헌신뿐만 아니라 서로의 절차와 가치에 대한 파트너의 지식과 같은 관계 특유의 자산들을 유인할 수 있다.

(14) 지분소유

기업은 자본 참여와 함께 혹은 자본 참여 없이 협력할 수 있다. 보통, 지분공유를 갖는 제휴는 제휴가 협상에 필요한 시간을 줄일 수 있기 때문에 바람직한 대안으로서 고려된다. 보통, 기업 간 제휴가 리스크를 증가시킬 때 기업은 지분공유에 기반한 관계를 갖는 것을 선호하는 경향이 있다. 즉, 소유권의 지분이 증가할 때 두 회사 간 관계는 더 밀접하게 된다는 것을 암시한다.

(15) 전환비용

다른 기업과의 거래에서 대체재 이용이 불가할 경우에는 파트너 사이에 의존성을 창출한다. 만약 거래 특유의 투자가 다른 거래로 전환된다면 거래 파트너들이 기존의 투자에 의존하도록 강요하면서 가치가 소실될 수 있을 것이다. 따라서 기업은 일단 자산이 투자되면 행동방향을 고정시키는 경향이 있다. 보통 자산의 전유성으로 인해서 기업이 기회주의적 행동에 관여하려고 시도할 때 전환비용이 발생한다. 전환비용은 기업이 기존 파트너와 거래를 종결하고 새로운 파트너를 추구할 때 어떤 파트너에 특유한 기존 자산을 포기하는 비용을 포함한다. 전환비용이 낮을 때 조직은 큰 비용을 초래하지 않고 파트너를 바꿀 수 있고 따라서 그 파트너와 협력을 줄이는 경향이 있다. 그러나 기업이 다른 파트너와 새로운 관계를 구축하는 비용이 더 많이 들 때 기존의 관계를 유지하는 경향은 심해진다. 이 요인은 기존 파트너 사이에 기회주의적 행동을 제한하고 더욱 협력적 관계를 촉진한다. 결국, 양 당사자의 관점에서 전환비용이 높은 상호 의존성의 경우에 기업들은 협력하려는 강한 동기를 갖기 때문에 전환비용은 구매자-공급자 협력과 긍정적으로 관련된다.

(16) 기술적 불확실성

일반적으로, 기술적 불확실성과 조직 간 협력 사이의 관계는 대립적인 것으로 고려되어 둘 사이의 부정적 관계를 기대한다. 관계에서 부품과 구성요소에 대한 새로운 기술 혹은 디자인 요구사항을 정확히 예측하지 못하는 능력은 연계가 없거나 느슨한 연계를 통해 더욱 효율적으로 관리될 수 있기 때문에 공동계획과 개발과 같은 공동노력에 대한 투자가 더 작아질 필요가 있다. 그러한 비용이 높은 협력에 참여하지 않음으로써 기업들은 관계를 종료시키는 유연성을 보유하고 더 적절한 기술적 역량을 갖는 파트너로 전환할 수 있다.

그러나 공급사슬 파트너 사이의 협력적 조정을 강화하기 위해 자원 의존성을 인식하고 공동 전략을 촉진하는 것이 기술적 불확실성을 줄일 수 있기 때문에 기술적 불확실성과 조직 간 협력 사이의 긍정적 관계를 예측하기도 한다. 높은 기술적 불확실성에 직면할 때 기업들은 대안 공급자의 이용가능성, 조직 간 관계에 대한 기존의 투자, 끈끈한 연계로부터 기대된 공급 채널 편익, 기업 특유의 상황(예 구매 조직의 운영에 파트너 투입물의 중요성)과 같은 몇 가지 요인에 의존하여 협력을 강화하거나 약화하는 것을 선택할 수 있다.

(17) 협력경험

협력경험은 협력성과에 대한 만족도와 명확한 관계가 규명되지 않고 있지만 이전의 기업 간 관계는 협업성과에 긍정적인 영향을 미칠 것으로 고려될 수 있다. 협력을 이전의 시장접촉(prior market contact)과 같이 광범위하게 정의한다면 협력경험은 파트너의 능력이나 자원을 보다 잘 이해할 수 있고 서로 신뢰감을 돈독히 하여 상호 협력방법을 더 잘 이해하도록 만들 것이다.

(18) 파트너 간 유사성

기업은 이해하지 못하는 비즈니스를 잘 관리할 수 없다. 기업들이 협력을 통해 기대하는 시너지 효과를 얻기 위해서는 유사한 문화와 전략적 의사결정에 대한 유사한 접근법을 갖고 있어야 한다. 조직학습이론에서 파트너 간 유사성은 암묵적인 지식 및 명문화된 지식에 대한 적합성을 촉진함으로써 협력성과에 영향을 미칠 것이라고 한다. 나아가, 파트너 간 유사성은 신뢰를 형성하는 것을 돕고 지식의 적합성을 높여 성공적인 협력가능성을 높인다.

2.3. 상생을 위한 전략적 파트너십 형성

이미 앞서 2장에서 언급한 것처럼 구매자와 공급자가 상생 관계(mutually beneficial relationship)를 형성하기 위해서는 전략적 공급사슬 파트너십을 기반으로 공급사슬 구성원 간의 전통적인 경쟁장벽을 완화시켜 개선된 정보의 흐름, 불확실성 감소, 더 유리한 공급사슬을 형성해야 한다.

참고문헌

윤석철(2002), 『경영학의 진리체계』, 경문사.

Hoffmann, W.H. & Schlosser, R.(2001), "Success factors of strategic alliances in small and medium–sized enterprises: an empirical survey", *Long Range Planning, 34* (3), 357–381.

Mauss, M.(2011), *The Gift: Forms and Functions of Exchange in Archaic Societies*, Martino Fine Books Paperback.

Nash, J.(2016), *The Essential John Nash, Kuhn, H.W. & Nasar*, S.(ed.), Princeton University Press.

추가 읽을거리

Duffy, R. & Fearne, A.(2004), "The impact of supply chain partnerships on supplier performance", *The International Journal of Logistics Management, 15*(1), 57–72.

Hamel, G., Doz, Y.L. & Prahalad, C.K.(1989), "Collaborate with your competitors and win", *Harvard Business Review, 67*(1), 133–139.

Johnson, D.A., McCutcheon, D.M., Stuart, F.I. & Kerwood, H.(2004), "Effect of supplier trust on performance of cooperative supplier relationships", *Journal of Operations Management, 22*(1), 23–38.

Powell, W.W.(1998), "Learning from collaboration: knowledge and networks in the biotechnology and pharmaceutical industries", *California Management Review, 40* (3), 228–240.

Prahalad, C.K. & Ramaswamy, V.(2004), *The Future of Competition: Co–Creating Unique Value with Customers*, Harvard Business School Press, Boston.

연습문제

1. 객관식 문제

1.1. 다음 문제의 참과 거짓을 구분하시오.

(1) 협력이란 인간 경제활동의 기본적 가정인 합리적 이윤추구를 최대화하는 인간의 행동을 말한다.

(2) 태만행동이란 기업 간 지속적인 관계 유지에 필요한 협동 및 관계관리 노력을 게을리하는 행태이다.

(3) 죄수의 딜레마와 달리 치킨게임은 상대방의 의중을 보면서 선택할 수 있다는 차이가 있다.

(4) 죄수의 딜레마는 상대방을 신뢰하지 못하고 불확실한 상황에서 최악의 상황인 본인만 침묵하게 되는 상황을 회피(즉, 자신의 피해를 최소화시키는 선택)하기 위해 모두의 이익을 저해하는 선택을 하게 된다는 것을 간접적으로 설명한다.

(5) 기업 생태계에서 기업의 생존기반은 소비자/고객집단, 협력업체, 노동자 집단, 지역사회, 지구환경 등 모든 이해관계자들과 함께 더불어 살아갈 때 성공할 수 있다.

(6) 갑질에서 상생으로 가기 위해서는 가치에 대한 감수성을 갖고 서로 주고받아야 한다.

(7) 생존부등식이란 공급자는 잉여가치만큼을 구매자에게 주고 그 상대방으로부터 잉여가치만큼을 받는 결과를 나타내는 식으로서 너살고 나 살고 모형의 토대가 된다.

(8) 사회적 자본의 구성요소 중 하나인 단결성은 약속(암묵적인 사회규범 및 국가 간 조약 포함)을 지킬 수 있는 의지 및 능력으로서 이러한 신뢰에는 투자가 필요하고 이 투자는 단기적으로는 비용

처럼 느껴지지만 장기적으로는 경쟁력이 될 수 있다.

(9) 전환비용이 높을 때 조직은 큰 비용을 초래하지 않고 파트너를 바꿀 수 있고 따라서 그 파트너들과 협력을 덜 하는 경향이 있다.

(10 구매자와 공급자가 상생 관계를 형성하기 위해서는 공급사슬 파트너십을 기반으로 해야 한다.

1.2. 다음 문제의 정답을 찾아내시오.

(1) 다음 중 기회주의적 행동의 형태에 해당하지 않는 것은?
① 태만행동　　　　　② 배신행동
③ 도덕적 해이　　　　④ 부정직 행동

(2) 다음 중 기업 간 협력 실패의 원인이 아닌 것은?
① 기만적 배신　　　　② 정보의 비대칭성
③ 역선택　　　　　　④ 도덕적 해이

(3) 다음 중 기업 간 생존양식에 해당하지 않는 것은?
① 적자생존　　　　　② 약육강식
③ 예수 그리스도 모형　④ 공자의 仁 모형

(4) 다음 중 상생을 위한 사회적 자본의 구성요소와 가장 거리가 먼 것은?
① 단결성　　　　　　② 개방성
③ 원칙성　　　　　　④ 협력

(5) 다음 중 신뢰의 구성요소가 아닌 것은?
① 전문성　　　　　　② 명성
③ 고의성　　　　　　④ 신뢰성

(6) 다음 중 구매자-공급자 관계에 영향을 미치는 요인이 아닌 것은?
① 공유된 기술　　　　　② 비용 최소화
③ 거래 기간　　　　　　④ 권력

(7) 다음 중 구매자-공급자 관계의 상호 의존성에 대한 설명으로 가장 바람직하지 않은 것은?
① 다른 사람에 대해 우위를 갖는 한 파트너의 능력에 의해 결정
② 동등한 권력은 빈번한 합의로 결과
③ 이 유형의 관계는 상황의 균형이 깨져도 연대는 지속된다.
④ 우월한 파트너는 우월한 파트너에게만 편익을 줄 수 있도록 의존적 파트너에게 요청을 할 수 있다.

(8) 다음 중 성과만족을 위해 구매자와 공급자가 호혜적으로 인식해야 하는 내용이 아닌 것은?
① 리스크　　　　　　　② 이익
③ 권력　　　　　　　　④ 비용

(9) 다음 중 구매자와 공급자 관계에서 영향을 미치는 요인 중 공통목표에 대한 설명이 적절하지 않은 것은?
① 파트너들이 공동 활동과 관계의 유지를 통해 달성될 수 있는 목표들을 공유하는 수준을 의미한다.
② 기회주의적 행태를 피하기 위해 기업과 거래 파트너들은 그들의 목표들과 우선순위를 공유해야 한다.
③ 기업의 목표들이 서로 조화된다면, 그들의 역할들은 명확하게 되고 협력적 활동이 강화된다.
④ 멤버들이 관계 내에 남아 있으려고 하는 감정적 애착으로서 설명되기도 한다.

(10) 다음의 구매자－공급자 관계에 영향을 미치는 요소 중 설명이 잘 못된 것은?

① 기술적 불확실성－기술적 불확실성과 조직 간 협력 사이의 관계는 항상 부정적 관계를 갖는다.

② 지분소유－소유권의 지분이 증가할 때 두 회사 간 관계는 더 밀접하게 된다.

③ 협력경험－이전의 기업 간 관계는 협업성과에 긍정적인 영향을 미친다.

④ 구조적 연대－관계의 유지를 통해 파트너들을 함께 연대하고 연결한다.

2.1. 사전 학습문제

(1) 국내 기업의 갑질사례를 유형별로 정리해 보고 그 근본원인을 찾아보시오.

(2) 파트너십(partnership)의 개념을 정리해 보시오.

2.2. 사후 학습문제

(1) 국내 기업의 상생을 위한 필요충분조건을 모두 제안해 보시오.

(2) 주변에서 쉽게 볼 수 있는 도덕적 해이, 역선택, 정보 비대칭성 사례를 찾아 정리하고 그 해결방안을 찾아보시오.

(3) 개인 간의 기회주의적 행동사례를 찾아 정리하시오.

(4) 국내 기업의 전략적 파트너십 사례를 찾아 정리해 보시오.

(5) 구매자-공급자 관계에 영향을 미치는 요인들이 본 교재에서 제시한 어떤 관계의 단계에서 가장 중요한지 결정하고 그 이유를 설명하시오.

CHAPTER

05

공급자 개발

01 공급자 개발의 개념

　구매업체(구매자)는 공급자가 요구하는 수준의 제품을 제공하지 못할 경우에 대응할 수 있는 세 가지 전략을 갖고 있다. 첫째, 공급자 교환, 둘째, 수직적 통합(vertical integration), 셋째, 공급자 개발(supplier development)이다. 이 중에서 공급자 개발은 변화하는 환경에 적합하고 다른 대안보다 비용효과적인 관점에서 뛰어난 것으로 인식되어 활발히 적용되고 있다. 그 결과, 1990년대부터 구매에 관심을 가진 연구자들은 공급자 개발 프로그램에 초점을 두어 이 프로그램이 어떻게 구매자와 공급자의 성과에 영향을 미치는지를 연구하기 시작했다. 공급사슬 협력의 한 차원으로서 실행되는 공급자 개발은 기업이 파트너의 자원과 지식을 활용하는 데 필요하기 때문에 중요하다. 구매기업은 품질, 납기, 비용감소, 신기술적용, 재무적 건정성과 제품설계를 향상시키기 위해 공급자에 대한 의존성을 점차 늘려가고 있는 것도 중요한 동인이다.

　공급자 개발이란 용어는 경쟁력 있는 공급자 수를 증진시키고 공급자의 성과를 개선시키기 위한 제조업체(즉, 구매자)의 노력을 기술하기 위해 Leenders(1966)에 의해 처음 사용되었다. 보다 구체적으로 공급자 개발이란 공급자의 성과와 역량을 개선시키기 위한 구매자의 노력이라고 정의할 수 있다(Krause et al., 1998). 이외에도 연구자에 따라서 구매자의 단기 혹은 장기 공급니즈를 충족시키도록 공급자의 성과 및 역량을 증진시키기 위해 구매자가 공급자에게 제공하는 어떤 노력(Krause & Ellram, 1997), 공급자의 기술적, 품질, 인도, 비용 역량을 향상시켜 지속적 개선을 촉진하기 위한 구매자와 공급자 간의 장기적·협력적 노력(Watts & Hahn, 1993)으로도 정의된다.

　구매자 관점에서 공급자는 직·간접적으로 자재와 서비스를 제공하는 핵심자원이라고 볼 수 있다. 이는 구매자의 경쟁력이 기업 고유의 역량뿐만 아니라 이 기업에 투입물을 제공하는 공급자와 이들이 구성하고 있는 네트워크의 역량에 의해서 결정되기 때문이다. 따라서 공급자의 역량과 성과가 부족하다고 판단되면 구매자는 공급자 개발을 통해 공급자의 역량이 향상될 수 있도록 지원할 수 있다. 구매자의 성과가 충족되지 않을 경우에 공급자를 변경하지 않고 공급자 개발을 선택하는 이유는 보다 나은 공급자의 존재에 대한 불확실성과 공급자 탐색 및 평가에 들어가는 비용이 높기 때문이다. 또한 공급자 개발은 구매자와 공급자 간에 전략적 방향을 공유할 수 있게 하며, 장기적인 파트너십 형성에 기여하게 되어 종전의 대기업과 중소기업 간 위계적 관계 구조를 지양할 수 있는 장점도 있다. 이 외에도 개별 기업의 관점에서 기업이 공급자 개발에 참여하도록 영향을 미치는 요인들로는 구매기업 최고경영층의 지원, 구매자가 구매하는 품목의 중요성, 구매자가 속한 산업의 시장경쟁과 기술변화의 정도, 공급자에 대한 구매자의 견해, 기업 간 의사소통 노력, 관계 지속에 대한 구매자의 기대 등이 있다.

이러한 공급자 개발의 구체적인 성과는 많은 연구들에 의해 제시되었다. 그 예로서, 향상된 운영, 낭비/시간/문서작업을 줄임으로써 공급자와 구매자에게 비용절감, 신제품개발 및 혁신 속도 향상, 재무성과 향상 등 다양하게 나타나고 있다. 한편, 품질 관점에서도 다양한 성과가 제시되고 있다. 그 예로서, 제품 결함의 감소, 품질 수준의 지속적 향상, 적합 품질 향상 등의 결과가 제시되어 왔다.

공급자 개발의 유형

공급자 개발은 실행하는 전략에 따라 <표 5-1>과 같이 크게 반응적 (reactive) 공급자 개발과 전략적(strategic) 공급자 개발로 분류된다. 반응적 공급 자 개발의 주요 특징은 공급자의 부정적 측면에 초점을 두어 단편적인 해결책을 도출하는 것에 주력한다는 것이다. 이에 비해 전략적 공급자 개발은 장기적이고

▼ 〈표 5-1〉 반응적 및 전략적 공급자 개발

구분	반응적 공급자 개발	전략적 공급자 개발
기본 질문	• 공급자 성과문제가 발생한다 - 이러한 문제를 해결하기 위해 무엇이 필요한가?	• 우리는 공급기반을 개선하기 위해 노력하고 있다 - 더 많은 이익을 위해 어느 부분에 자원이 할당되어야 하는가?
기본 목적	• 공급자의 결함 교정 • 단기적인 개선	• 공급기반의 지속적인 개선 • 장기적인 경쟁우위 달성
분석 단위	• 단일 공급자 • 공급자 개발 프로젝트	• 공급기반 • 공급자 개발 프로그램
선정 및 우선순위 결정 과정	• 성과나 역량부족에 대해 공급자 스스로 결정 • 문제중심	• 포트폴리오 분석 • 공급자/필수요소의 파레토분석 • 시장중심
동인	• 배송일 문제 • 품질 결함 • 부정적인 고객 피드백 • 구매기업에 대한 경쟁위기 • 생산중단 • 생산/구매결정의 변화	• 구매기업으로 공급자 통합 • 공급시설 최적화 • 지속적인 개선 • 가치부가적인 협력 • 기술개발 • 경쟁우위의 추구

자료원: Krause, D.R., Handfield, R.B. & Scannell, T.V.(1998), "An empirical investigation of supplier development: reactive and strategic processes", *Journal of Operations Management*, *17*(1), 39-58.

종합적인 공급자의 역량 향상에 주력하며, 단편적인 공급자가 아닌 전체 공급기반(supply base: 주로 1차 공급자들의 네트워크)의 경쟁력을 향상시키는 것을 목표로 한다.

또한 공급자 개발의 범위에 따라 보완적 역할과 전략적 역할로도 구분할 수 있다. 보완적 역할은 단기적 성과 향상을 위해 성과가 낮은 공급자의 결점을 찾아 개선하는 데 초점을 두는 것으로 문제 발생에 대한 사후대처 방식이다. 이는 공급자의 납기일 지연, 제품과 서비스에 대한 구매자의 불만 등 공급자의 결점을 보완하기 위한 수단으로서 단기적이고 단발성인 프로젝트 차원이라 할 수 있다. 이와 대조적으로, 전략적 역할은 공급자와의 네트워크를 통한 경쟁우위 강화를 목적으로 구매자가 공급자 역량 개발에 관련된 자원을 배분하는 데 초점을 두고 있다. 장기적인 차원에서 공급자의 성과 향상을 위한 전문인력 파견과 훈련 및 교육을 통한 직접적 노하우의 이전, 재무적 지원 등의 노력이 이에 해당한다.

03   공급자 개발 프랙티스

공급자 개발이라는 개념이 처음 제시된 후 공급자 개발 노력은 과거에 구매자에서 공급자라는 일방적 방향으로 진행되었다. 이후 이것이 구매자-공급자 사이의 양방향의 개념으로 진화하여 공급자의 기술, 품질, 납기, 비용 관련 역량을 개선시키고 지속적 향상을 촉진하기 위해 구매자와 공급자 사이의 장기 협력적 노력이 중요한 것으로 확장되었다. 그 결과, 공급자 개발 프랙티스를 실행하면 공급자의 역량뿐만 아니라 구매 성과를 포함하는 공급사슬의 상류 성과에도 영향을 미치게 되었다.

공급자 개발의 프랙티스와 관련하여 기존 연구들은 구매자의 제한적인 활용부터 광범위한 노력까지 다양한 활동으로 구성된 공급자 개발 프랙티스가 실무에서 존재하고 있는 것으로 보고하고 있다. 다수의 선행연구에서 제시하고 있는 공급자 개발 프랙티스의 주요 요소로는 공급자 평가, 인증, 보상, 공급자 방문, 공급자를 초대, 훈련과 교육, 기술 지원 설비/기계/자금지원, 구매자-공급자 제품개발 상호 협력, 공급자 시장진입 지원, 구매계약 변경 압력, 장래 구매 계약 약속 등이 있다.

3.1. 대표적인 공급사 개발 프랙티스

(1) 인적 자원 지원

공급자 시설에 엔지니어의 공동배치, 공급자 인력의 교육훈련과 같은 직접투자가 공급자 개발 프로그램으로서 자주 언급되고 있다. 또한 공급자에게 노하우(knowhow)를 훈련시키는 구매자의 투자 혹은 공급자에게 기술 지원인력을 제공하는 것도 중요한 공급자 개발 프로그램이다.

(2) 물적 자원 지원

인적 자원 지원과 더불어 중요한 직접 투자 방식 중 하나는 물적 자원 지원이다. 구매자는 공급자 시설에 대해 장비, 기계, 도구 등을 직접투자 방식으로 지원할 수 있다.

(3) 보상

공급자의 향상에 대한 보상은 구매자의 인식을 암시하는 자극제이며, 공급자에게 뛰어난 성과 향상을 위한 인센티브로 작용한다. 보상은 금전적 형태로 이루어지기도 하지만 공급자의 비용절감, 기술혁신 등의 노력은 구매자가 구매량과 미래 사업 참여 기회를 확대하는 형태로도 보상할 수 있다. 또한 구매자가 공급자의 매출액에서 차지하는 비중이 클수록 공급자가 개발 활동에 적극적으로 참여하려는 의지에 영향을 미칠 것이다. 또한 공급자의 개선 노력에 대한 구매자의 보상은 공급자의 성과 목표를 향상시켜 구매자의 성과 기대를 유인할 것이다.

(4) 평가 및 인증 시스템

공급자 평가를 통해서 성과 향상의 문제점에 대한 중요한 정보를 파악할 수 있고 공급자 개발 프로그램에서 어디에 초점을 두어야 하는지를 이해할 수 있다. 일상적인 공급자 평가와 피드백은 공급자가 그들의 성과와 구매자의 성과 기대를 명확히 인식하는 것을 보장한다. 구매자는 그들의 기대를 소통하고 공급자에게 성과를 향상시키도록 동기부여하기 위해서 공식적인 공급자 평가 시스템과 공급자 인증 프로그램을 활용한다. 효과적이고 믿을 수 있는 자원을 조달하기 위해서는 공급자를 신중히 선택하고 정기적으로 평가해야 할 것이다. 공급자 평가 결과는 성과 개선이 필요한 모든 부문에 유용한 정보를 제공하기 때문이다.

(5) 노하우 지원

구매자는 공급자에 대해 프로세스, 노하우, 스킬, 전략, 시장진입 등에 대해 조언을 해 줄 수 있다.

(6) 재무적 지원

구매자는 공급자에게 자금 및 지분과 같은 투자를 통해 공급자 개발을 전개할 수 있다. 자본투자를 통해 공급자 기업을 부분적으로 인수하는 것도 중요한 직접적 참여이다.

3.2. 공급자 개발 프랙티스의 범주화

(1) Watts & Hahn(1993)의 공급자 개발 전략

① 경쟁 압력
한 품목에 대해 여러 공급자들이 경쟁

② 평가 및 인증 시스템
정기적으로 공급자를 평가하여 피드백

③ 인센티브
성취된 비용절감 공유, 구매량 확대, 미래 사업 참여보장, 시상제도 운영

④ 직접 참여
구매기업이 공급자 운영에 자본 및 장비투자, 자본투자를 통해 공급자 기업을 부분적으로 인수, 공급자 성과 개선을 위한 인적 및 조직적 자원 투자

(2) Krause(1997)의 분류

그는 공급자 개발 관행을 열네 가지로 구분하였다. 이후 요인분석을 통해 직접적인 구매자 참여, 인센티브, 경쟁 강요로 구분하였다. 다음은 우선순서에 따른 배열이다.
① 공급자에게 평가 결과 피드백
② 제품이 어떻게 사용되는지 이해시키기 위해 공급자 인력 초대

③ 공급자 방문

④ 공급자가 성과를 향상시킨다는 구두나 문서화된 요청

⑤ 미래 사업 고려와 같은 미래 혜택 약속

⑥ 공식적 평가를 통한 공급자 성과의 평가

⑦ 공급자 간 경쟁을 유도하기 위해 한 품목에 대해 2-3개 공급자 활용

⑧ 비공식적 평가를 통한 공급자 성과의 평가

⑨ 현 제품의 주문량 확대와 같은 혜택 약속

⑩ 공급자 품질을 확증하기 위해 인증 프로그램 활용

⑪ 보상의 형태로 공급자 달성 및 성과의 인정

⑫ 공급자 인력의 교육 및 훈련

⑬ 공급자 간 경쟁을 유도하기 위해 4개 이상의 공급자 활용

⑭ 공급자 운영에 투자

이후 직접적 구매자참여는 공식적 평가, 인증 프로그램, 현장 방문, 피드백, 훈련/교육, 공급자의 인력 방문, 구두 혹은 문서 요청, 인센티브(공급자가 향상하면 헌신)는 현재 편익의 약속, 미래 편익의 약속, 경쟁 강요는 4개 이상의 공급자 사용, 2-3개 공급자의 활용으로 분류된다.

(3) Krause et al.(2000)의 네 가지의 유용한 공급자 개발 전략

① 경쟁 압력

다양한 공급자를 활용함으로써 경쟁 압력을 확대하는 시장의 힘을 활용한다. 즉, 한 제품을 제공하는 데 다양한 공급자를 참여시켜 최고의 품질을 제공하는 공급자에게 더 많은 공급량을 할당하는 것이다.

② 평가와 인증 시스템

정기적인 공급자 평가와 피드백은 공급자들이 그들의 성과 수준을 인식하는 것을 보장한다. 즉, 평가와 인증 시스템을 통해서 상호 간의 기대를 소통하고 공급자가 성과를 향상시키도록 동기부여를 하게 된다.

③ 인센티브 제공

공급자의 동기부여를 위해 인센티브를 제공할 수 있다. 비용절감의 공유, 거

래량 증가, 미래 사업 공유, 시상을 통한 공급자 인식 향상 등이 활용된다.

④ 직접 참여

직접 참여에 의해 공급자를 개발하는 적극적 전략을 취할 수도 있다. 이러한 직접적인 참여는 다양한 형태로 나타날 수 있는데, 1) 공급자 운영에 대한 자본 및 설비 투자, 2) 공급자 지분에 대한 부분적 인수(공급자에 최대 20-50% 지분 참여), 3) 인적, 조직적 자원에 대한 투자를 통한 운영적 지식이전 향상 등이 있다.

(4) Humphreys et al.(2004)의 공급자 개발 프레임워크

그들은 공급자 개발 활동을 거래 특유의 공급자 개발과 공급자 개발의 구조적 요인으로 분류하였다.

① 거래 특유의 공급자 개발
거래 특유의 공급자 개발은 공급자 개발의 핵심 역할로서 구체적으로 다음의 프랙티스가 있다.
- 구매자가 특정 공급자에게 물적 자산이나 인적 자산 등을 직접 투자: 고객화된 장비 및 도구 지원, 거래 노하우 및 기술자 지원
- 공급자의 성과 개선에 대한 구매자의 기대: 구매자의 인정, 뛰어난 성과에 대한 인센티브 제공
- 협력업체 간 협동(joint action): 공급자 운영관리에 구매자의 참여, 제품개발 과정에 공급자 참여

② 공급자 개발의 구조적 요인
이 요인은 거래 특유의 공급자 개발 활동의 효과적 활용을 지원하는 환경을 나타낸다. 구체적으로 다음의 프랙티스가 있다.
- 전략적 목표: 장기적 전략목적을 명확히 규정함으로써 공급자의 기술 및 제품개발 역량 강화
- 효과적 커뮤니케이션: 공개적이고 빈번한 커뮤니케이션을 통해 갈등 해결
- 장기 헌신: 구매자가 공급자와 장기 관계를 유지하려고 하지 않으면 공급자는 구매자의 요구사항에 맞게 자사의 생산활동을 변화시키려 하지 않을 것임.
- 최고경영층 지원: 자사의 자원을 공급자의 생산부문으로 확대하기 위해서

는 최고경영층의 지원이 필요

- 공급자 평가: 효과적이고 믿을 수 있는 자원을 조달하기 위해서는 공급자를 신중히 선택하고 정기적으로 평가해야 함. 공급자 평가 결과는 성과 개선이 필요한 모든 부문에 유용한 정보를 제공함.
- 공급자 전략적 목표: 협력을 통해 성과 및 역량 개발하려는 의지가 필요하기 때문에 구매자−공급자 간에 유사한 철학적, 전략적 매칭이 필요함.
- 신뢰: 거래 특유의 투자는 특정 거래 관계에 구매자의 의존성을 증대시켜 보다 큰 위험과 불확실성에 노출시키기 때문에 공급자의 기회주의적 행동으로부터 보호할 안전장치가 필요함. 따라서 신뢰는 효과적이고 비용이 적게 소요되는 안전장치가 될 수 있음.

(5) Sánchez-Rodriguez et al.(2005)의 기본, 중간, 고급 공급자 개발 분류

① 기본 공급자 개발

- 공급자에게 공급자 평가 결과를 보고
- 제한된 수의 공급자로부터 조달
- 부품 표준화
- 공급자 자격 프로세스

② 중간 공급자 개발

- 공급자 공장 방문
- 공급자 보상과 인정
- 자재개선에서 공급자와 협력
- 공급자 인증(ISO 9000)

③ 고급 공급자 개발

- 공급자 훈련
- 구매자의 제품 디자인 프로세스에 공급자 참여
- 공급자에 의한 비용과 품질정보의 공유
- 공급자에 의한 회계정보의 공유

(6) Li et al.(2007)의 공급자 개발 전략

구매기업은 공급자 성과 및 역량을 개선시키기 위해 다양한 노력을 기울이고 있으며, 이러한 노력은 다음과 같이 분류될 수 있다.

① 자산 특이성(asset specificity)

공급자에 대한 구매기업의 거래 특유의 투자(transaction-specific investments)를 의미한다. 구매기업의 특정 공급사의 인적 혹은 물적 자산에 직접투자(구매자와 공급자의 거래에 특화된 자산에 직접투자, 거래 특성 노하우를 갖고 있는 공급자 교육에 투자하거나 공급사에게 기술적 지원인력 제공)가 이에 해당한다.

② 공동 활동

양 당사자의 성과 개선에 중요한 어떤 활동에 대해 구매자와 공급자 간 깊이 있는 협력을 하고, 구매자는 공급자의 운영관리에 참여하고, 공급자는 구매자의 제품개발을 지원한다.

③ 성과 기대

공급자 성과 개선에 대한 구매자의 기대로서 공급자 성과 목표 상향조정, 공급자의 개선에 대한 보상을 수행한다.

④ 신뢰

거래 특유의 투자는 자사 공급자와의 특정 거래 관계에 대한 구매자의 의존성을 증진시킬 뿐만 아니라 구매자를 엄청난 위험과 불확실성에 노출시킬 것이다. 따라서 거래비용이론에 따르면 구매자는 공급자의 기회주의적 행동을 막을 수 있는 안전장치를 마련해야 한다. 일반적으로 계약은 거래를 안전하게 하는 기본적인 공식수단이지만 신뢰는 특정 투자를 보호하기 위한 보다 효과적이며 비용이 작게 드는 수단으로 인식되고 있다.

04 공급자 개발의 참여와 성공요인

(1) Maloni & Benton(1997)의 공급자 파트너십의 단계별 핵심 성공요인

- 일관성: 최고경영자의 지원, 커뮤니케이션, 중앙 통제
- 초기 전략적 분석 단계: 사회적/태도적 장벽, 절차적/구조적 장벽
- 공급자 평가 및 선택단계: 총비용과 수익, 문화적 일치성, 재무적 건전성, 파트너 역량, 관리적 일치성, 사업장 인접성
- 파트너십 수립 단계: 인식 및 니즈 분석, 긴밀한 접촉, 문서화
- 유지 단계: 신뢰, 호의, 유연성, 갈등 관리기술, 사회적 교류, 경계인력(boundary personnel), 성과측정

(2) Krause(1999)의 구매기업이 공급자 개발에 참여하도록 영향을 미치는 요인

구매기업 최고경영자의 지원, 구매기업에게 구매품목의 중요성, 구매기업 산업의 시장경쟁 정도, 구매기업이 속한 산업의 기술변화율, 구매기업의 공급자에 대한 견해, 기업 간 커뮤니케이션 노력, 공급자 몰입에 대한 구매자의 인지도, 관계지속에 대한 구매기업의 기대

(3) Routroy & Pradhan(2013)의 공급자 개발의 핵심 성공요인

장기의 전략적 목표, 최고경영층 헌신, 인센티브, 공급자의 조건, 생산 기반에 인접성, 공급자 인증, 혁신역량, 정보공유, 외부환경, 환경적 준비성, 프로젝트 완료 경험, 공급자 상태, 직접적 관여

(4) 종합적인 공급자 개발 성공요인

지금까지 나온 문헌을 토대로 정리한 공급자 개발 성공요인은 다음과 같다.

① 효과적인 양방향, 다기능 의사소통

Hahn et al.(1990), Newman & Rhee(1990)는 양방향 커뮤니케이션이 성공적인 공급자 개발을 촉진한다고 하였다. 특히, Carter & Miller(1989)는 GM과 Toyota의 조인트벤처인 NUMMI에 대한 사례연구에서 공급자 제품 문제는 빈약한 커뮤니케이션에 의해서 발생하는 것으로 분석하였으며, 양방향 커뮤니케이션과 지속적인 공급자 평가가 필요하다고 주장하였다.

② 최고경영층 참여

최고경영층의 참여는 공급자 개발 프로그램의 니즈를 명확히 한다. 특히 Hines(1994)는 공급자 모임을 결성할 때 최고경영층 지원의 중요성을 역설하였다.

③ 교차기능 구매 팀

교차기능 팀은 공급자 선택, TQM 등과 같이 비용, 품질 등 운영 성과에 중요한 영향을 미치는 것으로 설명되고 있다. 공급지 문제기 다양한 분야에서 발생하기 때문에 각 기능분야의 전문성이 요구된다(Hines, 1994). 구매를 담당하는 팀 구성원들은 공급자와 다양한 분야에서 상호작용해야 한다.

④ 장기 계약을 통한 헌신

3-5년의 장기 계약은 구매자와 공급자 간 헌신에 효과를 보이는 것으로 입증되고 있다(Galt & Dale, 1991). 이 헌신은 위험을 감수하지 않고서는 지속되기 어렵다. 따라서 구매자-공급자 가 관계에서 발생하는 위험에 대한 혜택을 얻기 위해서는 자원과 시간에 대한 투자를 장기적으로 해야 한다.

⑤ 높은 비중의 공급사 매출

구매자가 공급자의 매출액에서 차지하는 비중이 클수록 공급자들이 개발 활동에 적극적으로 참여하려는 의지에 영향을 미친다(Lascelles & Dale, 1989).

⑥ 공급자 평가와 공급자 인정

적절하고 지속적인 공급자 평가가 이루어져야 한다. 이러한 평가 결과는 공급자의 성과에 대한 인정과 보상으로 연결되어야 한다.

05 공급자 선정

5.1. 공급자 선정의 중요성

공급사슬에서 공급자의 활동이 구매기업의 재고관리 및 생산계획과 통제, 현금흐름, 품질과 같은 성과요소에 많은 영향을 미친다. 따라서 장기적이고 경쟁적인 차원에서 협력할 수 있는 공급자를 선정하는 것은 매우 중요한 일이다. 공급자의 중요성이 커짐에 따라 구매기업과 공급자의 관계가 적대적 관계에서 전략적 제휴와 같은 협력적 파트너십으로 변화하고 있기 때문에 최종 고객의 가치를 극대화할 수 있는 동반자적 관계로서 상호 신뢰를 바탕으로 원활한 정보교환, 공동의 문제해결 및 개선을 달성할 수 있도록 공급자를 선정할 필요가 있다.

공급자 선정기준은 공급자 참여와 더불어 공급자 성과를 향상시키는 결정적인 요인이며, 나아가 이들은 생산성과에 긍정적인 영향을 미치게 된다. 구체적으로, 공급자 입장에서는 공급자 선정기준을 통해 고객의 기대를 명확히 이해하고 구매기업 입장에서는 적절한 공급자 선정기준을 수립하면서 자사와 파트너가 무엇을 목표로 활동해야 하는지를 결정하고 의사소통하는 데 일조하게 된다.

기업이 성공적인 파트너십을 형성하기 위해서는 우선 자신의 전략에 적합한 공급자를 선정해야 한다. 공급자 선정에 있어 고전적인 방법인 상호 견제적 (arm's length) 접근은 비용감소에 목적을 두었다. 따라서 기업은 다수 공급자와 거래함으로써 구매전환의 용이성을 누리기 위해 단기 계약을 추구하였다. 그러나 경쟁이 치열해지면서 제조업체들은 새로운 형태의 공급자 관계를 형성해 나가고 있다. 즉, 제조업체들이 공급자 수를 줄이는 대신 소수 공급자들과 장기적 관계를 구축해 가고 있는 것이다. 이러한 장기적 관계는 기본적으로 신뢰와 협력을 바탕으로 한다. 따라서 구매기업은 공급자와 장기적 관계를 수립하기 전에

주요 부분에서 공급자의 능력과 구매기업과의 장기적이고 긴밀한 관계에 대한
의지 등을 확인해야 한다.

5.2. 공급자 선정 기준

다양한 학자들에 의해 다양한 기준이 제시되었다. 초기에는 품질, 가격, 인
도, 서비스가 공통적인 기준으로 등장하였으나 90년대 이후부터는 시대의 변화
에 맞춰 다양한 기준이 제시되었다.

(1) Dickson(1966)의 연구

품질/적시납기/공급자 성과기록

(2) Dempsey(1978)의 연구

인도능력/기술역량/품질

(3) Ellram(1993)의 연구

가격/품질/전략적 적합성/미래의 제조능력

(4) Choi & Hartley(1996)

재무/일관성/관계, 유연성/기술적 능력/고객 서비스/신뢰성/가격

(5) Motwani et al.(1999)의 연구

해외 공급자 선정 시 국가의 표준/규제/관세/문화적 차이

참고문헌

Carter, J.R. & Miller, J.G.(1989), "The impact of alternative vendor/buyer communication structures on the quality of purchased materials", *Decision Sciences, 20*(4), 759−776.

Choi, T.Y. & Hartley, J.L.(1996), "An exploration of supplier selection practices across the supply chain", *Journal of Operations Management, 14*(4), 333−343.

Dickson, G.W.(1966), "An analysis of supplier selection systems and decision", *Journal of Purchasing, 2*(1), 5−17.

Dempsey, W.A.(1978), "Vendor selection and the buying process", *Industrial Marketing Management, 7*(4), 257−267.

Ellarm, L.M.(1993), "The supplier selection decision in strategic partnership", *International Journal of Purchasing and Materials Management, 26*(4), 8−14.

Galt, J.D.A. & Dale,. B.G.(1991), "Supplier development: a British case study", *International Journal of Purchasing and Materials Management, 27*(1), 16−22.

Hahn, C. K., Watts, C. A. & Kim, K. Y.(1990), "The supplier development program: a conceptual model", *International Journal of Purchasing and Material Management, 26*(2), 2−7.

Hines, P.(1994), *Creating World Class Suppliers: Unlocking Mutual Competitive Advantage*, Pitman Publishing, London.

Humphreys, P.K., Li, W.L. & Chan, L.Y.(2004), "The impact of supplier development on buyer−supplier performance", *Omega, 32*(2), 131−143.

Krause, D.R. & Ellram, L.M.(1997), "Critical elements of supplier development", *European Journal of Purchasing and Supply Management, 3*(1), 21−31.

Krause, D.R. & Ellram, L.M.(1997), "Success factors in supplier development", *International Journal of Physical Distribution & Logistics Management, 27*(1), 39−52.

Krause, D.R.(1997), "Supplier development: current practices and outcomes", *International Journal of Purchasing and Materials Management, 33*(2), 12−19.

Krause, D.R.(1999), "The antecedents of buying firms' efforts to improve suppliers", *Journal of Operations Management, 17*(2), 205−224.

Krause, D.R., Handfield, R.B. & Scannell, T.V.(1998), "An empirical investigation of supplier development: reactive and strategic processes", *Journal of Operations*

Management, *17*(1), 39−58.

Krause, D.R., Scannell, T.V. & Calantone, R.J.(2000), "A structural analysis of the effectiveness of buying firm's strategies to improve supplier performance", *Decisioin Sciences,* *31*(1), 33−55.

Lascelles, D.M. & Dale, B.G.(1989), "The buyer−supplier relationship in Total Quality Management", *International Journal of Purchasing and Materials Management,* *25* (3), 10−19.

Leenders, M.R.(1966), "Supplier development", *Journal of Purchasing,* *2*(4), 47−62.

Li, W., Humphreys, P.K., Yeung, A.C.L. & Cheng, T.C.E.(2007), "The impact of specific supplier development efforts on buyer competitive advantage: an empirical model", *International Journal of Production Economics,* *106*(1), 230−247.

Maloni, M.J. & Benton, W.C.(1997), "Supply chain partnerships: opportunities for operations research", *European Journal of Operational Research,* *101*(3), 419−429.

Motwani, J.M., Kathawala, Y.Y. & Futch, E.(1999), "Supplier selection in developing countries: a model development", *Integrated Manufacturing,* *10*(3), 154−161.

Newman, R.G. & Rhee, K.A.(1990), "A case study of NUMMI and its suppliers", *International Journal of Purchasing and Materials Management,* *26*(4), 15−20.

Routroy, S. & Pradhan, S.K.(2013), "Evaluating the critical success factors of supplier development: a case study", *Benchmarking: An International Journal,* *20*(3), 322−341.

Sánchez-Rodriguez, C.S., Hemsworth, D. & Martinez−Lorente, A.R.(2005), "The effect of supplier development initiatives on purchasing performance: a structual model", *Supply Chain Management: An International Journal,* *10*(4), 289−301.

Wagner, S.M.(2006), "Supplier development practices: an exploratory study", *European Journal of Marketing,* *40*(5/6), 554−571.

Watts, C.A. & Hahn, C.K.(1993), "The supplier development program: an empirical analysis", *International Journal of Purchasing and Material Management,* *29*(2), 11−17.

추가 읽을거리

Claycomb, C. & Frankwick, G.I., (2004), "A contingency perspective of communication, conflict resolution and buyer search effort in buyer−supplier relationships", *Journal of Supply Chain Management, 40*(1), 18−34.

Dalvi, M.V. & Kant, R.(2015), "Benefits, criteria and activities of supplier development: a categorical literature review", *Asia Pacific Journal of Marketing and Logistics, 27* (4), 653−675.

Prahinski, C. & Benton, W.C.(2004), "Supplier evaluations: communication strategies to improve supplier performance", *Journal of Operations Management, 22*(1), 39-62.

Rudolf O.(2005), "External communication behaviour of purchasers: effects on supplier management performance", *Journal of Purchasing & Supply Management 11*(1) 28−41.

Smith, A.D.(2008), "Effective supplier selection and management issues in modern manufacturing and marketing service environments", *Services Marketing Quarterly, 29*(2), 45−65.

연습문제

1. 객관식 문제

1.1. 다음 문제의 참과 거짓을 구분하시오.

(1) 공급자 개발이란 구매기업의 성과와 역량을 개선시키기 위한 공급자의 노력이라고 정의할 수 있다.

(2) 구매자의 성과가 충족되지 않을 경우에 공급자를 변경하지 않고 공급자 개발을 선택하는 이유는 바람직한 공급자의 존재에 대한 불확실성과 공급자 탐색 및 평가에 들어가는 비용이 높기 때문이다.

(3) 전략적 공급자 개발은 장기적이고 종합적인 공급자의 역량 향상에 주력하는 것을 목표로 한다.

(4) 공급자 개발의 전략적 역할은 단기적 성과 향상을 위하여 성과가 낮은 공급자의 결점을 찾아 개선하는 데 초점을 두는 것으로 문제 발생에 대한 사후대처 방식이다.

(5) 공급자 개발 프랙티스로서 공급자 평가와 피드백은 공급자가 그들의 성과와 구매자의 성과 기대를 명확히 인식하는 것을 보장한다.

(6) 전략적 목표, 효과적 커뮤니케이션, 장기 헌신, 신뢰 등은 공급자 개발의 구조적 요인에 해당한다.

(7) 공급자 개발에서 자산 특이성이란 공급자에 대한 구매기업의 거래 특유의 투자를 의미한다.

(8) 구매기업과 공급자의 관계가 적대적 관계에서 전략적 제휴와 같은 협력적 파트너십으로 변화하고 있기 때문에 최종 고객의 가치를 극대화할 수 있는 동반자적 관계로서 상호 신뢰를 바탕으로 원활한 정보교환, 공동의 문제해결 및 개선을 달성할 수 있도록 공급자를 선정할 필요가 있다.

(9) 공급자 선정에 있어 최근의 방법인 상호 견제적(arm's length) 접근은 상호 신뢰에 목적을 둔다.

(10) 경쟁이 치열해지면서 제조업체들은 신뢰와 협력에 바탕을 둔 소수 공급자들과 장기적 관계를 구축해 가고 있다.

1.2. 다음 문제의 정답을 찾아내시오.

(1) 다음 중 공급자가 요구하는 수준의 제품을 공급하지 못할 경우에 구매자가 대응할 수 있는 세 가지 전략에 해당하지 않는 것은?
① 공급자 개발　　　　② 수직적 통합
③ 공급자 교환　　　　④ 정보공유

(2) 다음 중 공급자 개발의 성과에 가장 거리가 먼 것은?
① 공급사슬 리스크관리　　② 비용절감
③ 운영 향상　　　　　　　④ 품질 향상

(3) 다음 중 공급자 개발 프랙티스에 해당하지 않는 것은?
① 공급자 초대　　　　② 공급자 가시화
③ 보상　　　　　　　④ 압력

(4) 다음 중 인센티브 제공을 통한 공급자 개발 프랙티스에 해당하지 않는 것은?
① 공급자 지분 참여　　② 비용절감의 공유
③ 거래량 증가　　　　④ 미래 사업 공유

(5) 다음 중 거래 특유의 공급자 개발에 해당하지 않는 것은?

① 특정 공급자에게 물적 자산이나 인적 자산 등을 직접 투자

② 공급자의 성과 개선에 대한 구매자의 인정 및 인센티브 제공

③ 공개적이고 빈번한 커뮤니케이션을 통해 갈등 해결

④ 구매자의 제품개발 과정에 공급자의 참여

(6) 다음 중 고급 공급자 개발에 해당하지 않는 것은?

① 공급자 훈련

② 구매자의 제품 디자인 프로세스에 공급자 참여

③ 공급자 인증

④ 공급자에 의한 비용과 품질정보의 공유

(7) 다음 중 구매자가 공급자 개발에 참여하도록 영향을 미치는 요인과 가장 거리가 먼 것은?

① 구매기업 최고경영자의 지원

② 공급자에 대한 보상의 수준

③ 구매기업이 속한 산업의 기술변화율

④ 기업 간 커뮤니케이션 노력

(8) 다음 중 공급자 개발의 핵심 성공요인과 가장 거리가 먼 것은?

① 교차기능 구매 팀

② 공급자 매출의 높은 비중

③ 효과적인 양방향, 다기능 의사소통

④ 단기 계약을 통한 공급자들 간 경쟁 유인

(9) 다음 중 최근의 공급자 선정 기준과 가장 적합하지 않은 것은?

① 소수 공급자들과 관계

② 구매전환의 용이성 추구

③ 신뢰와 협력에 기본

④ 장기 계약 추구

(10) 다음 중 공급자 선정 기준으로 가장 적절하지 않은 것은?

① 서비스   ② 적시납기

③ 이전의 경험   ④ 기술역량

2.1. 사전 학습문제

(1) 기업 간 협력에서 중요한 요인을 모두 찾아 정리해 보시오. 예를 들어, 커뮤니케이션과 정보공유 이외 다른 요인들을 모두 찾아보시오.

2.2. 사후 학습문제

(1) 국내 대기업 중 하나를 선택한 후 그 기업이 공급자들과 어떤 공급자 개발 프로그램을 운영하고 있는지를 찾아서 정리해 보시오.

(2) 최적의 공급자 선택을 위한 여러 기준과 분석 방법론을 찾아 정리하시오.

(3) 공급자 혁신성이 어떤 논리로 구매자의 혁신성에 영향을 미치는지 정리하시오.

(4) 자주 방문하는 식당의 공급자 개발은 어떤 식(대상 공급자, 적용 가능 프랙티스, 비용/편익 및 정성적 편익과 같은 기대성과 등)으로 이루어질 수 있는지 제안해 보시오.

(5) 효과적인 공급자 개발을 위해 구매자와 공급자 중에서 어떤 기업의 역할이 더 중요한지 제안해 보시오.

공급사슬 전략

01 제품 특성에 기초한 전략

공급사슬 재고 전략은 공급사슬 리드타임 변동성, 제품 특성, 수요 변동성을 반영하여 수립될 수 있다(Fisher, 1997). 이 방법은 가장 많이 논의되어온 기본 전략 모델로서 흔히 두 제품 유형에 기초하여 공급사슬 전략이 제시된다.

1.1. 제품 유형

제품은 몇 가지 특성에 기초하여 다음의 두 유형으로 분류될 수 있다.

(1) 기능적(functional) 제품

장기 라이프사이클, 제한된 다양성, 안정적이고 예측가능한 수요, 높은 경쟁, 낮은 이익마진의 특성을 갖는 제품을 말한다. TV, 냉장고, 노트, 맥주, 콜라, 내연자동차 등이 그 예이다.

(2) 혁신적(innovative) 제품

단기 라이프사이클, 큰 다양성, 변동적이고 예측불가능한 수요, 낮은 경쟁, 높은 이익마진의 특성을 갖는 제품을 말한다. 스마트폰, 바이오신약, OLED 디스플레이, 전기자동차 등이 그 예이다.

이 두 제품의 특성을 비교하면 다음의 <표 6-1>과 같다.

▼ 〈표 6-1〉기능적 대 혁신적 제품 특성의 비교

	기능적 제품	혁신적 제품
수요	예측가능한 수요	예측 불가능한 수요
제품 라이프사이클	2년 이상	3개월-1년
공헌마진	5-20%	20-60%
제품 다양성	낮음(항목당 10-20개 변동)	높음(항목당 백만 개 변동)
생산시 예측오차의 평균	10%	40-100%
평균재고부족률	1-2%	10-40%
시즌말 정상가격 대비 평균 가격할인	0%	10-25%
주문생산(make-to-order)에 필요한 리드타임	6개월-1년	1일-2주

자료원: Fisher, M.(1997), "What is the right supply chain for your product", *Harvard Business Review, 75*, 105-116.

1.2. 공급사슬 전략 유형

두 제품에 적합한 각각의 공급사슬 전략은 다음과 같다. 여기서 효율성과 대응성은 상충관계가 존재하는 특성을 지닌다.

(1) 효율적 공급사슬 전략

기능적 제품에 대한 최선의 전략은 효율적 공급사슬 추구 전략이다. 효율성 지향 전략은 용량 활용을 향상, 규모경제의 획득, 재고낭비와 비부가가치 활동을 제거하여 상당한 비용절감으로 결과될 수 있다. 고객이 낮은 가격이나 신속한 수요충족을 원한다면 기업은 규모의 경제를 통한 비용절감, 신속한 배송을 목표로 한다.

(2) 대응적 공급사슬 전략

혁신적 제품에 대한 최선의 전략은 시장대응 공급사슬 추구 전략이다. 대응성 지향 전략은 속도, 유연성, 제품 이용가능성, 주문 정확성에 초점을 둔다. 이를

152   공급사슬관리

위해 주문생산(build-to-order), 대량고객화, 전략적으로 위치된 완충재고가 필요해진다. 고객이 높은 고객화나 신속한 신제품 출시를 원하는 경우에 해당한다.

두 전략의 특징 비교는 다음의 <표 6-2>에 요약되어 있다.

▼ 〈표 6-2〉 효율적 대 대응적 공급사슬 전략의 비교

	효율적 공급사슬 전략	대응적 공급사슬 전략
일차 목적	최저 가격으로 예측가능한 수요를 효율적으로 공급	재고부족, 가격할인 등을 최소화하기 위해 예측 어려운 수요에 신속하게 대응
생산 초점	높은 평균 용량 활용률 유지	초과 생산용량 보유
재고 전략	높은 재고회전율을 통한 공급사슬 상 재고의 최소화	완충재고 활용
리드타임 초점	비용이 증가되지 않는 한 리드타임 최소화	리드타임 단축을 위한 공격적 투자
공급자 선택 기준	일차적으로 비용과 품질	일차적으로 속도, 유연성, 품질
제품 디자인 전략	성과 극대화, 비용 최소화	제품 차별화, 지연(postponement) 전략, 모듈화(modular) 전략

1.3. 적합 전략

제품과 전략 유형의 적합여부를 토대로 전략의 일치 여부를 평가할 수 있다. 그 결과, <표 6-3>과 같이 제품과 공급사슬을 일치시키는 매트릭스를 도출할 수 있다. 따라서 불일치에 존재하는 전략은 일치로 이동하도록 변화를 시도할 필요가 있다. 예를 들어, 기능적 제품에서 불일치하는 대응적 공급사슬 전략은 효율적 공급사슬 전략이 되어야 하고 혁신적 제품에서 불일치하는 효율적 공급사슬 전략은 대응적 공급사슬 전략이 되어야 한다.

▼ 〈표 6-3〉 전략의 적합 여부

		제품 유형	
		기능적 제품	혁신적 제품
공급사슬 유형	효율적 공급사슬 전략	일치	불일치
	대응적 공급사슬 전략	불일치	일치

불확실성에 기초한 전략

2.1. 불확실성에 기초한 제품 유형

Lee(2002)는 기능적 제품과 혁신적 제품을 세분화하여 <표 6-4>와 같이 공급 측면에 초점을 둔 분류를 하였다.

▼ ⟨표 6-4⟩ 세분화된 기능적 대 혁신적 제품 유형

	기능적 제품	혁신적 제품
공급 고장	낮음	취약
수익성	안정적이고 높음	변동적이고 낮음
품질 문제	낮음	존재
공급자 수	충분	제한적
공급자 신뢰도	높음	낮음
프로세스 변동성	낮음	높음
공급용량 제약	낮음	존재
공급자 전환	용이	어려움
유연성	높음	낮음
리드타임 일관성	안정적	변동적

나아가, 그는 Fisher(1997)의 수요 불확실성에 공급 불확실성을 추가하였다. 여기서 공급 불확실성은 안정적(stable) 공급 프로세스와 불안정(evolving) 공급 프로세스로 구분된다. 그 결과, 공급과 수요 불확실성에 기초하여 <표 6-5>

와 같이 네 가지 제품 유형이 구분될 수 있다. <표 6-5>에서 4사분면은 불확실성이 모두 높아 운영이 가장 어려워질 것이다.

▼ 〈표 6-5〉 불확실성에 기초한 제품 유형

		수요 불확실성	
		기능적 제품(낮음)	혁신적 제품(높음)
공급 불확실성	안정적 프로세스 (낮음)	잡화, 기본재화, 일반의류, 식품, 석유	패션의류, 컴퓨터, 팝송, 장난감
	불안정 프로세스 (높음)	발전설비, 일부 식료품	통신설비, 고성능컴퓨터 서버, 반도체

2.2. 불확실성에 기초한 공급사슬 전략의 포지셔닝

수요 불확실성을 해소하기 위한 전략으로는 CPFR과 같은 정보공유와 협력 강화가 있고 공급 불확실성을 해소하기 위한 전략으로는 디자인 협력을 위한 초기 공급사 참여(신제품개발을 위한 아이디어 창출 단계부터 공급자 참여)와 공급자 허브(supplier hub) 방법이 있다.

이러한 불확실성에 기초한 공급사슬 전략은 <표 6-6>과 같은 매트릭스 형태로 도출될 수 있다.

▼ 〈표 6-6〉 불확실성에 기초한 공급사슬 전략

		수요 불확실성	
		기능적 제품(낮음)	혁신적 제품(높음)
공급 불확실성	안정적 프로세스 (낮음)	비용효율성 전략 (효율적 공급사슬)	고객 대응성과 유연성 전략 (유연한 공급사슬)
	불안정 프로세스 (높음)	리스크 헤지 전략 (리스크 헤징 공급사슬)	리스크 헤지 전략 + 고객 대응성 전략 (민첩한 공급사슬)

(1) 비용효율성 전략

비부가가치 활동 제거, 규모의 경제 추구, 생산과 유통에 최적화된 기법 도입, 전체 공급사슬상의 정보 공유를 통한 비용효율성을 극대화하는 전략으로서 정보통합, 자동 보충, VMI 등을 적극 활용한다.

(2) 고객 대응성과 유연성 전략

주문생산(build-to-order)과 대량고객화를 달성하면서 고객의 니즈에 대한 대응성과 유연성을 확보하는 전략으로서 주문생산, 유연생산, 지연 전략을 활용한다.

(3) 리스크 헤지(hedge) 전략

자원 공유, 공급자 다변화, 안전재고 증가, 재고 풀링, 재고 및 수요에 대한 가시성 확보 등을 통해 위험을 분산시키는 전략이다.

(4) 리스크 헤지 + 고객 대응 전략

헤징 전략과 대응적 전략을 결합하는 전략으로서 공급 네트워크, 지연 전략, 디자인 협력 등이 필요하다.

괄호 안의 각 전략에 대한 공급사슬 특징은 8장부터 구체적으로 설명된다.

03   리스크 헤징 전략

3.1. 개념

　리스크(risk)는 불확실성과 관련된다. 미래에 발생할 수 있는 사건이지만 실제로 발생할지 여부와 그 발생 가능성에 대해서 모르는 사건을 리스크라고 할 수 있다. 이러한 리스크로는 예측될 수 있고 관리될 수 있는 조직의 내부 리스크(알려진 리스크)와 통제가 불가능하지만 그 영향이 매우 큰 외부 리스크(알려지지 않은 리스크)가 있다.

　리스크 풀링(risk pooling)은 만약 한 높은 수요가 다른 낮은 수요에 의해 상쇄된다면 전체적인 수요 변동성이 줄어든다는 원리를 이용하는 방법이다 (Simchi-Levi, 2009). 이를 위해 분산된 방식이 아닌 중앙집중적인 관리에 초점을 둔다. 총 수요에 따른 불확실성이 어떤 개별적 품목/입지에 따른 불확실성보다 훨씬 작기 때문에 리스크 풀링 전략은 다양한 수요가 상호 간에 부정적으로 관련(즉, 결합 시 상쇄)될 때 가장 효과적이다. 그러나 리스크 풀링 전략을 적용하더라도 파이프라인 재고(pipeline inventory: 운송 중 발생하는 재고)를 줄이지 못한다. 하지만 동일한 서비스 수준을 유지하면서 재고를 줄이거나 동일한 재고를 유지하면서 서비스를 증가시키는 데는 사용될 수 있다.

　리스크를 헤징하는 공급사슬은 공급사슬의 붕괴(disruption)를 피하기 위해 자원을 모으는 전략이다. 그 방법으로는 자원 공유, 이차 자원 양성, 초과 재고 유지, 대안적 입지에 제조 설비 보유 등이 있다. 여기서, 리스크 풀링은 기업이 불확실성의 결과를 완화하기 위해 더 나은 포지션에 있도록 직면한 불확실성을 줄이거나 불확실성을 예방하기 위해 공급사슬, 생산 프로세스, 제품을 다시 설계하는 것을 말한다.

3.2. 유형

리스크 헤징 전략의 방안으로 가장 자주 사용되는 것은 재고, 입지, 제품, 리드타임, 용량이 있다.

(1) 완충재고 보유

재고, 특히 완충재고는 제품부족에 대응하는 가장 효과적인 방법 중 하나이다. 재고는 공급자, 제조업체, 창고, 유통센터, 소매업체 등 다양한 위치에 존재할 수 있으며, 그 유형으로는 재공품 재고(work-in-process inventory), 원재료 재고, 완제품 재고가 있다. 이러한 재고의 기능은 예상된 수요 충족, 생산 요구 균등화, 운영 분리, 재고부족으로부터 보호, 주문 사이클 활용, 가격 인상에 대한 저항, 수량할인 활용 등이 있다.

(2) 입지 풀링

여러 위치에 존재하는 유통센터를 하나로 묶어 이곳에서 여러 수요지에 제품을 직접 이동시키는 방식이다. 수요 변동성을 축소하고 기대된 목표 서비스 수준을 달성하는 데 필요한 재고투자를 줄이는 장점을 가지나 재고와 고객 사이의 거리를 늘리고 수요에 대응이 어려울 수도 있다.

(3) 제품 풀링

모듈 방식을 적용하여 제품의 다양성을 추구하기 위해 공통성(commonality)을 확보하고 부품의 수는 가능하면 최소화하여 불확실성을 줄이는 방식이다. 이 방안은 수요 변동성을 축소하고 공급과 수요를 일치시키는 데 높은 성과를 내나 제품의 기능성을 잠재적으로 하락시킨다.

(4) 리드타임 풀링

수요에 가까운 공급사슬 하류 주체에 재고를 보유하면 그 각 주체의 재고가 부족하거나 과다할 수 있다. 이 경우에 유통센터에 재고를 풀링함으로써 리스크를 감소시킬 수 있다. 이를 지연 전략에서는 지연된 차별화라고도 하는데 가공

이 용이한 본원적 제품을 생산하여 최종적으로 수요에 맞춰 생산함으로써 차별화되고 수요에 맞추는 방식으로 리스크를 줄이는 방법이다. 장단점으로는 리드타임을 축소하고 재고를 고객에게 가깝게 유지하여 재고투자를 줄이나 유통센터를 운영하는 초과비용과 추가 운송비용이 발생한다는 점이 있다.

(5) 용량 풀링

제조상의 유연성을 증가시켜 한 설비 혹은 공장에서 여러 가지 기능을 수행하여 리스크를 줄이는 방식이다. 즉, 제조공정 혹은 생산시설이 다양한 제품을 생산할 수 있도록 유연생산시스템(Flexible Manufacturing System: FMS)을 적용하는 방식으로서 한 설비 혹은 공장의 중단이 특정 제품의 생산에 영향을 미치지 않도록 한다. 이 방안은 수요 변동성을 수용하나 유연성을 보유하는 데 높은 비용이 소요된다.

04   추진-견인 전략

4.1. 개념

추진-견인(push-pull) 전략은 <그림 6-1>과 같이 공급사슬 시간라인에서 특정 시점(분리점이라고도 함)까지는 추진 전략을 실행하고 특정 시점 이후에는 견인 전략을 실행하는 방식의 전략이다. 여기서, 시점의 구분은 불확실성 수준에 따라 이루어지는데 공급사슬의 상류에서 불확실성이 낮은 경우에는 추진 전략을 실행하고 하류에서 고객으로 인해 불확실성이 높은 경우에는 견인 전략이 실행된다.

〈그림 6-1〉 추진-견인 전략

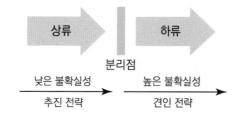

4.2. 각 전략의 특징

복잡한 공급사슬 구조에 적합한 추진 전략은 장기 예측에 기초한 생산 의사결정으로서 재고와 예측에 토대하여 주문 의사결정이 이루어지는 전통적인 비용 최소화 관점을 따르고 효과적인 자원배분에 초점을 두는 장기적인 생산운영 전략이다. 그러나 이 전략은 변화하는 수요 패턴을 충족시키지 못하고 초과재고, 과잉생산 변동성, 빈약한 서비스 수준으로 대표되는 채찍효과가 발생한다.

이에 비해 서비스 수준에 초점을 두는 견인 전략은 생산이 수요에 의해 결정되는 방식으로서 진정한 고객 수요에 생산과 유통이 조정되고 기업의 특정 주문에 유연하게 대응한다. 결과적으로 견인 전략은 리드타임 축소, 재고수준 감소, 운영 시스템 변동성 감소, 시장에 대응력 향상으로 나타나지만 규모의 경제를 활용하기 어렵기 때문에 단순한 주문충족 중심의 공급사슬 구조에 적합하다.

각 전략의 주요 특징을 정리하면 <표 6-7>과 같다.

▼〈표 6-7〉 추진과 견인 전략의 특징

	추진 전략	견인 전략
불확실성	낮음	높음
목적	비용 최소화	서비스 수준 최대화
복잡성	높음	낮음
초점	자원배분	대응성
리드타임	장기	단기
프로세스	공급사슬계획	주문충족

4.3. 전략 선택

추진-견인 전략은 <그림 6-2>와 같이 수요 불확실성과 규모의 경제에 따라 네 가지 전략으로 다시 세분될 수 있다.

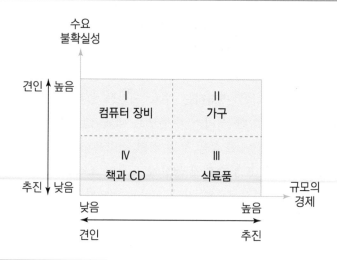

자료원: Simchi-Level, D., Kaminsky, P. & Simchi-Levy, E.(1999), *Designing and Managing the Supply Chain: Concepts, Strategies, and Cases*, McGraw-Hill/Irwin.

여기서, 수요 불확실성과 규모의 경제의 영향은 다음과 같다.

(1) 수요 불확실성의 영향

높은 수요 불확실성은 견인 전략을 선호하도록 유인한다. 이에 비해 낮은 수요 불확실성은 추진 전략인 장기 예측에 기초하여 공급사슬을 관리하는 데 관심을 갖도록 한다.

(2) 규모의 경제의 영향

비용을 축소하는 데 규모의 경제의 중요성이 높을수록 수요를 합치는 가치가 더 커지고 장기 예측에 기반하여 공급사슬을 관리하는 중요성이 더 커지기 때문에 추진기반 전략이 중요해진다. 그러나 규모의 경제가 중요하지 않으면 총 수요는 비용을 줄이지 않기 때문에 견인기반 전략이 더욱 의미가 있다.

이러한 두 가지 요인 이 외에도 적절한 공급사슬 전략에 영향을 미치는 다음의 많은 요인들이 고려되어야 한다.

① 제품 복잡성
② 제조 리드타임
③ 공급자 – 제조업체 관계
④ IT와 첨단 기술

05 지연 전략

5.1. 개념

  지연(postponement) 전략은 전형적인 추진-견인 전략의 혼합 전략이다. 즉, 제품의 완성을 지연시킴으로써 다양한 수요변화에 기업이 유연하게 대응할 수 있도록 공급사슬 프로세스를 설계하는 전략이다.

5.2. 분리점의 역할

  지연 전략의 핵심은 분리점(decoupling point)의 위치에 있다. 분리점은 추진 전략과 견인 전략을 구분하는 포인트를 의미한다. 일반적으로, 채찍효과는 수요 변동성뿐만 아니라 공급 변동성에 의해 발생한다. 여기서, 수요 변동성은 공급 사슬 하류(주로, 고객 수요)의 불확실성에 의존하고 공급 변동성은 공급사슬 상류 (주로, 원재료 조달)의 불확실성에 의존한다.

  따라서 분리점이 존재하지 않는다면 추진과 견인 전략의 구분이 불가능하고 그 결과 공급 변동성과 수요 변동성에 의한 채찍효과가 확장된다. 그러나 분리 점이 존재하면 공급사슬의 상류에서 분기점까지는 전형적인 공급 변동성에 의 한 채찍효과가 발생하지만 분기점부터 하류까지는 수요 변동성에 의한 채찍효 과만이 발생하여 채찍효과의 전체 크기는 줄어들게 된다.

  이러한 분리점은 <그림 6-3>과 같이 지연 전략에서 재고의 위치를 설정함 에 따라 결정된다. 즉, 공급자에서 고객에 이르는 전체 공급사슬에서 어떤 주체에 재고를 유지할 것인지를 결정하는 것이 중요한 의사결정이 된다. 만약 재고가 특정 위치에 설정이 되면 상류에서 재고의 위치까지는 재고생산(make-to-stock) 방식을 선택하고, 재고의 위치에서 하류까지는 그 위치가 상류로 갈수록 순서대로 주문설계생산(engineering-to-order), 주문생산(make-to-order), 주문조립(assemble-to-order) 방식 중 하나가 선택된다.

〈그림 6-3〉 공급사슬에서 재고의 위치에 따른 생산방식

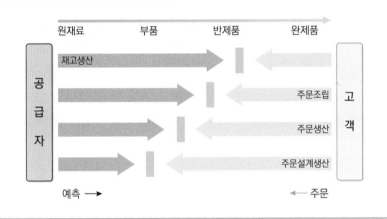

참고로, 각 생산방식의 개념은 다음과 같다.

(1) 재고생산

수요예측에 기초하여 표준화된 제품을 대량생산한 후 재고로 저장하여 판매하는 방식으로서, 주로 TV, 냉장고, 세탁기의 가전제품, 석유화학제품, 설탕, 뷔페식당, 시멘트, 고무, 철강 등 연속형(continuous)과 플로우(flow) 생산방식에 해당한다.

(2) 주문조립생산

표준제품 혹은 반제품을 재고로 저장한 후 고객의 주문이 도착하면 조립 후 제품을 배송하는 전략으로서 다양한 옵션을 갖고 있는 경우에 적합하다. 주로, 서브웨이 방식의 샌드위치, 컴퓨터, 자동차 등의 조립라인(assembly line) 생산방식에서 사용한다.

(3) 주문생산

고객의 주문이 도착한 후 원자재 가공, 부품 및 완제품 생산(혹은 조립)이 이루어지는 형태로서 재고를 통해 배송이 불가능한 방법이다. 주로, 비행기, 고급 레스토랑, 선박, 기계류 등의 다품종 소량인 프로젝트(project) 생산방식에 해당한다.

(4) 주문설계생산

초기 공급자 참여와 유사하게 고객이 제품의 개발 단계부터 참가하여 제품 설계부터 생산까지 기다리는 방법으로서 주문생산보다는 고객의 참여 시기가 공급사슬의 초기 단계(원재료 조달)로 이동한다. 주로, 주문생산의 프로젝트 방식 이 외에도 셀프요리 식당, 고객주문형 제품, 대형 도로건설이 이 생산방식에 해당한다.

5.3. 전략적 지연의 유형

Pagh & Cooper(1998)는 지연 전략을 제조/물류, 투기(speculation)/지연(post-ponement)에 따라 <그림 6-4>와 같이 네 가지 유형으로 분류하였다. 매트릭스의 행은 제조 지연 혹은 투기가 활용되었는지를 나타내고, 열은 로지스틱스 지연 혹은 투기가 활용되었는지를 나타낸다. 여기서, 투기는 지연의 반대개념으로서 공급사슬의 비용을 줄이기 위해 형태의 변화와 다음 단계의 재고로 재화의 이동이 가능한 한 가장 빠른 시간에 이루어져야 하는 것을 의미한다. 투기는 제조와 물류 운영에서 규모의 경제를 달성하고 재고부족의 발생빈도를 줄이는 것을 가능하게 한다.

🎯 〈그림 6-4〉 전략적 지연의 유형

		물류	
		투기 분산된 재고	지연 집중된 재고와 직접 유통
제조	투기 재고생산	**완전 투기 전략**	**물류 지연 전략**
	지연 주문생산	**제조 지연 전략**	**완전 지연 전략**

(1) 완전 투기 전략

<그림 6-5>와 같이 기업에 의해 전통적으로 가장 자주 사용되는 전략으로서 재고 예측에 의해 표준화된 제품을 생산하고 고객에 가까운 위치에 저장 및 분산시킨다. 소매업체/고객 주문 포인트는 공급사슬의 가장 낮은 수준의 하류에 위치되고 모든 제조활동은 입지에 의해 차별화되기 이전에 수행된다. 따라서 제품은 고객에게 가까운 곳에 저장되고 분산된 유통 시스템을 통해 유통된다.

🎯 〈그림 6-5〉 완전 투기 전략

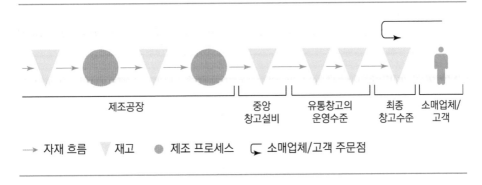

| 제조공장 | 중앙
창고설비 | 유통창고의
운영수준 | 최종
창고수준 | 소매업체/
고객 |

→ 자재 흐름　▽ 재고　● 제조 프로세스　↳ 소매업체/고객 주문점

제품이 대규모 럿사이즈(lot size)로 제조되고 유통되기 때문에 이 전략에서 규모의 경제가 달성될 수 있다. 또한 분산된 재고의 결과로서 재고투자는 네 가지 전략 중에서 가장 높다. 그러나 제품과 운송의 진부화가 발생할 수 있다.

(2) 제조 지연 전략

이 전략하에서는 제품을 가능한 한 특정 제품으로 구체화하지 않고 공용으로 사용할 수 있는 상태로 유지한다. 제품이 물류적으로 차별화된 후에 최종 제조 운영이 공급사슬 하류의 어떤 포인트에서 수행된다. 또한 이 최종운영은 고객 주문이 접수될 때까지 지연된다. <그림 6-6>과 같이 소매업체/고객 주문점 이 최종 제조운영 이전에 위치되는 방식으로서 제조 프로세스의 첫 번째 단계는 집중화되고 재고가 시작된다.

〈그림 6-6〉 제조 지연 전략

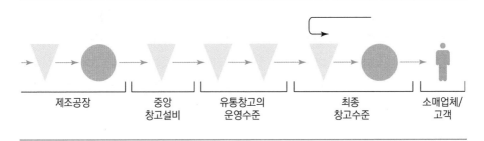

| 제조공장 | 중앙
창고설비 | 유통창고의
운영수준 | 최종
창고수준 | 소매업체/
고객 |

이 전략은 고객에 가깝게 재고를 갖는 것이 필수적일 때, 성공적으로 적용된 다. 이 전략의 영향으로는 차별화된 제품의 다양성이 줄어들 수 있고 총 재고가 치가 줄어들어 재고계획과 관리의 단순화가 이루어진다. 반면에 고객주문 처리 의 복잡성과 비용이 증가한다. 또한 공급사슬 하류에서 수행된 제조운영으로 인 해서 규모의 경제가 줄어드는 대신에 물류 부분의 규모의 경제는 변동이 별로 없을 것이다.

(3) 물류 지연 전략

생산된 제품재고를 전략적 위치에 집중화된 방식으로 유지하는 전략으로서 제조는 투기에 기초하고 물류는 지연에 기초한다. 이것은 집중화된 재고에서부터 최종 소매업체/고객까지 완전한 최종제품을 직접적으로 유통하는 방식이다. <그림 6-7>에서 볼 수 있듯이 소매업체/고객 주문점이 공장 혹은 중심 창고 수준까지 상류로 이동하였고 모든 제조운영은 재고에서 시작하고 물류운영 이전에 수행된다.

⑨ 〈그림 6-7〉 물류 지연 전략

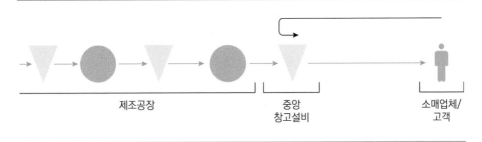

| 제조공장 | 중앙
창고설비 | 소매업체/
고객 |

제품이 직접 소매업체/고객에게 유통되기 때문에 이 전략을 활용함으로써 물류는 줄어들거나 완전히 제거된다. 재고의 집중화로 재고의 양이 줄어드나 작은 이동물량과 신속한 운송이 필요하기 때문에 운송비는 증가할 수 있다. 마지막으로 제조 부분에서 규모의 경제는 유지된다.

(4) 완전 지연 전략

제조와 물류 프로세스를 주문 접수 후 시작하는 전략이다. 제조와 물류 운영은 고객주문이 시작되고 나서 진행되기 때문에 이 전략은 네 가지 전략 중에서 가장 높은 수준의 지연을 적용한다. <그림 6-8>과 같이 소매업체/고객 주문점은 제조 프로세스의 마지막 단계에서 시작한다.

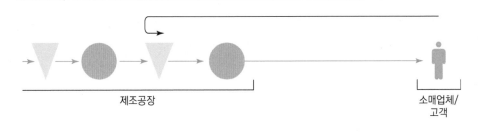

〈그림 6-8〉 완전 지연 전략

제조공장

소매업체/
고객

이 전략을 활용한 결과로 낮은 제조 재고비용과 유통 시스템에서 재고의 감소가 나타난다. 규모의 경제는 제조 프로세스에서만 발생할 것이고 물류 부분에서 규모의 경제는 감소되거나 유지될 것이다.

지금까지의 각 전략별 장단점을 정리하면 다음의 <표 6-8>과 같다.

▼ 〈표 6-8〉 각 전략의 장단점 비교

		물류	
		투기	지연
제조	투기	낮은 생산비 높은 재고비 낮은 유통비 높은 고객 서비스	낮은 생산비 낮은/중간 재고비 높은 유통비 낮은/중간 고객 서비스
	지연	중간/높은 생산비 중간/높은 재고비 낮은 유통비 중간/높은 고객 서비스	중간/높은 생산비 낮은 재고비 높은 유통비 낮은 고객 서비스

5.4. 지연 전략의 성공적 실행

(1) 부품과 프로세스의 표준화

성공적인 지연 전략을 위해서 제품라인에 걸쳐 프로세스의 초기 단계를 표준화할 필요가 있다. 이후 단계에서는 제품 차별화를 위한 특성을 부가하도록 해야 한다.

(2) 프로세스 재구축

표준화된 공통 프로세스는 초기에 실행하여 규모의 경제를 달성해야 한다. 이후 제품 차별화를 창출하는 프로세스는 나중에 실행하도록 기존의 프로세스를 재배치해서 수요변화에 유연한 대응이 이루어지도록 해야 한다.

(3) 모듈화 설계

모듈화 설계는 표준화된 구성요소(즉, 부품)들의 집합으로 다양한 제품을 제조하는 제품 설계 방식을 말한다. 따라서 모듈을 구성하는 부품을 표준화하여 부품의 범용성과 규모의 경제를 달성한 후에 한정된 모듈 개수를 이용하여 다양한 제품을 제조함으로써 차별화 지연을 달성할 수 있다.

06 공급사슬관리의 계획과 실행

6.1. 계획과 실행 요소

공급사슬관리의 계획과 실행은 전략적, 전술적, 운영적 계획과 실행으로 구분된다. 이들은 계획기간과 의사결정 시간축에 따라 설정된다. 전략적 계획은 주별과 월별 공급사슬관리 계획과 관련되고 전술적 및 운영적 계획은 시간 및 일별 공급사슬관리 실행과 관련된다. 현대 경영에서 이들의 내용은 광범위하고 수학적으로 복잡하기 때문에 대부분 ERP와 같은 관련 소프트웨어에 의해 수행된다. 이에 대한 자세한 내용은 본 교재의 범위를 벗어나기 때문에 관심 있는 독자들은 추가 읽을거리를 참고하기 바란다.

(1) 공급사슬관리 계획

① 전략적 계획
공급사슬 네트워크 디자인/전략적 계획 등

② 전술적 계획
제조계획/재고계획/공급사슬계획/판매 및 운영 계획(sales and operations planning)/수요계획, 자재관리 등

③ 운영적 계획
제조/주문관리/창고관리/운송관리/생산 일정계획 등

6.2. 비즈니스 프로세스 준거 모델

1996년에 공급사슬위원회(Supply Chain Council)에서 개발한 공급사슬 프로세스 분석 및 설계 모델로서 공급사슬의 효과성을 증가시키고 공급사슬관리에 프로세스기반 접근법을 제공하기 위해 SCOR(Supply Chain Operations Reference) 모델이 등장하였다. 이것은 <그림 6-9>와 같이 초점기업의 공급자에서 고객에 이르기까지 파트너들이 소통하기 위한 공통의 프로세스 지향적인 언어를 제공하는 목적을 갖는다. 이를 위해 계획(plan), 조달(source), 생산(make), 배송(delivery), 회수(return) 등이 이루어지는 전체 공급사슬을 통합적으로 분석하고 설계하는 데 초점을 두고 있다. 여기서, 공급사슬관리 계획 의사결정 항목은 7개로서 운영전략계획, 수요관리, 생산계획 및 일정계획, 조달, 약속배송, 변화균형, 유통관리를 포함한다. 이러한 항목들은 SCOR 모델과 결합되어 <그림 6-9>와 같이 그려진다. 이 개념은 운영전략계획과 약속배송 의사결정이 기업

〈그림 6-9〉 SCOR 모델에서 공급사슬 의사결정 항목

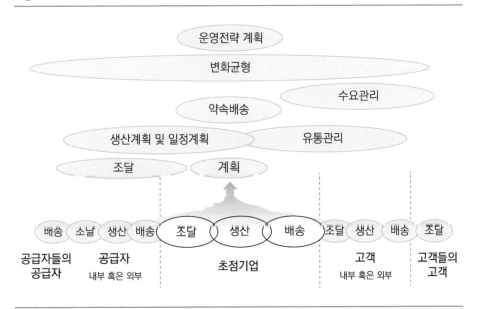

자료원: Lockamy, A. & McCormack, K.(2004), "Linking SCOR planning practices to supply chain performance: An exploratory study", *International Journal of Operations & Production Management, 24*(12), 1192-1218.

의 내부 SCOR 의사결정 분야와 일치되는 경향이 있는 반면에 변화균형에 대한 의사결정은 전체 공급사슬에 걸쳐 내부와 외부 SCOR 의사결정 분야로 확장되는 경향이 있다. 또한 생산계획 및 일정계획 의사결정과 더불어 조달은 내부와 공급자 SCOR 의사결정 모두에 걸쳐 확장되는 경향이 있고 수요와 유통관리 의사결정은 내부와 고객의사결정 분야 모두에 걸쳐 확장된다.

SCOR 모델에서 각 의사결정 분야는 세 가지 프로세스 수준으로 구성된다. 이 수준을 묘사하는 내용이 <그림 6−10>에 제공된다. 레벨 1은 의사결정 분야에서 핵심관리 프로세스의 범위와 내용을 정의한다. 예를 들어, SCOR 계획 (plan) 프로세스는 조달, 생산, 배송 요구사항을 가장 잘 충족시키는 활동을 개발

〈그림 6-10〉 SCOR 모델의 수준

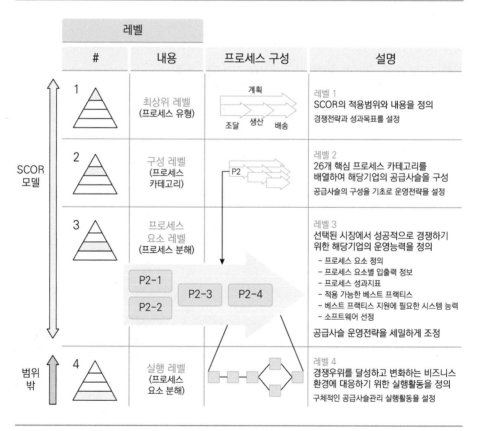

자료원: Supply Chain Council.

하기 위해 총 수요와 공급을 균형시키는 프로세스로서 정의된다. 레벨 2는 핵심 프로세스 내에서 전개된 프로세스 유형인 계획, 실행, 가능인자와 관련된 특징을 설명한다. 가령, 공급사슬 파트너는 조달, 생산, 배송, 회수 의사결정을 지원하기 위한 계획 프로세스뿐만 아니라 전체 공급사슬을 계획하기 위한 프로세스를 필요로 한다. 레벨 3은 각 레벨 2 프로세스 항목에 대한 세부적인 프로세스 요소 정보를 제공한다. 투입물, 산출물, 설명, 기본적 프로세스 요소흐름이 이 수준에서 포착된다. 레벨 4에서는 효과적 SCM에 대한 SCOR 모델의 실행수준의 니즈를 반영한다.

6.3. SCOR 모델의 실행

SCOR 모델의 실행을 지원하기 위해 공급사슬 스코어카드(supply chain scorecard)가 사용된다. 또한 SCOR 프로젝트 수행을 위해서는 경쟁조건 분석, 공급사슬 구성, 성과수준/실행활동/시스템 설정, 공급사슬 변화의 실행과 같은 실행 절차가 필요하고 계획, 조달, 생산, 배송, 회수에 대한 각 프로세스의 개선안을 도출하는 방안이 필요하다.

SCOR 모델은 계속 확장하고 있다. 예를 들어, 이 모델을 가치사슬의 관점에서 확장하는 모델이 제시되고 있다. 기업의 전체 가치사슬을 공급사슬, 설계사슬, 고객사슬의 세 가지 프로세스로 구성되는 것으로 하여 설계사슬운영준거모델(Design Chain Operations Reference Model: DCOR)과 고객사슬운영준거모델(Customer Chain Operations Reference Model: CCOR)로 확장되고 있다.

참고문헌

Fisher, M.(1997), "What is the right supply chain for your product", *Harvard Business Review,* *75,* 105−116.

Lee, H.(2002), "Aligning supply chain strategies with product uncertainties", *California Management Review, 44*(3), 105−119.

Lockamy, A. & McCormack, K.(2004), "Linking SCOR planning practices to supply chain performance: an exploratory study", *International Journal of Operations & Production Management, 24*(12), 1192−1218.

Pagh, J.D. & Cooper, M.C.(1998), "Supply chain postponement and speculation strategies: how to choose the right strategy", *Journal of Business Logistics, 19*(2), 13−33.

Simchi−Level, D., Kaminsky, P. & Simchi−Levy, E.(1999), *Designing and Managing the Supply Chain: Concepts, Strategies, and Cases,* McGraw−Hill/Irwin, NY.

Supply Chain Council, SCOR Model.

추가 읽을거리

Christopher, M., Peck, H. & Towill, D.(2006), "A taxonomy for selecting global supply chain strategies", *The International Journal of Logistics Management, 17*(2), 277−287.

Cigolini, R., Cozzi, M. & Perona, M.(2004), "A new framework for supply chain management conceptual model and empirical test", *International Journal of Operations & Production Management, 24*(1), 7−41.

Huan, S.H., Sheoran, S.K. & Wang, G.(2004), "A review and analysis of supply chain operations reference (SCOR) model", *Supply Chain Management, 9*(1), 23−29.

Huang, S.H., Uppal, M. & Shi, J.(2002), "A product driven approach to manufacturing supply chain selection", *Supply Chain Management: An International Journal, 7*(4), 189−199.

Ioannou, G., Prastacos, G. & Skintzi, G.(2004), "Inventory positioning in multiple product supply chains", *Annals of Operations Research, 126*(1), 195-213.

Kaminsky, P. & Kaya, O.(2008), "Inventory positioning, scheduling and lead−time quotation in supply chains", *International Journal of Production Economics, 114* (1), 276−293.

Kottala, S.Y. & Herbert, K.(2019), "An empirical investigation of supply chain operations reference model practices and supply chain performance: evidence from manufacturing sector", *International Journal of Productivity and Performance Management, 69*(9), 1925−1954.

Lockamy, A. & McCormack, K.(2004), "Linking SCOR planning practices to supply chain performance: an exploratory study", *International Journal of Operations & Production Management, 24*(12), 1192−1218.

연습문제

1. 객관식 문제

1.1. 다음 문제의 참과 거짓을 구분하시오.

(1) 공급사슬 재고 전략은 공급사슬 리드타임 변동성, 제품 특성, 수요 변동성에 의해 수립될 수 있다.

(2) 기능적 제품은 수요가 예측가능하고 장기의 라이프사이클, 낮은 제품 다양성, 주문생산에 필요한 리드타임이 장기인 특성을 갖는 제품 유형을 말한다.

(3) 효율성 지향적인 공급사슬 전략은 주문생산(build-to-order), 대량고객화, 전략적으로 위치된 완충재고가 필요해진다.

(4) 대응적 공급사슬 전략은 일차적으로 비용과 품질에 기초하여 공급자를 선택하고 높은 초과 생산용량을 보유한다.

(5) 대응적 공급사슬 전략은 제품 차별화를 위한 모듈화 및 지연 전략과 관련성이 높다.

(6) Lee(2002)의 불확실성에 기초한 제품 유형은 Fisher(1997)의 수요 불확실성에 공급 불확실성을 추가하였다.

(7) 리스크 헤징 공급사슬 전략은 혁신적 제품에 해당하고 공급 불확실성이 높은 경우에 적합하다.

(8) 리스크 풀링은 만약 한 높은 수요가 다른 낮은 수요에 의해 상쇄된다면 전체적인 수요 변동성이 줄어든다는 원리를 이용하는 방법이다.

(9) 리스크를 헤징하는 공급사슬 방법으로는 자원공유, 이차 자원 양성, 초과 재고 유지, 초과 용량 보유, 대안적 입지에 제조 설비 보유 등이 있다.

(10) 추진 – 견인(push – pull) 전략에서 시점을 구분하는 포인트를 분리점이라고 한다.

(11) 분리점은 지연 전략에서 창고의 입지를 설정함에 따라 결정된다.

1.2. 다음 문제의 정답을 찾아내시오.

(1) 다음 중 혁신적 제품에 속하는 것은?
   ① 전기자동차   ② 노트
   ③ 맥주   ④ 세탁기

(2) 다음 중 효율적 공급사슬 전략에 대한 설명이 아닌 것은?
   ① 기능적 제품을 대상으로 한다.
   ② 규모의 경제에 초점을 둔다.
   ③ 범위의 경제에 초점을 둔다.
   ④ 재고낭비와 비부가가치 활동 제거를 통한 비용절감이 목표 중 하나이다.

(3) 다음 중 공급불확실성이 낮고 수요 불확실성이 높은 제품 유형은?
   ① 식품   ② 반도체
   ③ 잡화   ④ 패션의류

(4) 불안정한 공급 프로세스를 갖고 혁신적 제품인 경우에 적절한 공급사슬 전략은?
   ① 효율적 공급사슬   ② 민첩한 공급사슬
   ③ 리스크 헤징 공급사슬   ④ 유연한 공급사슬

(5) 다음 중 리스크 헤징 전략과 가장 거리가 먼 것은?
   ① 완충재고 보유   ② 신속한 고객 대응
   ③ 입지 풀링   ④ 리드타임 풀링

(6) 다음 중 설명이 적절하게 연결되지 않은 것은?

① 입지 풀링: 여러 위치에 존재하는 유통센터를 하나로 묶어 이 곳에서 여러 수요지에 제품을 직접 이동시키는 방식

② 제품 풀링: 모듈 방식을 적용하여 제품의 다양성을 추구하기 위해 공통성(commonality)을 확보하고 부품의 수는 가능하면 최소화하여 불확실성을 줄이는 방식

③ 리드타임 풀링: 수요에 가까운 공급사슬 하류 주체에 재고를 보유하는 방식

④ 용량 풀링: 제조상의 유연성을 증가시켜 한 설비 혹은 공장에서 여러 가지 기능을 수행하여 리스크를 줄이는 방식

(7) 다음 중 견인 전략의 특징이 아닌 것은?

① 높은 복잡성　　　　　② 높은 불확실성 수준
③ 단기 리드타임　　　　④ 서비스 수준 최대화

(8) 다음 중 수요 불확실성이 낮고 규모의 경제가 높은 수준에 해당하는 제품은?

① 컴퓨터　　　　　　　② 식료품
③ 가구　　　　　　　　④ 도서

(9) 다음 중 물류 지연 전략에 대한 설명으로 적절하지 않은 것은?

① 제조는 투기에 기초하고 물류는 지연에 기초한다.

② 제조의 규모의 경제효과가 소멸된다.

③ 집중화된 재고에서부터 최종 소매업체/고객까지 완전한 최종 제품을 직접적으로 유통하는 방식이다.

④ 재고의 집중화는 재고의 양이 줄어드나 작은 이동물량과 신속한 운송이 필요하기 때문에 운송비는 증가할 수 있다.

(10) SCOR 모델에 대한 설명 중 가장 적절하지 않은 것은?

① 공급사슬 프로세스 분석 및 설계 모델로서 공급사슬의 효과성을 증가시키고 공급사슬관리에 프로세스기반 접근법을 적용

② 계획(plan), 조달(source), 생산(make), 배송(delivery), 회수(return) 등이 이루어지는 전체 공급사슬을 통합적으로 분석하고 설계

③ SCOR 모델의 효과적 실행과 평가를 지원하기 위해 품질관리 평가 모델이 적용

④ SCOR 모델은 네 가지 레벨로 구성되며, 레벨 1은 의사결정 분야에서 핵심관리 프로세스의 범위와 내용을 정의

2.1. 사전 학습문제

(1) 다양한 생산 시스템에 적합한 제품과 서비스 유형 3개씩을 찾아 그 중요한 특징을 설명하시오.

(2) 파리바게뜨의 차별화 지연 전략을 설명하고 그 장점과 단점을 지적하시오.

(3) LG전자, Dell, IBM의 공급사슬 특징에 대해서 정리하시오.

(4) 소매업체의 공급사슬관리 베스트 프랙티스를 찾아보고 정리해 보시오.

2.2. 사후 학습문제

(1) 추진-견인 전략과 지연 전략이 재고와 어떤 관련성이 있는지 체계적으로 설명하시오.

(2) 수요와 공급 불확실성에 따라 구분되는 네 가지 공급사슬 유형에 적합한 제품과 서비스 5개씩을 찾아내 그 중요한 특징을 설명하시오.

(3) 추진-견인 전략, 지연 전략, 리스크 풀링 전략의 제품과 서비스 사례를 3개씩 찾아 그 중요한 특징을 설명하시오.

(4) 스마트폰, 전기자동차, 항공기, 김치냉장고, 바이오기술, 패션제품은 수요 불확실성과 규모 경제의 수준에 따른 추진-견인 전략 차원 중 어디에 해당하는가? 그 이유를 명확히 밝히시오.

(5) Walmart의 SCOR 모델을 찾아 정리해 보시오.

(6) 식당과 커피숍에서 활용될 수 있는 지연 전략 방법에 대해 고민해
보시오.

(7) 식당에서 식재료의 낭비를 최소화하기 위한 공급사슬 전략을 제
안해 보시오.

(8) 커피숍의 공급사슬관리 계획과 실행방안을 개념적인 수준에서 수
립하시오.

공급사슬 복잡성과 가시성

01 개념과 중요성

1.1. Boeing 787 Dreamliner의 글로벌 공급

〈그림 7-1〉드림라이너의 부품 공급

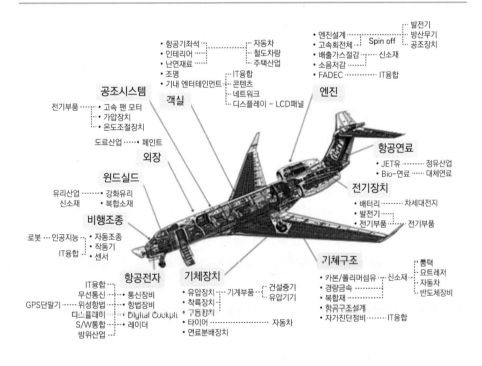

자료원: 한국항공우주산업협회

<그림 7-1>과 같은 많은 부품으로 구성된 항공기 완제품을 제조하기 위해서는 여러 단계와 많은 수의 전 세계적으로 분포된 공급자가 필요하다. 이러한 상황에서 공급사슬이 더 복잡하게 되고 그 복잡성은 공급사슬 내 정보의 흐름을 왜곡하는 데 큰 역할을 하게 된다.

1.2. 복잡성 개념

공급사슬 복잡성은 고객 요구사항, 경쟁환경, 산업표준이 변화하고, 공급사슬 내 기업들이 전략적 제휴를 형성하고, M&A에 관여하고, 제3자에게 기능을 아웃소싱하고, 신기술을 적용하고, 신제품/서비스를 출시하고, 운영을 새로운 지역/시간대/시장으로 확장하고 있기 때문에 더욱 증가하고 있다.

일반적으로 기업의 구조와 관리 프로세스는 복잡한 환경에 대응하기 위해 점점 더 복잡한 형태로 성장하고 있다. 이러한 현상은 공급사슬에서도 마찬가지이다. 공급사슬은 본질적으로 제품과 서비스의 상류와 하류 흐름에 포함된 여러 주체들로 구성된 복잡한 네트워크이다. 특히, 공급사슬은 동태적이고 불확실한 환경하에서 운영되기 때문에 명백히 복잡한 시스템으로 정의될 수 있다.

기본적으로, 복잡성(complexity)은 어떤 시스템 내 요소들의 다양성과 그 요소들의 상호작용 수준으로 정의된다. 즉, 얼마나 많은 주체들이 얼마나 많은 관계를 형성하고 있는지가 복잡성을 결정하는 데 중요한 요인이 된다. 이러한 관점을 적용하면 공급사슬 복잡성은 크게 공급사슬 내 멤버의 수와 사슬 길이에 의해 영향받는다. 그 이유로 제조업체가 고객에게 직접 제품을 인도하는 직접적 공급사슬에 비해 도매상과 소매상이 중간에 존재하는 간접적 공급사슬은 사슬의 길이가 길어 상대적으로 복잡한 공급사슬로서 규정된다. 또한 공급사슬 내 많은 멤버의 존재는 그들 간의 상호작용이 증가하여 공급사슬 복잡성에 영향을 미친다. 이를 종합하여 Choi & Krause(2006)는 공급기반의 복잡성을 공급기반에서 공급자의 수, 공급자 상호작용의 수준, 조직문화/규모/위치/기술 등의 관점에서 공급자들의 차별화 수준에 의해 결정되는 것으로서 고려하였다.

지금까지 나온 연구를 종합하면 다음의 여러 요인들에 의해 공급사슬의 네트워크 형태가 결정되고 그것은 복잡성에 영향을 미친다.

① 공급자의 수

② 제품/정보/자본의 수와 양

③ 구성요소(부품)의 수

④ 제품흐름 대안의 수

⑤ 프로세스의 수

⑥ 네트워크의 수

⑦ 공급자와 고객의 지역/시장/채널/고객의 수와 분포

⑧ 지속적으로 변화하는 네트워크 구조 등

1.3. 공급사슬 복잡성의 유형

보통 시스템 관점에서 공급사슬 복잡성의 유형이 분류되기도 하지만 실제로 다양한 기준하에 분류를 시도하는 노력이 이루어지고 있다.

(1) 공급사슬 시스템 관점

복잡한 시스템은 시스템 멤버들 사이의 비선형적 관계로서 설명된다. 시스템의 복잡성을 결정하는 요소들은 시스템 규모, 순서 수준, 연결 수준, 예측가능성의 수준, 시스템 내 불확실성을 포함한다.

① 구조적 복잡성

시스템 규모, 순서의 수준(연계), 구성요소의 항목을 포함하는 공급사슬 네트워크의 구조에 초점을 두는 복잡성이다. 이 복잡성을 관리하기 위해서는 다음에 초점을 둘 필요가 있다.

- 공급사슬 네트워크의 구조적 불확실성 관리
- 공급사슬 네트워크의 구조를 재디자인

(2) 운영적 복잡성

시스템 내 연결성 수준, 예측가능성 수준, 불확실성 수준을 포함하는 공급사슬 네트워크의 동태적 흐름에 초점을 두는 복잡성이다. 이 복잡성을 관리하기 위해서는 다음에 초점을 둘 필요가 있다.

- 공급사슬 네트워크에서 동태적 물류흐름 혹은 정보흐름의 불확실성 사이의 관계 파악

(3) 공급기반에 기초한 구조적 복잡성

구매자(보통, 제조업체)에 의해 능동적으로 관리되는 1차 공급자들을 의미하는 공급기반(supply base)에서 구조적 복잡성은 그 공급기반 수준에서 구조적 특징을 설명하는 다섯 가지의 차원으로 분류될 수 있다. 여기서, 구조적 연결은 두 기업 사이의 구매자−공급자 관계(두 기업 사이의 제품흐름을 나타내는 연결)를 의미한다. 따라서 공급기반의 구조적 연결은 최소한 하나의 1차 공급자 혹은 구매자를 포함하는 구매자−공급자 관계로서 설명된다. 나아가, 이들은 세 가지 가시적 수준(수평적, 수직적, 공간적 복잡성)과 두 가지 비가시적 수준(제거적과 협력적 복잡성)으로 추가 분류된다.

① 가시적 차원

가) 수평적 복잡성

공급기반의 넓이 수준(폭)

나) 수직적 복잡성

공급기반의 계층적 수준(깊이)

다) 공간적 복잡성

공급기반의 지리적 확산의 수준

② 비가시적 차원

라) 제거적 복잡성

1차 공급자와 구매자의 고객과의 연결 수준

마) 협력적 복잡성

공급기반 내 1차 공급자들 사이의 연결 수준

가시적 차원들은 직접 구매자를 포함하는 구조적 연결의 특성을 의미한다. 이때, 공급기반의 넓이 수준을 나타내는 폭이 중요한 특성 중 하나이다. 이 지표는 일반적으로 구매자와 직접 연결된 공급자의 수를 통해 측정되고 '수평적 복잡성'이라 한다. 한편, 공급기반의 깊이는 계층적 수준을 포착하고 '수직적 복잡성'으로 부른다. 개념적으로, 계층은 1차, 2차, 3차 등과 같이 공급 네트워크에서 차수(tier)로서 정의될 수 있다. 그러나 네트워크의 특성을 고려하면 많은 상황에서 그 차수를 결정하는 것이 쉽지 않을 수 있다. 예를 들어, 삼성은 고도로 수직적으로 통합된 기업이다. 삼성은 스마트폰 제조를 위해 LCD 터치스크린, 하드드라이브, CPU를 직접 제조한다. 만약 계층의 지표로서 차수의 수를 사용하면 삼성은 수직적으로 덜 통합된 경쟁자(예 외부의 공급자들로부터 자재를 구매하는 Apple)보다 공급사슬에서 더 작은 차수를 가질 것이다. 그러나 삼성과 Apple은 개념적으로 동일한 계층 수준을 가져야 한다(예 두 기업은 BestBuy와 같은 소매업체에게 1차 공급자이다). 물론 이러한 문제를 해소하는 한 방법으로서 기업의 1차 공급자들이 갖는 낮은 차수의 공급자의 평균 수를 공급기반의 계층에 대한 대리치로서 사용할 수도 있다. 세 번째 가시적인 구조적 차원은 공급기반의 지리적 확산을 측정하는 '공간적 복잡성'이다. 공간적 복잡성은 공급자들이 퍼져 있는 국가 혹은 지역의 수로서 측정된다. 지리적 접근은 오프쇼어링(offshoring)을 통해서 더 저렴한 소재와 노동뿐만 아니라 글로벌 지식에 대한 접근을 가능하게 하나 세계에 광범위하게 퍼진 공급기반은 더 높은 복잡성으로 인해 생산을 조정하는 데 많은 어려움에 식년하게 만든다.

비가시적 차원들은 보통 구매자가 직접 포함되지 않으나 최소한 1차 공급자들 중 하나가 포함되는 구조적 연결의 특성을 포착한다. 1차 공급자는 자신을 구매자의 고객 혹은 다른 1차 공급자들에 연결할 수 있다. 정확히는 '매우 가시적이지 않는'이라는 표현을 써야 하는 이 용어는 그러한 연결이 구매자에 의해 시작될 수 있다는 사실에서 나온다. 예를 들어, 어떤 구매자는 공급자가 직접 고객에게 유지보수 서비스 혹은 부품을 제공하도록 요청하거나 한 공급자가 다른 공급자로부터 구매하도록 요청한다. 여기서, 한 공급자와 그 구매자의 고객 사이의 직접적 연결은 그 연결이 구매자의 경쟁적 포지션을 약화시키기 때문에 '공급사슬 탈중개'로서 언급될 수 있다. 극단적 사례로서 구매자를 대체하고 고객을 빼앗는 공급자가 존재할 수 있기 때문에 이 차원은 '제거적 복잡성'이라고 한다. 예를 들어, 대만의 HTC는 1990년대 휴대전화기 OEM 회사였으나 2002년에 자사 브랜드를 출시하여 세계 수준의 스마트폰 기업 중 하나가 되었다. 한편, 공급자는 자신을 공급기반의 동료들과 연결시킬 수 있다. 공급자들 사이의 연결은 협력을 향상시킬 수 있고 그 결과 구매자의 성과에 영향을 미친다. 두 기업 사이의 협력적 관계는 두 기업 사이의 직접적 연결을 의미한다. 따라서 '협력적 복잡성'은 주로 긍정적 영향을 미치나 공급자 사이의 충돌 발생 시 부정적 영향을 미칠 수도 있다.

(4) 시스템 수준 대 사업단위 수준

① 시스템 수준 관점

전체로서 시스템 수준의 관점을 적용한다. 이 방법에 의하면 복잡성은 시스템으로 대표되는 적절한 방법이고, 핵심 요소들 사이의 상호 의존성을 다루고, 외부 환경으로부터 나오는 복잡성을 고려한다.

② 사업단위 관점

기업 혹은 제조공장과 같은 공급사슬 내 개별 사업단위의 관점에서 공급사슬을 바라본다. 이 관점에서 초점은 이 복잡성이 사업단위 내 혹은 외부 공급사슬 파트너들과 인터페이스 포인트에서 복잡성이 어떻게 나타나는지에 있다.

(5) 세부적 대 동태적 복잡성

① 세부적 복잡성

시스템에서 항목의 수는 세부 복잡성을 유인한다. 세부 복잡성의 전형적 동인은 사업단위 공급사슬에서 발견된 고객, 제품, 부품의 수이다.

② 동태적 복잡성

공급사슬의 상호 연결된 특징을 통해 공급사슬의 어떤 한 포인트에서 발생하는 공급사슬 복잡성은 기대하지 않은 방식으로 다른 포인트들의 성과에 영향을 미치는 방식에 관심을 둔다. 예를 들어, 제조일정의 변화는 상류 활동에 중요한 연쇄효과를 미칠 수 있다. 또한 공급자 네트워크는 복잡한 시스템의 연쇄특징으로 인해 공급사슬의 붕괴로 이어질 수 있는 수요 패턴의 급변에 민감할 수 있다.

(6) 복잡성 동인의 위치

공급사슬에서 복잡성 동인이 어디에서 발생하느냐에 따라 구분한다. 다음의 복잡성 동인이 존재한다.

① 상류(예 공급자 지향적) 복잡성
② 내부(예 제조) 복잡성
③ 하류(예 고객 지향적) 복잡성

(7) 복잡성의 전략적 특성에 따른 분류

Bozarth et al.(2009)은 모든 복잡성이 부정적 영향만을 제공한다고 보지 않고 긍정적 영향을 제공하는 복잡성을 전략적 복잡성으로 구분하였다.

① 전략적 복잡성

사업단위의 비즈니스 전략을 수행하는 데 필요한 공급사슬 복잡성 수준을 나타낸다. 따라서 이 복잡성은 조직의 제조와 공급사슬 활동에 의해 흡수되어야 한다. 그 예로는 더 높은 제품 고객화 수준, 고객 이질성 수준을 포함한다. 공급사슬 복잡성 수준을 성공적으로 흡수할 수 있는 제조업체들은 경쟁력을 희생하면서 복잡성을 감소시키고 생산성을 증가시키려 하는 기업들보다 더 우위를 차지할 수 있다.

② 역기능적 복잡성

사업단위의 비즈니스 전략을 수행하는 데 필요하지 않고 조직이 더 높은 수준의 성과를 달성하는 것을 막는 공급사슬 복잡성을 의미한다. 그 예로는 조직의 선택된 고객기반을 지원하는 데 필요없는 제품 다양화, 초과 준비시간, 신뢰할 수 없는 공급자 리드타임을 포함한다.

1.4. 공급사슬 복잡성의 도전

공급사슬이 점점 더 복잡성을 증가시키는 방향으로 변화함에 따라 그 복잡성을 관리, 운영, 변화시키는 것이 더욱 어려워지고 있다. 그 결과, 다루어야 하는 변수의 수가 매우 많아지고 관리에 실패하는 무수히 많은 경로가 발생하고 있다. 복잡성에 영향을 미치는 다음의 도전과제들이 존재한다.

(1) 변화하는 세계

① 투입물(노동, 자재, 설비 등)의 비용 급변
② 자원 및 자재의 복잡한 이동 증가
③ 강화되는 환경과 안전 규제
④ 고객 기대 수준의 향상
⑤ 단축된 제품 라이프사이클
⑥ 빈번한 비즈니스 모델 변화와 파괴적 기술혁신 발생

(2) 일반적인 공급사슬 대응

① 오프쇼어링(offshoring)에 의한 글로벌 공급기반 활용
② 제품 융복합 증가로 인한 공급자와 파트너의 수 증가
③ 다수 채널(경로)을 활용한 주문 증가
④ 공급사슬 관련 기술의 수동적 대응
⑤ 증가하는 고객 초점
⑥ 공급사슬 통합의 지연
⑦ 유연하지 못한 재고정책

1.5. 공급사슬 복잡성의 영향

공급사슬 복잡성을 줄이는 것은 일반적으로 기업이 운영 프로세스를 간소화하고, 낭비를 줄이고, 전체 성과를 향상시키는 것을 가능하게 한다. 복잡성 수준이 통제되지 않을 때 조직 시스템을 예측하는 것이 더 어렵기 때문에 공급사슬

에서 경험된 복잡성은 붕괴에 대한 취약성을 증가시킨다. 따라서 복잡성을 감소시키는 것은 많은 기업에게 효과적 운영을 위한 전략적 목표로서 고려된다.

　지금까지 여러 연구에 의하면 높은 복잡성은 더 높은 비용, 더 낮은 성과, 성장에 대한 방해로 결과된다. 앞에서 설명한 여러 환경변화로 인해 공급사슬 복잡성이 증가하고 이러한 복잡성의 증가는 조정의 결여, 통합의 결여, 정보공유의 결여, 동기화의 결여로 이어지고 이것은 다시 복잡성을 관리하는 데 어려움을 배가시켜 결과적으로는 이익감소, 비용증가, 성과감소, 리스크 증가로 이어진다.

02   공급사슬 복잡성 관리

2.1. 복잡성 관리 프레임워크

Serdarasn(2013)은 일반화된 공급사슬 복잡성 관리 방법론으로서 <그림 7-2>를 제안하였다. 공급사슬에서 현재의 동인과 복잡성 수준의 규명에서 시작하여 복잡성 절감/관리를 위한 전략을 결정하고 바람직한 수준의 복잡성 향상 기회와 결정요인에 기초한 전략의 평가가 이어진다. 일단 선택된 전략에 기초한 행동이 실행되면 그 결과가 평가되고 복잡성 관리 시스템의 전체 성공을 평가하기 위해 그 사이클에 다시 피드백된다.

〈그림 7-2〉 공급사슬 복잡성 관리 프레임워크

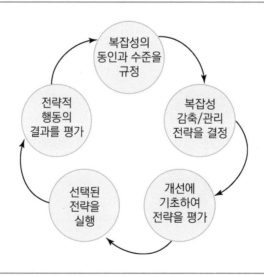

2.2. 복잡성 동인 규명

공급사슬 복잡성의 주요 동인은 다양하게 규정될 수 있다.

(1) Caridi et al.(2010)의 동인

① 관리되어야 하는 공급자 관계의 수

관리되어야 하는 더 큰 수의 정보흐름, 물리적 흐름, 관계로 인해 공급자를 추가하는 것은 반드시 복잡성을 증가시킨다.

② 공급자 간의 규모, 기술 등의 관점에서 차별화의 수준

공급자 간의 차별화 수준이 높을수록 구매기업에 의한 차별화된 관리가 요구되기 때문에 그로 인한 복잡성이 더욱 확대된다.

③ 공급자의 납기 리드타임과 신뢰성

공급자의 납기 리드타임과 신뢰성이 낮아 불확실성이 커지면 복잡성에 부정적 영향을 미친다.

④ 글로벌 소싱의 수준

글로벌 연계가 기업을 폭넓은 범위의 복잡한 요인들(예 수입/수출법, 문화적 차이들)에 잠재적으로 노출시키기 때문에 글로벌 소싱 수준이 높으면 공급사슬이 더욱 복잡해진다.

⑤ 공급자 간의 상호관계의 수준

공급자 사이의 상호작용 수준이 더 클수록 그 공급기반을 관리하는 데 구매자(혹은 초점기업)가 부담해야 되는 운영적 부담이 더 커진다. 가령, 두 독립적 공급자를 갖는 공급기반은 상호 관련되거나 연결된 두 공급자가 존재하는 공급기반보다 덜 복잡하게 된다.

(2) Serdarasn(2013)의 동인

보다 종합적으로 Serdarasan(2013)은 복잡성의 동인을 <표 7-1>과 같이 제안하였다. 정태적(혹은 구조적) 복잡성은 공급사슬의 구조, 구성요소의 다양성,

상호작용의 강도를 설명하는 것으로서 공급사슬에 포함된 하위 시스템들(예 기업, 비즈니스 기능, 프로세스들)의 연결성 및 구조와 관련된다. 동태적(운영적) 복잡성은 그 시스템과 환경의 운영적 행동으로부터 결과되는 것으로서 공급사슬 내 불확실성을 나타내며 시간과 무작위성의 측면을 포함한다. 마지막으로 의사결정 복잡성은 정태적이고 동태적인 복잡성 측면을 나타낸다. 정태적 측면에서 공급사슬 시스템은 많은 수의 요소, 다양성, 상호작용으로 이루어졌고 의사결정할 때 그 모두를 고려하는 것은 인간 의사결정자의 역량을 넘어선다. 동태적 측면에서 시스템이 동태적, 예측불가능, 비선형적이라는 사실은 의사결정에 다른 복잡성의 계층을 추가한다. 결과적으로, 공급사슬에서 의사결정의 복잡성은 공급사슬과 관련한 의사결정을 할 때 고려해야 하는 정보의 양 및 특성과 관련된다. 이 세 복잡성은 독립적이지 않고 상호 관련된다.

▼ 〈표 7-1〉 공급사슬 복잡성의 동인

		기원		
		내부	공급/수요 인터페이스	외부
유형	정태적	• 제품의 수/다양성 • 프로세스의 수/다양성	• 제품 유형 • 공급자의 수/다양성 • 고객의 수/다양성 • 프로세스 상호작용 • 충돌하는 정책	• 고객의 변화하는 니즈 • 변화하는 자원 요구사항 • 새로운 기술
	동태적	• 프로세스에 대한 통제의 결여 • 프로세스 불확실성 • 종업원 관련 불확실성 • 빈약한 예측/계획	• 프로세스 동기화의 결여 • 수요 확대 • 병행 상호작용	• 지리·정치적 환경의 변화 • 단축된 제품 라이프사이클 • 시장 추세 • 시장 불확실성 • 미래의 발전
	의사결정	• 조직 구조 • 의사결정 프로세스 • IT 시스템	• 다른/충돌하는 의사결정과 행동 • 비동기화된 의사결정 • 정보 격차 • 비호환적 IT 시스템	• 환경의 변화 • 통제범위 밖의 요인 • 미지의/통제불가능한 요인의 불확실성

한편, 앞서 언급한 것처럼 다른 동인 분류 기준은 복잡성 동인의 위치에 기초한다. 내부 동인은 제품과 프로세스 디자인과 같은 조직 내 의사결정과 요인들에 의해 발생된다. 이 동인들은 통제의 범위 내에 존재하기 때문에 활용하는 것이 상대적으로 용이하다. 하지만 공급과 수요 인터페이스(공급자/고객들과 협력하여) 내에서 발생된 동인들은 공급자, 고객, 서비스 제공자 사이의 자재와 정보 흐름과 관련된다. 이 동인들은 영향범위 내에 존재하기 때문에 어느 정도 관리가능하고 공급사슬 파트너 사이의 조정 수준은 이 동인들을 다룰 때 중요한 역할을 한다. 따라서 공급자/고객 관계의 특성에 영향을 미치는 파워와 신뢰 메커니즘이 또한 복잡성의 동인으로 고려될 필요가 있는 중요한 요인들이다. 마지막으로, 외부 동인은 기업이 시장 추세, 규제, 다른 다양한 환경요인들과 같은 것들에 의해 통제하지 못하는 메커니즘을 통해 발생한다.

2.3. 복잡성 동인과 전략적 접근법

(1) 복잡성 동인과 해결방안

Serdarasn(2013)은 문헌리뷰를 통해 다양한 동인에 따른 해결방안을 다음과 같이 나열하였다.

① 많은 수와 다양한 제품 유형(필요한 복잡성의 경우)

공급사슬관리 솔루션에 의해 지원된 의사결정 플랫폼을 통한 수요관리, 예측, 로지스틱스 관리 능력 향상

② 많은 수와 다양한 제품 유형(불필요한 복잡성의 경우)

제한된 범위의 제품 제공

③ 제품 복잡성

공급사슬 영향의 관점에서 제품 복잡성을 측정/높은 복잡성 또는 적절한 복잡성 지수를 측정하여 그 제품을 재설계

④ 다양한 IT 솔루션

IT 서비스 관리 솔루션을 실행

⑤ IT 솔루션에 의해 충족될 요구사항의 높은 다양성

고객화된 Software as a Service(SaaS) 로지스틱스 솔루션을 실행

⑥ 무능하고 비호환적인 계획 시스템

새로운 계획 시스템을 개발하고 실행/프로세스와 기술적 조정 시행/새로운 성과지표를 개발

⑦ 대규모 계획 모델

계획 요구사항을 다루도록 수정된 공급사슬 계획 소프트웨어를 실행

⑧ 수요 불확실성/수요 변동성

불확실한 수요를 프로파일링/매일 운영 계획 마련

⑨ 수요 정보의 결여/예측할 수 없는 주문 패턴

선행적 주문관리/협력적 계획/파트너들과 공유한 공급용량 예측

⑩ 무능한 운송관리 프로세스와 기술

운송관리에 전문성을 갖는 파트너와 파트너십 형성/신기술과 프로세스 적용

⑪ 비호환적인 공급사슬 네트워크 디자인/무능한 공급사슬 운영

공급사슬 재설계/유통 네트워크 재조직화/공급자들과 협력

⑫ 잘 정의된 조달 시스템의 결여

전체 조달 프로세스 개발/ERP 시스템과 조달 프로세스와 시스템을 통합

⑬ 힘들고 복잡한 (소프트웨어) 라이선스 판매 프로세스

프로세스 자동화/온라인 e-commerce 설비에 라이선스 판매 프로세스를 통합

⑭ 프로세스에 대한 효과적 통제 수단의 결여

비즈니스 규칙 관리 시스템을 사용한 의사결정 프로세스 자동화

⑮ 제조의 아웃소싱

공급자 통합/B2B 플랫폼을 통해 운영에 가시성 획득

⑯ 견조한 유통 네트워크를 구축하고 운영하는 경험의 결여

경험 많은 파트너에게 운영을 아웃소싱

⑰ 노하우의 결여

노하우를 갖는 파트너와 파트너십 형성

⑱ 아웃소싱으로 인한 통제의 결여

아웃소싱 파트너의 수 축소/아웃소싱 파트너와 긴밀한 협력하에 운영

⑲ 산업의 변화하는 요구사항

동기화된 서비스를 제공함으로써 변화에 적응

⑳ 시장압력과 변화하는 고객 요구사항

적응적 공급사슬 전략의 적용

(2) 해결방안의 항목화

앞서의 해결방안은 복잡성 유형에 따라 <표 7-2>와 같이 항목화된다.

▼ 〈표 7-2〉 복잡성 유형에 따른 해결방안의 항목화

	공급사슬관리 계획방안	
	해결 전략	지원 도구와 기술
정태적 복잡성	• 제품 수의 축소 • 제품과 제품유형에서 옵션(제품 복잡성)이 축수 • 아웃소싱 파트너의 수 축소 • 유통센터의 수 축소	

	공급사슬관리 계획방안	
	해결 전략	지원 도구와 기술

동태적 복잡성	• 공급사슬 통합
	• 공급자, 고객, 서비스 제공자와
	  협력
	• 공급사슬 가시성
	• 운영의 표준화
	• 프로세스 자동화
	• 데이터의 동기화
	• 정보공유
	• 로지스틱스 아웃소싱
	• 일상기반의 계획
	• 프로세스 개선과 재디자인
		• VMI, CPFR
		• ERP
		• 로지스틱스 관리 소프트웨어
		• 공급사슬 계획 소프트웨어, 최적공
		  급사슬계획시스템, APS
		• 공급자관계관리, SRM
		• 창고관리시스템, WMS
		• 운송 최적화 소프트웨어
		• IT 서비스 관리 솔루션
		• B2B 플랫폼
		• EDI
		• 바코드, QR, RFID
		• 불확실한 수요의 조사

의사결정 복잡성	• 집중화된 의사결정 • 의사결정 자동화	• 비즈니스 규칙기반 관리 시스템 • SCM 소프트웨어

(3) 공급사슬 복잡성을 다루는 전략적 접근법

① 필요성에 따른 전략

공급사슬 복잡성을 다루는 세 가지 본원적 접근법으로는 <그림 7-3>과 같이 복잡성 축소/제거, 복잡성 관리, 복잡성 예방이 있다. 공통적 접근법은 불필요한 복잡성을 축소/제거하고 나서 시스템에서 필요한 복잡성을 관리하고 최종적으로 어떤 불필요한 추가적인 복잡성을 예방하는 것이다. 필요한 복잡성은 고객/시장이 기꺼이 지불하는 것 그리고 기업/공급사슬에 부가적 편익을 제공하지 않으나 부수적 비용을 지불하는 것으로서 추가적 복잡성과 불필요한 복잡성에 중요한 경쟁우위를 제공하는 것으로서 정의될 수 있다. 장기적으로, 복잡한 시스템을 다룰 때 모든 유형의 접근법은 시스템의 균형과 완결성을 유지하는 것으로서 고려되어야 한다.

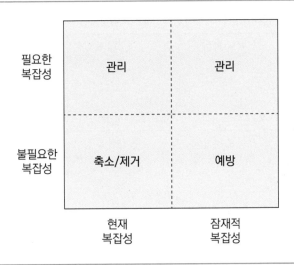

자료원: Serdarasn, S.(2013), "A Review of supply chain complexity drivers", *Computers & Industrial Engineering*, *66*(3), 533-540.

② 복잡성의 위치, 유형, 전략적 특성에 따른 전략

공급사슬 복잡성은 위치, 세부 혹은 동태적 복잡성, 기업의 비즈니스 전략에 의해 필요되는지 여부에 따라 <표 7-3>과 같이 분류되고 그 각각에 대해 다르게 대응할 수 있다. 즉, 복잡성의 위치와 유형에 따라 분류한 각 셀에서 전략적 복잡성은 수용하고, 역기능적 복잡성은 제거 혹은 축소를 전개할 필요가 있다.

이러한 유형분류하에서 공급사슬 복잡성에 대한 기업의 대응은 다음과 같다.

첫째, 복잡성 축소 대 복잡성 흡수이다. 조직은 환경적 복잡성에 두 가지 방법 중 하나로 대응할 수 있는데 이들은 조직이 직면한 복잡성을 축소하기와 복잡성을 흡수하기 위한 메커니즘을 실행하는 것이다. 여기서, 복잡성을 축소하는 것은 복삽성을 파악한 후 직접 행동하는 것을 의미한다. 이때, 복잡성 축소는 복잡성을 무시하거나 과도하게 단순화시키는 것을 의미하지 않고 심사숙고하여 선택하는 것을 말한다. 반대로, 어떤 조직은 다양한 대응능력을 보유하면서 복수의 능력을 보유하는 역량 흡수 전략을 따른다. 이러한 역량 흡수 전략은 '복잡한 적응 시스템(complex adaptive system)'에 의해 가능해진다. 이 개념은 의도적으로 관리하거나 통제하지 않고 시간이 지나 응집적인 형태로 자신을 적응하고 조직

▼ 〈표 7-3〉 공급사슬 복잡성의 분류와 전략

	상류 복잡성	내부 복잡성	하류 복잡성
세부적 복잡성	전략적 복잡성 -수용 / 역기능적 복잡성 -제거 혹은 축소	전략적 복잡성 -수용 / 역기능적 복잡성 -제거 혹은 축소	전략적 복잡성 -수용 / 역기능적 복잡성 -제거 혹은 축소
동태적 복잡성	전략적 복잡성 -수용 / 역기능적 복잡성 -제거 혹은 축소	전략적 복잡성 -수용 / 역기능적 복잡성 -제거 혹은 축소	전략적 복잡성 -수용 / 역기능적 복잡성 -제거 혹은 축소

자료원: Aitken, J., Bozarth, C. & Garn, W.(2016), "To eliminate or absorb supply chain compl exity: a conceptual model and case study", *Supply Chain Management: An International Journal, 21*(6), 759-774.

화하는 시스템을 말한다. 환경적 복잡성에 대한 대응은 공식적 판매운영계획 (Sales and Operations Planning: S&OP) 시스템과 같이 선행적, 하향식(top-down) 방식으로 항상 도입되지는 않는다. 오히려 조직의 솔루션은 반응적, 상향식 (bottom-up) 방식으로 나타날 수 있다. 그리고 나서 복잡성 축소 혹은 복잡성 흡수 접근 전략의 적절성이 개별 사업단위의 선택된 전략에 따라 결정될 것이다.

둘째, 자원 효율성(efficiency) 대 자원 여유(slack)이다. 자원을 JIT와 린(lean) 생산 시스템처럼 효율적으로 활용하는 것은 운영적 안정성과 향상된 비용성과로 이어진다. 반면에 자원 여유는 어떤 수준의 추가적 여유자원을 보유함으로써 전략적 유연성과 대응성을 향상시킨다. 여유자원의 예는 완충재고 혹은 초과용량을 포함한다.

셋째, 복잡성을 축소/흡수하는 조직 메커니즘이 있다. 앞서 설명한 Serdarasn (2013)의 솔루션 전략 리스크는 이미 설명하였다. 또한 이 메커니즘에 기초하여 Perona & Miragliotta(2004)는 두 가지 필수 접근법으로서 '복잡성 축소'와 '복잡성 관리'를 제안하였다. 복잡성 관리 수단의 예는 고객과 공급자와 통합된 정보 시스템, 제품 모듈화, 생산계획 및 통제 정보 시스템, 자동화된 생산자원을 포함한다. 복잡성 축소의 수단으로는 로지스틱스와 생산활동의 아웃소싱과 부품 디자인이 재사용되도록 하는 정보 시스템을 포함한다.

이들을 종합하여, 축소 메커니즘은 직접적으로 역기능적 공급사슬 동인들을 줄이는 것을 추구하고 그 결과 성과에 대한 이 동인들의 영향을 줄인다. 반대로, 흡수 메커니즘은 전략적 복잡성 동인들이 사업전략을 수행하는 데 필수적인 것으로 간주되기 때문에 그들을 줄이는 것을 추구하지 않는다. 오히려 흡수 메커니즘은 성과에 대한 그들의 영향을 줄이는 것을 추구한다.

③ 공급기반 복잡성 관리 방안

Choi & Krause(2006)은 공급기반 복잡성을 관리하는 세 가지 차원을 규정하였다. 그들의 정의에서 초점기업의 공급자 기반은 계약과 부품, 자재, 서비스의 구매를 통해 적극적으로 관리되는 공급자들로 변경된다. 따라서 공급기반 내 모든 공급자들이 일차 공급자일 필요는 없다.

가) 공급기반에서 공급자의 수

공급자의 수는 비즈니스 관계를 맺고 있는 현재 공급자들의 수를 의미한다. 보통 공급 관리자들이 자신의 공급기반을 합리화하고 최적화했다고 주장하면 공급기반에서 공급자의 수의 축소를 의미하는 것이다. 이것은 바로 공급기반 복잡성의 축소이다. 단일 부품에 대한 다수의 공급자들은 운영의 효율성을 향상시키는 데 필요한 조정의 수준을 증가시킨다. 공급자가 적을수록 초점기업은 더욱 비용효과적인 재고 혹은 주문 통제를 통해 더욱 효율적인 구매자－공급자 인터페이스를 실행할 수 있다.

나) 공급자의 차별화 수준

공급기반에서 공급자의 차별화는 공급기반에서 공급자들 사이에 존재하는 조직문화, 운영 프랙티스, 기술 역량, 지리적 분산과 같은 다른 특성의 수준으로서 정의된다. 만약 공급자들이 공통의 문화와 업무 규범을 공유하고 그늘이 가까운 지리적 인접성에 있다면 초점기업이 공급자들과 활동을 조정하는 것이 더 쉬울 것이다.

다) 공급자 사이의 상호관계 수준

공급자 사이의 상호관계는 공급자－공급자 관계를 의미한다. 이 공급자－공급자 관계는 공급 네트워크에서 더욱 중요하다. 요즘에, 공급기반 내 공급자 사이에 업무 관계를 발견하는 것은 이상하지 않다. 자동차 제조업체의 공급기반에서 플라스틱 성형부품업체는 플라스틱부품(예 내장재)을 금속부품 제조업체에게 공급할 수 있고 이 제조업체는 동시에 금속부품을 동일한 플라스틱 성형기업에게 공급할 수 있다. 이처럼 동일한 공급기반에서 공급자 사이에 많은 호혜적 관계가 초점기업에게 알려지지 않은 경우를 주목할 필요가 있다. 이러한 물리적 재화의 교환뿐만 아니라 정보의 교환이 공급자−공급자 상호작용에서 발생할 수 있다.

03 가시성 관리

3.1. 배경

공급사슬 복잡성을 해소할 수 있는 여러 방안 중 하나는 공급사슬 가시성 (visibility) 향상이다. 예를 들어, 사물인터넷(IoT)을 활용하여 연속적인 실시간 공급사슬 가시성을 향상시킬 수 있다. 물류 서비스에서 택배회사가 제공하는 이동 동선을 추적하는 서비스도 이러한 가시성을 향상시키는 좋은 사례이다. 오늘날의 공급사슬은 더욱 복잡해지고 있기 때문에 조직 내·외부에서 핵심 정보와 협력의 가시성은 공급 네트워크의 장기 경쟁력에 필수적 기준으로시 긴주된다.

한편, 정보의 공유는 공급사슬과 네트워크에서 협력을 위한 선제조건으로 고려된다. 따라서 더 나은 공급사슬 성과를 얻는 수단으로서 정보공유와 정보통합의 역할을 강조해야 한다. 공급자 네트워크 멤버들 간에 정보공유는 그들이 변화하는 비즈니스 상황에 따라 행동하는 데 필요한 가시성을 얻고 그 가시성의 수준은 다시 공급사슬 내 성과에 영향을 미친다. 공급사슬 네트워크 내에서 편익을 창출하기 위해 멤버들은 적시의, 적절한, 정확한 정보에 접근해야 한다. 그러나 이러한 인식에도 불구하고 산업의 공급사슬 네트워크는 빈약하고 부정확한 정보, 지연된 정보공유, 정보의 결여로부터 피해를 보고 있다. 이 상황에서 정보 시스템은 공급사슬과 네트워크에서 가시성을 가능하게 하는 중요한 역할을 할 수 있다. 따라서 기업은 공급사슬 프로세스와 네트워크를 통합하고 향상시키기 위해 다양한 정보기술 혁신을 적용하고 있다.

최근의 이용가능한 공급사슬 데이터의 증가는 가시성에 대한 환상을 제공한다. 그러나 그것은 분석부터 전략까지 일치시켜 의미 있는 통찰을 확보해야 하는 기업의 도전을 새롭게 만들어낸다. 공급사슬의 가시성은 정보의 정확하고 신속한 전달을 위해 중요하다. 정확한 정보의 결여는 공급사슬에서 채찍효과와 같은 어떤 부정적 결과를 초래할 수 있기 때문이다.

공급사슬에서 기업의 취약성에 대한 인식에 영향을 미치는 두 가지 중요한 영향은 투명성(transparency) 수준과 모호성(obscurity) 수준이다. 정보가 더 정확할수록 투명성은 더 높아진다. 그러나 정보의 가치가 떨어질수록 모호성이 높아진다. 이 두 영향은 개념적 프레임워크를 창출하고 기업의 취약성 딜레마에 이바지할 것이다. 결과적으로, 1차 공급자와 1차 고객을 넘어 n차에 대한 정보의 접근에 모호성이 존재하면 공급사슬에서 투명성의 결여를 초래하고 공급사슬의 취약성에 기여할 것이다.

3.2. 가시성의 개념과 진화

공급사슬은 공급자, 제조업체, 유통업체, 소비자를 포함한 다른 수준들로 구성되고 원재료에서 최종재화까지 서로에게 영향을 미치는 조직들의 네트워크이다. 이러한 네트워크의 성과는 채찍효과를 감소시키기 위한 정보공유에 달려 있다. 이를 위해 QR, ECR, POS, VMI, CPFR 등이 활용되고 있다. 이 도구를 적절하게 이용한 정보공유의 결과는 가시성으로 나타난다. Lamming et al.(2001)은 공급사슬 내 멤버 사이에 다양한 수준의 공급사슬 가시성 혹은 정보의 공유가 존재하고 그것을 투명성으로 언급하였다. 다양한 수준의 투명성 항목은 <표 7-4>와 같이 분류된다.

▼ 〈표 7-4〉 투명성의 항목

	불투명	반투명	투명
비즈니스 사례 (두 조직 사이에 공유된 정보)	• 어떤 이유로 당사자들 사이에 공유된 정보가 없음 • 심지어 운영적인 일상 정보가 불명확	• 개요 정보-인터페이스 상황 혹은 부분 정보-만이 공유 • 이것은 '블랙박스'와 같은 협력적 디자인과 유사 • 전술적으로 사용된다면 사기와 유사	• 정보가 선택적이고 정당한 근거에서 공유 • 정보의 개발은 공유된 지식과 협력적 능력으로 이어짐

한편 Goswami et al.(2012)는 정보 가시성의 세 가지 차원을 제안하였다.

첫째, '정보의 다양성'은 기업 간에 공유될 수 있는 다양한 공급과 수요 데이터 항목을 의미한다. 여기에는 재고수준, 판매 데이터, 수요예측, 주문상태, 제품계획, 로지스틱스, 생산일정 등을 포함한다. 재고수준과 판매 데이터의 공유는 채찍효과를 완화시키는 것을 지원하고 제품품질 데이터, 리드타임, 대기지연과 같은 성과지표의 공유는 사슬 내 병목현상을 규명하는 것을 도우며, 전반적 성과를 향상시킨다. 공급사슬 내 하류 멤버들과 용량정보를 공유함으로써 공급사슬 파트너들은 그들의 생산을 수요에 토대하여 조율하고 발생가능한 부족에 대해 사전에 준비할 수 있다.

둘째, '정보의 품질'은 정보가 조직의 니즈를 충족시키는 수준을 의미한다. 정보의 품질은 정보가 개인, 조직, 네트워크에 유용하다는 것을 보장하기 때문에 정보 가시성에 영향을 미치는 중요한 요인이다. 정보품질의 구성요소로서 '정확성'은 무결점 정보를 보장하고 '이용가능성'은 실시간으로 이용가능하고 접근할 수 있는 정보를 의미하며, '양립성'은 정보가 중요한 변환이 필요없이 다른 시스템에 의해 공유되고 해석될 수 있음을 의미한다. 마지막으로, '기밀성'은 단지 권한을 갖는 당사자들만이 관련된 정보에 접근할 수 있다는 것을 의미한다.

셋째, '연결성'은 여러 당사자들 사이에 정보가 어떻게 이전되는지를 의미한다. 연결성은 내부와 외부 연결성으로 구분될 수 있다. '내부 연결성'은 기업의 경계 내 기능들에서 정보의 교환을 의미하고 '외부 연결성'은 고객, 공급자, 서비스 제공자 등과 정보를 교환하는 가능성을 의미한다. 이 연결성은 기업 내와 기업 간 정보 시스템이 프로세스 조율을 향상시키기 위해 연결되어야 한다는 것을 반영하기 때문에 연결성은 VMI와 CPFR과 같이 공급사슬 멤버 사이의 다양한 협력과 조정의 개념을 지원할 수 있다.

그렇다면 공급사슬 가시성의 차원은 어떤 기준에 의해 분류될 수 있는가? Puport et al.(2006)은 〈표 7-5〉와 같은 기준을 통해 공급사슬 가시성 차원을 제안하였다. 여기서 개체는 공급사슬 내 이동의 대상(재화, 정보 등)을 의미한다.

다시 강조하지만 정보 공유는 공급사슬 가시성의 중요한 선제조건이다. 그러한 정보는 다시 공급사슬 주체 간에 자재흐름을 모니터하고 가치 있는 정보를 공유하기 위해 적절한 Auto-ID 기술과 관련된 정보기술을 이용하여 모니터링 솔루션의 사용을 요구한다. 따라서 공급사슬 가시성은 적절한 Auto-ID 기술을

공급사슬 가시성 차원	설명
개체 정보의 이용가능성	• 모든 공급사슬 주체에 의한 개체 정보의 접근성
개체의 정체성	• 개체의 정체성(identity) 정보의 제공 • 세부수준은 공급사슬 주체의 요구에 의존 　예 개체수준에서 정체성, 완전한 선적의 정체성
개체의 위치	• 공급사슬 내 개체의 위치 정보 제공 • 세부수준은 공급사슬 주체의 요구에 의존 　예 공급사슬 주체가 현재 책임을 갖는 개체 혹은 정보에 대한 GPS 정보
개체의 현황	• 공급사슬 내 개체의 현황에 대한 정보 제공 • 그 정보는 센서를 이용하여 개체와 환경관련 측면을 포함 　예 운송, 취급, 저장, 온도에 대한 정보

통해 정보수집, 공유, 적용하는 것으로 간주될 수 있다. Auto-ID 기술은 원래 정보 시스템에서 디지털 정체성을 갖는 물리적 개체의 글로벌 네트워크(즉, 사물인터넷)를 만들기 위해 MIT 대학에서 개발되었다. 즉, 차세대 사물의 자동인식 시스템 및 이를 이용한 보급과 관리 등을 실현하기 위해 통합 센서와 무선 센서 네트워크를 갖는 바코드, RFID, 스마트카드, 지문, 홍채 등의 인식 기술뿐만 아니라 DPM(Direct Part Marking: 부품에 직접 마킹된 2D 바코드), OCR(Optical Character Recognition: 문서를 인식하고 디지털화하기 위한 도구) 등의 머신비전의 수요도 증가하고 있다.

자동화된, 정확한, 구체적인 개체 확인을 가능하게 하는 Auto-ID 기술은 다음의 기능을 포함한다. 이러한 기능에 기초하여 인공지능 로직과 결합되면 스마트팩토리로 확장될 수 있다.

(1) 확인

• 독특한 개체의 확인

(2) 위치

- 개체 위치에 대한 정확한 정보

(3) 센서

- 개체의 현재 상태

(4) 커뮤니케이션

- 개체의 접근성

(5) 데이터 저장

- 개체 역사의 보유

(6) 로직

- 개체의 결정적 사건의 인식

3.3. 가시성의 니즈와 편익

고객과 공급자의 운영 활동의 관점에서 가시성을 확보해야 하는 주요 니즈는 다음과 같다.
(1) 과대 혹은 과소 평가되지 않은 실제 수요
(2) 고객을 위해 보유해야 하는 재고량
(3) 프로세스 가시성
(4) 공급사슬을 따라 이동하는 제품의 가시성

효과적 가시성 관리를 통해 나타나는 주요 편익은 다음과 같다.
(1) 향상된 대응성
(2) 향상된 계획과 보충 역량

(3) 향상된 의사결정

(4) 향상된 제품품질

3.4. 공급사슬 가시성의 측정

공급사슬 가시성은 정의에 기초하여 다양한 방식으로 측정되어 왔다.

(1) 능력 관점에서 정의

가시성을 공급사슬에 걸쳐 정보에 접근하거나 공유하는 능력으로서 정의한다. 이 접근법에 의하면 가시성 수준을 측정하기 위해 '협력 지수'가 제안된다(Simatupang & Sridharan, 2005). 그러나 이 지수는 소매에 적합하고 단지 두 멤버들, 즉 공급자와 소매업체로 이루어진 공급사슬을 대상으로 하기 때문에 더욱 복잡한 공급사슬에서 가시성 수준을 평가하는 것은 적합하지 않다는 단점이 있다.

(2) 정보의 특성 관점에서 정의

이 정의는 교환된 정보의 특성인 정확성, 신뢰성, 적시성, 유용성, 사용가능성을 바라본다(Mohr & Sohi, 1995). 이 정의하에서는 교환된 정보의 양과 품질을 고려한 가시성을 측정한다. 그러나 이러한 여기서는 대부분 가시성의 개별 차원(예 정보 정확성, 적시성)과 공급사슬 성과 사이의 관계만 연구하고 종합적 가시성 지표는 제공하지 않는다. 지금까지 제안된 주요 정량적 가시성 측정치들은 공유된 정보의 정확성, 양, 양방향성, 새로움, 공식성, 신뢰, 사용가능성, 유용성, 완결성 등이 사용되었다.

(3) 다양한 유형의 고품질 정보에 대한 접근 관점에서 정의

세 번째 정의는 가시성을 다양한 수요와 공급 요인을 설명하는 고품질의 정보에 대한 접근으로서 정의한다. 따라서 높은 수준의 공급사슬 가시성을 얻는다는 것은 시장 수준 혹은 파트너 수준으로 분류될 수 있는 다양한 유형의 고품질 공급사슬 정보의 획득을 필요로 한다. 시장 수준의 정보는 주어진 가격에서 전체 요구사항과 이용가능성을 포함하여 총 수요와 총 공급 시장의 상황을 설명한다. 파트너 수준의 정보 유형은 조직의 공급사슬 파트너로부터 직접 얻어진다. 하류 혹은 수요관련 파트너 수준 정보 유형은 POS(Point Of Sale) 혹은 실제 매출 데이터, 수요예측, 고객 재고수준, 고객 판촉계획 등을 포함한다. 상류 혹은 공급 관련 파트너 수준 정보유형은 공급자 재고수준, 공급자 리드타임/납기일, 선적통보, 유통 네트워크 재고수준 등이 있다. 이때 효과적인 가시성 관리를 위해서는 수요와 공급특성 모두의 가시성을 필요로 한다. 이러한 정보 유형은 조직의 고객(수요 가시성)과 공급자(공급 가시성)로부터 수집된다. 또한 조직은 전체 시장 상황에 대한 가시성(시장 가시성)을 얻기 위해 파트너들이 아니라 정보의 원천들로부터 시장 수준의 수요와 공급 정보를 직접 수집한다.

3.5. 공급사슬 가시성 향상 방안

공급사슬 가시성을 향상시키기 위해서는 가시성 특징을 충족시키기 위한 관리가 이루어져야 하고 동시에 역량을 향상시켜 항상 준비되어 있어야 한다.

(1) 가시성 특징에 기초한 관리 방안

공급사슬 가시성을 향상시키기 위해서는 주로 공급사슬 가시성의 특징을 이해하고 향상시키는 방안을 찾아야 한다. 공급사슬 가시성의 특징을 정리하면 다음과 같다.

① 자동화된 특징

이 특징은 자동으로 필수적 정보를 포착하고 공급사슬에서 정보를 확산시키거나 통합하는 능력을 의미한다. 따라서 자동화된 정보 포착과 자동화된 정보 이전/통합이 필요하다.

② 정보적 특징

공급사슬의 상류와 하류 멤버들 사이에 공유된 고품질의 정보 수준을 의미한다. 이를 위해서는 정보 적시성(정보 업데이트와 공유의 빈도), 정보 정확성(정확성 수준의 정당화), 정보 완결성(당사자들의 요구사항을 충족시키는 정보의 양과 유형)의 특징이 갖춰져야 한다.

③ 변환적 특징

획득한 정보가 비즈니스 프로세스와 비즈니스 가치를 창출하기 위한 목적과 일치하도록 사용될 수 있어야 한다. 이를 위해서는 운영적 효율성(비즈니스 프로세스 성과를 향상시키기 위해 정보를 활용)과 전략적 역량(시장감지 역량과 관계구축 역량)이 필요하다.

(2) 가시성 역량 향상

공급사슬 내 모든 주체들이 가시성 향상에 필요한 역량을 갖추어야 한다. 이 역량은 정보 시스템을 통해 조직 간 통합과 조정을 향상시키는 정보기술 도구를 필수로 한다. 그 결과, 이 역량은 제품 구성, 매출 보고서, 재고에 정보 시스템과 연속적 조정 등을 통해 협력적 공급사슬의 프랙티스를 촉진한다. 이 협력적 플랫폼은 실시간 정보교환을 제공하고 자재의 추적은 사슬 내 운영에 대한 더 개선된 통제를 허락하며, 공급자의 성과가 모니터링된다.

공급사슬에서 가시성 역량은 주요 공급자와 구매자뿐만 아니라 더 멀리 있는 기업이 공통의 목표로 함께 일하는 것을 가능하게 하는 다른 절차, 프로세스, 관행을 연결하는 경계확장 기술과 부가가치 네트워크로 구성되어야 한다. 정보 투입물을 처리하는 데 있어 가시성 역량은 노하우를 발전시킬 수 있고 지적 자본을 창출할 수 있다. 따라서 기업은 다양한 기업 간 협력 기술을 이용하여 신뢰관계하에 적극적으로 협력할 수 있는 역량을 구축해야 한다.

(3) 가시성의 선행요인

Barratt & Oke(2007)은 자원기반이론 관점에서 가시성의 가장 중요한 선행요인으로 정보공유를 들었다. 나아가 Moberg et al.(2002)는 공급사슬 상황에서 정보공유의 잠재적 선행요인을 정보공유 기술 헌신, 정보품질, SCM 헌신, 조직 규모, 관계 헌신, 신뢰로 들었다. 또한 여기에 공급사슬 연계성을 추가로 제안하였다. 여기서 연계성은 정보가 공급사슬 파트너에 전송되는 기술적 인프라와 관련된다(Brandon-Jones et al., 2014). 결국, 공급사슬 연계성과 정보공유는 자원이 될 수 있다.

정보공유의 성과에 영향을 미치는 정보의 품질, 접근성, 정확성, 적합성은 효과적 전달에 의해 결정된다. 정보공유라는 무형의 특성은 공급사슬 연계성인 유형의 IT 인프라 혹은 지원기술에 의존하는 것으로 간주될 수 있다. 이 연계성은 정보의 효과적 공유를 가능하게 하는 기술적 자원들이고 이 양립가능한 시스템은 리스크를 줄일 것이다.

참고문헌

Aitken, J., Bozarth, C. & Garn, W.(2016), "To eliminate or absorb supply chain complexity: a conceptual model and case study", *Supply Chain Management: An International Journal, 21*(6), 759−774.

Barratt, M. & Oke, A.(2007), "Antecedents of supply chain visibility in retail supply chains: a resource−based theory perspective", *Journal of Operations Management, 25*(6), 1217−1233.

Bozarth, C., Warsing, D., Flynn, B. & Flynn, J.(2009), "The impact of supply chain complexity on manufacturing plant performance", *Journal of Operations Management, 27*(1), 78−93.

Brandon−Jones', E., Squire, B., Autry, C.W. & Petersen, K.J.(2014), "A Contingent resource−based perspective of supply chain resilience resource−based perspective of supply chain resilience and robustness", *Journal of Supply Chain Management, 50*(3), 55−73.

Caridi, M., Crippa, L., Perego, A. Sianesi, A. & Tumino, A.(2010), "Do virtuality and complexity affect supply chain visibility?", *International Journal of Production Economics, 127*(2), 372−383.

Choi, T.Y. & Krause, D.R.(2006), "The supply base and its complexity: implications for transaction costs, risks, responsiveness, and innovation", *Journal of Operations Management, 24*, 637−652.

Goswami, S., Engel, T. & Krcmar, H.(2013), "A comparative analysis of information visibility in two supply chain management information systems", *Journal of Enterprise Information Management, 26*(3), 276−294.

Moberg, C.R., Cutler, B.D., Gross, A. & Speh, T.W.(2002), "Identifying antecedents of information within supply chains", *International Journal of Physical Distribution and Logistics Management, 32*(9), 755−770.

Mohr, J. & Sohi, R.S.(1995), "Communication flows in distribution channels: impact on assessments of communication quality and satisfaction", *Journal of Retailing, 71*(4), 393−416.

Papert, M., Rimpler, P. & Pflaum, A.(2016), "Enhancing supply chain visibility in a pharmaceutical supply chain: solutions based on automatic identification technology", *International Journal of Physical Distribution & Logistics Management, 46*(9), 859−884.

Serdarasn, S.(2013), "A Review of supply chain complexity drivers", *Computers & Industrial Engineering, 66*(3), 533−540.

Simatupang, T.M. & Sridharan, R.(2005), "The collaboration index: a measure for supply chain collaboration", *International Journal of Physical Distribution & Logistics Management, 35*(1), 44−62.

추가 읽을거리

Barratt, M. & Oke, A.(2007), "Antecedents of supply chain visibility in retail supply chains: a resource−based theory perspective", *Journal of Operations Management, 25*(6), 1217−1233.

Bartlett, P.A., Julien, D.M. & Baines, T.S.(2007), "Improving supply chain performance through improved visibility", *The International Journal of Logistics Management, 18*(2), 294−313.

Maghsoudi, A. & Pazirandeh, A.(2016), "Visibility, resource sharing and performance in supply chain relationships: insights from humanitarian practitioners", *Supply Chain Management: An International Journal, 21*(1), 125−139.

Somapa, S., Cools, M. & Dullaert, W.(Forthcoming), "Characterizing supply chain visibility−a literature review", *The International Journal of Logistics Management, 29*(1), 308−339.

Turner, N., Aitken, J. & Bozarth, C.(2018), "A framework for understanding managerial responses to supply chain complexity", *International Journal of Operations & Production Management, 38*(6), 1433−1466.

연습문제

1.1. 다음 문제의 참과 거짓을 구분하시오.

(1) 제조업체가 고객에게 직접 제품을 인도하는 직접적 공급사슬은 사슬의 길이가 길어 간접적 공급사슬보다 상대적으로 복잡한 공급사슬로서 규정된다.

(2) 공급기반(supply base)은 주로 구매자(보통, 제조업체)에 의해 능동적으로 관리되는 1차 공급자들을 의미한다.

(3) 공급기반의 넓이 수준인 폭은 일반적으로 구매자와 직접 연결된 공급자의 수를 통해 측정되고 공간적 복잡성이라 한다.

(4) 공급기반의 깊이는 계층적 수준을 포착하고 수직적 복잡성으로 부르는 데 네트워크의 특성을 고려하여 그 차수를 항상 명확히 결정할 수 있다.

(5) 공급사슬 탈중개로 표현되는 제거적 복잡성은 한 공급자와 그 구매자의 고객 사이의 직접적 연결을 통해 구매자의 경쟁적 포지션을 약화시키는 역할을 한다.

(6) 공급사슬 복잡성 수준을 성공적으로 흡수할 수 있는 제조업체들은 경쟁력을 희생하면서 복잡성을 감소시키고 생산성을 증가시키는 기업들보다 더 우위를 차지할 수 있다.

(7) 복잡성 관리의 시작은 복잡성의 전략을 수립하는 것에서 시작한다.

(8) 공급사슬 복잡성을 다루는 세 가지 본원적 접근법은 불필요한 복잡성을 축소/제거하고 그리고 나서 시스템에서 필요한 복잡성을 관리하고 최종적으로 어떤 불필요한 추가적인 복잡성을 예방하는 것이다.

(9) 정보공유는 공급사슬 가시성의 중요한 선제조건이다.

(10) 공급사슬에서 가시성 역량은 공급사슬 내 모든 주체들이 공통의 목표로 함께 일하도록 하는 다른 절차, 프로세스, 관행을 연결하는 경계확장 기술과 부가가치 네트워크로 구성되어야 한다.

1.2. 다음 문제의 정답을 찾아내시오.

(1) 다음 중 공급사슬 복잡성을 강화하는 요인이 아닌 것은?
  ① 아웃소싱의 증가
  ② 지연 전략의 적용
  ③ 혁신적 제품/서비스 출시 증가
  ④ 고객 요구사항의 다양화 및 급변

(2) 다음 중 공급기반(supplier base)의 복잡성을 구성하는 요인이 아닌 것은?
  ① 공급기반에서 공급자의 수
  ② 공급자 상호작용의 수준
  ③ 공급자들의 차별화 수준
  ④ 공급사슬의 두께

(3) 다음 중 공급기반에 기초한 구조적 복잡성의 유형이 아닌 것은?
  ① 운영적 복잡성   ② 수평적 복잡성
  ③ 공간적 복잡성   ④ 제거적 복잡성

(4) 다음 중 공급사슬을 더욱 복잡하게 만드는 원인에 해당하지 않는 것은?
  ① 고객 초점의 증가
  ② 제품 라이프사이클의 증가
  ③ 다수 채널을 통한 주문 증가
  ④ 공급사슬 통합의 지연

(5) 다음 중 공급사슬 복잡성의 주요 동인의 연결이 잘못된 것은?

① 공급자 관계의 수: 공급자들을 추가하는 것은 반드시 복잡성을 증가시킨다.

② 공급자 간 차별화 수준: 이 수준이 높을수록 복잡성이 더욱 확대된다.

③ 공급자의 납기 리드타임과 신뢰성의 결여: 이 불확실성이 커지면 복잡성을 확대시킨다.

④ 공급자들 사이의 상호작용 수준: 이 수준이 낮을수록 복잡성은 더 커진다.

(6) 다음 중 의사결정 복잡성에 대한 설명이 아닌 것은?

① 비호환적 IT 시스템에 의해 영향받음

② 공급사슬과 관련한 의사결정을 할 때 고려해야 하는 정보의 양 및 특성과 관련

③ 동기화된 프로세스에 의해 영향받음

④ 의사결정 프로세스에 의해 영향받음

(7) 다음 중 동태적 복잡성을 해결하는 방안 중 가장 거리가 먼 것은?

① 집중화된 의사결정　　　② 공급사슬 통합

③ 공급사슬 가시성 확보　　④ 정보공유

(8) 다음 중 정보 가시성의 차원이 아닌 것은?

① 정보의 다양성　　　　　② 정보의 품질

③ 차별성　　　　　　　　④ 연결성

(9) 다음 중 가시성을 확보해야 하는 주요 니즈에 해당하지 않는 것은?

① 외부 리스크에 대한 대응

② 공급사슬을 따라 이동할 때 제품의 가시성

③ 과대 혹은 과소 평가되지 않은 실제 수요

④ 고객을 위해 보유해야 하는 재고량

(10) 다음 중 친구 네트워크의 복잡성을 관리하기 위한 효과적 방법이
아닌 것은?

① 친구의 수 축소

② 전략적 친구에 대한 집중 관리

③ 새로운 친구는 신중하게 결정

④ 복잡성 흡수를 위한 정보공유 네트워크 일부 차단

2.1. 사전 학습문제

(1) 공급사슬에서 기업 간 협력을 위한 도구로서 자주 이용되는 방법들은 어떤 것이 있고 그 특징은 무엇인가?

(2) 자동차, 스마트폰, 비행기 제품에 사용되는 부품의 수와 유형은 어떻게 되는지 조사해 보자.

2.2. 사후 학습문제

(1) 공급사슬 복잡성의 결정요인을 모두 제시해 보시오.

(2) 교재에서 언급된 모든 공급사슬 복잡성의 동인을 Serdarasn(2013)의 공급사슬 복잡성을 다루는 접근법 매트릭스를 이용하여 적절하게 분류해 보시오.

(3) 교재에서 언급된 세 가지 가시성 측정방법을 혼용하여 가시성을 정량적 혹은 정성적으로 측정하기 위한 자신만의 모델을 제안하시오.

(4) 편의점과 같은 소매분야에서 공급사슬의 복잡성을 결정하는 요인으로는 어떤 것이 있는지를 찾아내 보시오.

(5) 편의점과 같은 소매분야에서 적용되는 가시성 확보 사례 세 가지를 정리해 보시오.

(6) 식당의 가시성 확보는 어떤 의미이고 어떻게 이루어질 수 있는가? 복잡성을 관리하기 위한 방안은 무엇이 있는가?

공급사슬 리스크

01 리스크 사례

1.1. 역사적인 재난

역사적으로 공급사슬에 큰 영향을 미친 사건들은 계속 발생하고 있다. 가까운 1980년대 북해 시추선 폭발과 엑손 발데스호 사고부터 1990년대 조류독감과 대만 대지진, 2000년대 이후, 911테러, 발리 폭탄테러, 사스(SARS), 알제리 지진, 북미 대정전, 스페인 열차폭파 사건, 인도네시아 지진, 런던 폭파사건, 허리케인 카트리나, 뭄바이 열차 폭파, LA 열차 충돌, 태국 홍수, 사전 대지진, 동일본 대지진, 동유럽 한파에서 최근의 아이슬란드 화산폭발, 아프리카 돼지열병, 캘리포니아 산불, 코로나 감염병 등 거의 일상화되고 있는 재해가 발생하고 있다. 비록 이 재해들이 인간이 초래했든 자연이 초래했든 간에 그 규모는 점점 커지고 있고 세계적인 연결성이 계속 증가하고 있는 비즈니스 분야에서 그 파급효과는 더욱 확대되고 있다.

1.2. 기업에 영향을 미친 재난

(1) 국내 사례

국내에서 코로나19로 인해 기업 공급사슬이 영향을 받은 사례는 매우 많다. 전자산업의 경우에 중국 내 반도체와 디스플레이 공장 가동 중단으로 삼성, LG의 가전과 스마트폰 공장이 휴무에 들어갔다. 자동차의 경우에도 중국 및 해외의 완성차와 부품공장의 가동 중단이 발생하였고 중국산 부품 재고가 부족하여 국내 완성차의 특근 취소 및 가동 중단이 발생하였다. 이러한 현상은 직원의 철수, 이동 통제로 인한 원료 및 부품 운송 차질, 해상 및 항공 물동량 감소, 원자재 수급 차질 등으로 인해 발생한 문제이지만 모든 공급사슬 주체들에 영향을 미치고 국가 경제 전체로 그 영향이 확산되었다. 근래 일본의 일부 품목에 대한 수출 규제와 미국과 중국의 무역전쟁에 따른 파급효과 등도 수출과 수입에서 해외 의존도가 높은 우리나라의 공급사슬에 지대한 영향을 끼치고 있다.

(2) 해외 사례

실제로 재해가 공급사슬의 취약성에 미치는 사례는 매우 많다. 과거 Land Rover는 2001년 핵심 공급자 중 하나가 지급불능이 되어 그 영향으로 1,400명을 해고한 바 있다. Dole은 1998년 중앙아메리카의 바나나 재배가 허리케인 Mitch로 파괴된 후에 수익이 감소하였고 Ericsson은 뉴멕시코에 있는 공급자 반도체 공장의 화재로 인한 부품의 미조달로 4억 유로의 손실을 경험했다. Ford는 2001년 911 후에 모든 항공운송이 중지된 후 수일 내 미국 내 5개 공장을 폐쇄하였다. 최근의 대형 재난이 초래한 비즈니스에 대한 영향의 일례로는 대만 지진으로 DRAM 칩을 조달받지 못한 애플의 신제품 iBook 출시가 지연되었고 911테러로 인한 미국의 국경 단절과 이동제한으로 캐나다에서 생산한 자동차 부품의 운송이 지연되어 포드 등 미국 자동차 업체의 생산이 중단되었다. 또한 아이슬란드 화산폭발로 전자부품 수송의 지연이 발생하여 BMW를 포함한 유럽 완성차 업체 등의 생산이 차질을 빚었고, 동일본 대지진으로 인해 부품 조달 문제가 발생한 혼다는 7주간 영국공장의 50% 생산을 중단하였고 도요타와 소니 등은 신제품 출시가 지연되었다. 동일본 대지진은 특히 공급사슬에 큰 영향을 초래하였는데 한국 GM은 일부 차종의 변속기 조달 문제로 감산이 이루어졌고 르노삼성은 엔진과 변속기 등 주요 부품이 조달이 안 되어 감산을 해야 했으며, 도요타 북미공장은 전자장치 등 차부품의 20%가 조달이 안 되어 잔업과 특근이 중단되었고 미국 GM은 픽업트럭 핵심 부품의 미조달로 공장생산이 중단되었다.

1.3. 재난의 유형

이러한 공급사슬에 영향을 미친 리스크 요인들은 무수히 많다. 우선, 자연이 초래한 재해로는 기상악화, 지진, 쓰나미, 혹한, 폭설, 홍수, 가뭄, 태풍 등으로서 빈도는 낮으나 피해 규모가 상대적으로 크고 범위가 넓다. 이에 비해 인간이 초래한 재해로는 환율 변동, 인간 감염병, 동물 감염병, 테러, 화재(자연 혹은 인간이 초래), 신용 결여, 지급불능 및 파산, 지적재산 침해, 데이터 유출, 사이버 공격, 예기치 않은 정전, 노사분쟁, 치안불안, 정치적 불안정, 내분, 운송 네트워크 붕괴, 신설 법규와 규제, 건강과 안전사고, 품질 문제, 통화가치 변동, 노동쟁의, 비즈니스 윤리 문제, 인재 손실, 아웃소싱 실패, 국가 간 무역마찰, 국가 간 수출입 규제 등이 있다. 이 외에도 공급사슬 내부의 원인에 의해 초래된 재난도 있다. 공급자의 파산, 의사결정의 지연과 잘못으로 초래된 일부 비즈니스 기능의 중단, 신제품용 부품 미개발로 인한 조달의 지연 등이 그 예이다.

02 공급사슬 리스크의 개념과 유형

2.1. 공급사슬 리스크의 개념

리스크는 잠재적으로 중요한 혹은 실망스러운 의사결정의 결과가 실현될지에 대한 불확실성이 존재하는 수준으로 정의될 수 있다. 또한 손실의 크기, 손실의 기회, 손실에 대한 잠재적 노출이라는 세 가지 요소에 기초하여 정의될 수 있다. 즉, 대부분의 리스크 정의는 특정 사건 혹은 결과의 발생 빈도, 발생하는 특정 사건 혹은 결과의 중요성, 사건으로 이어지는 인과적 경로라는 세 가지 차원을 공통적으로 포함한다. 여기서 보통 확률로서 표현되는 발생빈도는 주관적 혹은 객관적 형태로 표현될 수 있다. 또한 결과의 중요성은 동시에 여러 관점을 포함하는 다양한 개념으로 나타낼 수 있다. 예를 들어, 신제품 출시의 실패는 조직 명성, 재무 성과, 기존의 다른 히트제품에 영향을 미칠 수 있다. 한편 결과의 중요성은 단지 부정적인 것만은 아니고 위험감수의 본질은 긍정적 결과를 만드는 잠재적 기회라는 것을 고려해야 한다. 리스크를 구성하는 세 번째 차원인 인과적 경로는 사건의 본질과 그것을 발생시키는 원천과 원인을 관련시키고 발생빈도와 결과 중요성의 척도에 영향을 미친다.

공급사슬 리스크는 이러한 정의에 기반한다. 공급사슬은 원재료가 최종제품이 되고 다시 유통, 소매, 혹은 모두를 통해 고객에게 인도되는 통합된 프로세스이다. 따라서 공급사슬 리스크(Supply Chain Risk: SCR)는 공급사슬 운영을 계획, 실행, 모니터링, 통제하는 프로세스에서 문제를 초래하는 사건의 발생 혹은 실패의 잠재적 발생이다. 더욱 개념적으로 공급사슬 리스크는 잠재적인 공급사슬 성과 분포의 변동, 그들의 발생 가능성, 그들의 주관적 가치로서 정의된다. 이 정의는 리스크를 특징짓는 두 가지 차원인 발생의 영향과 가능성을 강조하고 있다.

아웃소싱, 공급기반 축소, JIT, 더 짧아진 제품 라이프 사이클을 포함하는 다양한 산업 추세는 공급사슬 리스크에 대한 기업 노출을 증가시켰다. 이 리스크는 사람이 만든 문제이거나 자연재해로부터 결과될 수 있으며, 잠재적으로 비즈니스 불연속성으로 이어지면서 재무 및 운영적 문제들을 포함하여 조직에게 중요한 결과를 미칠 수 있다. 공급사슬 리스크를 관리하는 것이 계속 변화하는 비즈니스 환경에서 경쟁우위를 유지하는 데 중요하기 때문에 공급사슬 파트너들 사이에 조정 혹은 협력을 통한 공급사슬 리스크 관리(Supply Chain Risk Management: SCRM)는 실무자와 연구자들에게 모두 큰 관심이다.

2.2. 리스크와 유사 개념

공급사슬 리스크는 공급사슬의 붕괴 혹은 중단(disruption), 불확실성(uncertainty), 취약성(vulnerability)이라는 용어와 관련된다. 비록 그들이 정확히 일치하는 개념은 아닐지라도 리스크와 불확실성이라는 용어는 흔히 혼용하여 사용된다. 하지만 정확히 말하면 리스크는 측정가능한 무엇을 말하지만 불확실성은 계량화할 수 없고 잠재적인 성과의 확률이 알려지지 않는다. 불확실성은 성과가 긍정적이든 부정적이든 간에 상관없이 정보 혹은 잠재적 사건 발생의 인식이 완전히 결여되어 있는 상황과 관련된다.

붕괴라는 개념은 리스크의 한 유형으로서 주로 공급사슬의 외부요인에 의해 발생하며 주로 이 리스크의 발생은 전체 공급사슬의 완전한 중단으로 이어진다. 또한 공급사슬 리스크와 유사한 개념으로서 공급사슬 취약성(vulnerability)이 있다. 이 개념은 모두 부정적 결과 혹은 결과를 초래하는 일반적, 기대된, 혹은 계획된 활동들로부터 공급사슬의 변동을 낳는 무작위적 장애의 존재로서 정의되고 공급사슬 리스크의 개념과 밀접하게 연관된다.

2.3. 공급사슬 리스크 유형

(1) 붕괴와 운영 리스크

공급사슬 리스크는 붕괴 리스크(disruption risk)와 운영적 리스크(operational risk)라는 두 차원으로 크게 분류된다(Tang, 2006a). 붕괴 리스크는 파산, 자연재해, 노동파업, 테러리스트 공격과 같은 사건에 의해 초래된 것들이다. 운영적 리스크는 불확실한 수요와 불확실한 공급과 같이 공급과 수요 조정의 결여와 관련한다. 운영 리스크는 또한 내부 공급사슬 리스크로서도 언급된다. 붕괴 리스크는 드물게 발생하지만 심각하고 관리가 어려운 반면에, 운영적 리스크는 효과적 공급사슬 관리를 통해 줄일 수 있다.

(2) 공급과 수요 리스크

고객 수요의 변화 혹은 공급자 우선순위의 변화와 같이 급변하는 환경들로 인한 연속적 변화의 리스크를 고려하여 공급 리스크와 수요 리스크라는 두 유형으로 운영적 수준의 공급사슬 리스크를 분류할 수 있다(Trkman & McCormack, 2009). 공급 리스크는 그 성과가 고객 요구를 충족시키거나 고객 생애와 안전에 위협을 초래하는 구매 기업의 무능으로 결과되는, 개별 공급자 실패 혹은 공급시장으로부터 내향 공급과 관련된 사건의 확률이다. 다양한 공급 리스크의 측면들 중에서 많은 기업들은 그들의 공급자들이 적시의 인도를 할 것으로 기대하기 때문에 공급 리스크는 가장 중요한 것일 수 있다. 적시의 인도를 제공하는 데 실패한 공급자들은 구매기업에 많은 문제(가령, 제조, 재고, 판매 기능에 관해)를 초래할 것이다. 수요 리스크는 급변하는 환경, 불안정하고 동적인 고객 니즈와 관련된 리스크들을 포함한다. 불안정한 수요는 보통 오늘날의 기업에 가장 큰 도전이고 이것은 높은 재고 비용, 낮은 고객 서비스 수준, 신뢰할 수 없는 납기로 이어진다.

(3) 불확실성의 원천에 의한 유형

나아가 Davis(1993)는 공급사슬 불확실성의 세 가지 주요 원천을 수요, 공급, 기술 불확실성으로 제안하였다. 나아가 Ho et al.(2005)은 여기에 네 번째 차원인 제조 불확실성을 고려하였다. 한편 Bogataj & Bogataj(2007)는 공급 리스크, 프로세스 리스크, 수요 리스크, 기술 리스크로 세분화시켜 분류하기도 하였다.

03 공급사슬 리스크 관리 프레임워크

공급사슬 리스크 관리는 다차원적 개념이기 때문에 <그림 8-1>과 같이 크게 목적, 프로세스, 경로와 같은 여러 차원으로 구분하여 이해할 수 있다.

〈그림 8-1〉 SCRM의 개념 프레임워크

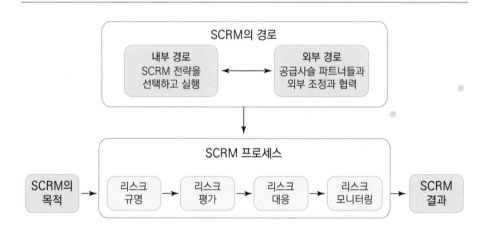

자료원: Fan, Y. & Stevenson, M.(2018), "A review of supply chain risk management: definition, theory, and research agenda", *International Journal of Physical Distribution & Logistics Management, 48*(3), 205-230.

SCRM 프로세스는 리스크 관리를 위한 주요 절차로서 리스크 규명, 리스크 평가, 리스크 대응, 리스크 모니터링 단계로 구성된다. 여기서 경로(pathways)는 공급사슬 리스크 관리 전략을 선택하고 실행하는 것을 의미하고 그 내부에 공급사슬 파트너 사이의 외부적 조정 및 협력과 이 전략의 내부적 실행을 포함한다. 마지막으로 목적은 공급사슬 리스크 관리의 목적(objectives)을 의미한다. 가령, 재무적 관점에서 공급사슬 리스크 관리는 수익성을 보장하고 비용을 절감하기 위한 현금흐름 관리를 포함하며, 비즈니스 연속성 관점에서 이 관리는 공급사슬 내부와 외부의 리스크로부터 발생하는 심각한 비즈니스 붕괴에 대한 노출을 관리하는 데 있다. 이 의미에서 공급사슬 리스크 관리는 취약성을 줄이고 비즈니스 연속성을 보장하기 위한 역량을 구축하는 것을 지향한다. 기업이 경쟁자보다 리스크를 더 잘 관리할 수 있을 때 그 결과는 향상된 시장 포지션으로 이어질 수 있다. 따라서 공급사슬 리스크 관리는 비용과 취약성을 줄이는 것뿐만 아니라 수익성, 비즈니스 연속성, 잠재적으로 장기 성장을 보장하는 것을 지향한다.

04 공급사슬 리스크 규명

리스크 규명은 모든 관련 리스크를 발견하고 그들을 능동적으로 관리하기 위해 미래 불확실성을 인식하는 것을 의미한다. 이 단계는 촉발될 수 있는 리스크를 규명함으로써 공급사슬 리스크 관리의 성공에 중요한 영향을 미친다. 즉, 리스크 관리의 다음 단계인 리스크가 적절한지 나아가 더 평가되거나 완화되어야 하는지를 결정하기 위해 리스크 규명이 반드시 필요하게 된다. 따라서 리스크 규명은 모든 잠재적 공급사슬 위협과 취약성을 규명하는 종합적 접근법을 따를 필요가 있다. 이를 위한 방법으로 SCR의 동인과 유형분류가 있고 방법론으로는 AHP(Analytical Hierarchy Process)를 포함한 다기준의사결정기법, 실무적으로 단순한 방법론으로서 원인-결과 다이어그램, 가치흐름매핑(value stream mapping), 물고기뼈그림(fish-bone chart) 등이 사용되고 있다.

4.1. 리스크 원천

공급사슬 리스크를 규명하기 위해서는 가장 먼저 그 리스크의 원천을 파악하고 이해해야 한다. 공급사슬 리스크의 원천은 <그림 8-2>와 같이 분류할 수 있다.

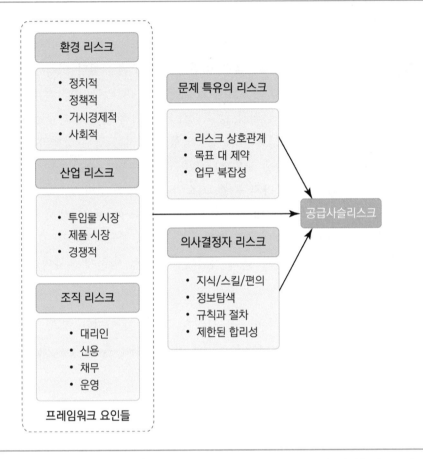

자료원: Rao, S. & Goldsby, T.J.(2009), "Supply chain risks: a review and typology", *The International Journal of Logistics Management, 20*(1), 97-123.

(1) 환경 리스크

이 불확실성은 환경과 독립적이 아니라 상호 관련된다. 구체적으로 다음의 불확실성이 존재한다.

① 정치적 불확실성

정치적 불확실성과 불안정성은 일반적으로 정치 영역에서 중요한 변화의 상황을 의미한다. 예를 들어, 전쟁, 혁명, 쿠데타, 기타 정치적 급변 상황이 이에 해당한다. 방글라데시의 정치적 불안정성은 Walmart가 비즈니스를 수행하는 데

부적절하다는 것을 발견하기 시작한 주요 이유 중 하나였다.

② 정책 불확실성

비즈니스 커뮤니티에 영향을 미치는 정부 정책의 변화를 의미한다. 1973년 오일위기 때 아랍의 OPEC 멤버들은 이집트와 전쟁 중이었던 이스라엘을 지지한 국가들에 원유를 더 이상 판매하지 않겠다고 한 바 있다. 정치적 불확실성과 정책 불확실성이 명확히 구분되지 않고 모두를 정치적 리스크로 구분하기도 하나 정부의 변화는 반드시 기업의 참여에 영향을 미치는 정부 정책의 변화로 결과되지 않을 수 있기 때문에 구분하는 것이 바람직하다. 정부정책의 불확실성 예로는 재정 및 화폐 개혁, 가격 통제, 최소임금 협정, 국영화/민영화 등이 있다. EU가 2008년 중국산 섬유에 대해 금수조치를 내렸을 때 방글라데시 섬유산업은 규모의 경제 손실로 인해 심각하게 경쟁력을 잃었고 중국과 인도네시아 정부 주도의 최소임금 인상은 진출한 해외 기업에게 타격을 입히게 되었다.

③ 거시경제적 불확실성

경제 활동과 가격 수준의 변동을 고려한 광의의 용어이다. 재화 비용(원재료 및 노동비, 이자율, 환율과 같은 투입물의 상대 가격의 변화) 혹은 가격 변동(인플레이션)의 변화가 그 예이다.

④ 사회적 불확실성

현재의 정부 정책 혹은 비즈니스 프랙티스에 반영되지 않는 시장 및 소비자의 신념, 가치, 태도를 반영한다. 예를 들어, 테러 활동으로부터 공급사슬에 대한 위협이라든지 일본의 수출 규제에 따른 우리나라 국민들의 일본제품에 대한 정서로 인해서 일본제품 불매운동이 벌어지고 있다.

⑤ 자연적 불확실성

지진, 홍수, 화재와 같은 다양한 현상을 포함한다. 이 불확실성은 비즈니스의 정상적인 기능과 운영을 손상시키고 피해 지역에서 운영하는 기업의 생산 역량을 감소시킨다.

(2) 산업 리스크

산업 리스크는 모든 경제 분야에 영향을 미치는 것이 아니라 특정 산업 분야에 영향을 미칠 수 있는 변수들과 관련한다. 미국 골프협회는 골프 공의 비거리를 제한하기 위해 골프클럽과 공에 대한 제한을 두기로 논의 중인데 이러한 표준 개정으로 인해 해당 산업은 금지된 장비에 대한 성과 특징을 수정받을 수밖에 없게 된다. 즉, 장비 제조업체와 공급자들은 변화를 수용하거나 매출이 줄어드는 위험에 빠지는 것 중 하나에 직면하게 된다.

① 투입물 시장 불확실성

제조 및 운영 프로세스에서 적절한 투입물 양과 품질의 획득을 둘러싼 불확실성을 의미한다. 이것은 제조 및 운영 프로세스의 변동 혹은 공통 투입물에 대한 다른 사용자의 수요의 변동으로부터 발생하기도 한다. 한편, 노동의 이용가능성과 같은 요인에 관한 불확실성은 제품품질의 감소로 이어지고 그 결과 공급사슬 하류 멤버들에 대한 본원적 리스크 수준을 증가시킨다. 나아가 어떤 제품에 대한 리드타임의 불확실성에 직면하면 제조업체가 복수의 공급자들을 갖는 것이 필수불가결하게 되고 그 결과 비용의 증가로 규모의 경제를 잃게 되는 어려움을 겪게 된다. Toyota는 1997년 브레이크 용액 밸브 공급자의 결함으로 거의 2주 동안에 18개 생산공장을 강제로 중지시킨 바 있다.

② 제품시장 불확실성

이 불확실성은 산업의 산출물 혹은 기업 수요의 예기치 못한 변화와 관련한다. 이 변화는 대체재의 이용가능성 혹은 소비자 취향의 변화로 인해 발생할 수도 있다. 다른 이유로는 목표 제품시장에 영향을 미칠 수 있는 보완재의 이용가능성의 결여(예 자동차 여유 부품의 이용가능성은 자동차에 대한 시장 수요에 영향을 미칠 수 있음)가 있다. Cisco는 911 이후 정보기술과 네트워킹 시장의 둔화로 인해 2001년에 $25억 가치의 재고를 없애야 했다. 이 사례는 불확실성의 한 유형(사회적 불확실성)이 다른 불확실성 유형(제품시장 불확실성)에 영향을 미칠 수 있는 사례이다 어떤 경우에는 지연, 제품 관리, 제품 대체아 같은 전략이 제품시장이 불확실성을 다루는 효과적 방법일 수 있다. Benetton의 선 바느질 후 염색 전략은 전통적 의류 공급사슬에서 제조활동의 순서를 뒤바꿈으로써 제품시장의 불확실성 때문에 발생하는 공급사슬의 취약성을 줄이는 시도로 평가받는다. 추가로, Lean, agile, Leagile 공급사슬 전략이 제품시장 불확실성을 줄이는 중요한 수단으로 활용되기도 한다. 이 전략은 뒤에서 구체적으로 논의된다.

③ 경쟁 불확실성

이 불확실성은 기존 기업 및 산업과 잠재적 진입자 사이의 경쟁과 관련된 불확실성을 포함하는 폭넓은 항목이다. 경쟁 불확실성 상황하에서 기업들은 그들이 투입물 불확실성의 상황하에도 존재할 것이기 때문에 수직적으로 통합(예 계열사)하는 것을 추구하지 않을 것이다. 고도의 경쟁(혹은 기술) 불확실성 상황에서 공급자들은 공급자 개발과 초기 공급자 참여와 같은 외부 공급사슬 관계에 기꺼이 더 많은 투자를 할 것이다.

(3) 조직 리스크

이 리스크는 기업 수준의 불확실성으로서 운영, 법적 책임, R&D, 신용회수 가능성, 행태적 불확실성이 이에 해당한다.

① 운영 불확실성

특화된 노동이나 다른 투입물에 관한 불확실성은 흔히 어떤 한 기업에 특유하게 영향을 미치나 여전히 전체 공급사슬에 영향을 미칠 수도 있다. 운영 불확실성은 다음의 세 가지 항목을 포함한다. 첫째, 노동 불안정 혹은 노동쟁의로 인한 종업원 생산성의 변화와 같은 노동 불확실성이다. 종업원에게 안전한 작업 분위기를 제공하고 적정한 임금을 제공하는 것은 그들에게 위험을 줄이고 다시 노동 중단과 소송을 줄일 것이다. 둘째, 어떤 한 기업에게 독특하게 사용되는 기업 특유의 투입물 공급 불확실성은 원재료 부족, 투입물의 품질 변화, 여유부품의 제한 등을 포함한다. 투입물 불확실성과의 차이점은 이 불확실성이 기업군과 산업 리스크 변수에 영향을 미치지 않고 단일 기업에 영향을 미친다는 것에 있다. 셋째, 기계 문제와 다른 무작위 요인들로 인한 산출물의 변동을 포함한 생산 불확실성이다.

② 법적 책임 불확실성

생산 혹은 기업 제품의 소비로 인해 발생하는 기대하지 못한 해로운 영향과 관련한다. 2007년 장난감 제조업체 Mattel은 어린이들에게 잠재적 위험을 부과하는 것으로 알려진 거의 150만 개의 장난감 리콜 후에 법적 소송과 시장 저항에 직면하였다. 이 불확실성은 공급사슬 활동의 환경적 영향에 대한 관심과도 밀접하게 관련한다. 환경적 인식, 리사이클링, 에너지 보호는 많은 산업에서 로지스틱스와 공급사슬관리에 도전을 창출하고 있고 위험한 자재 규제, 제품리콜 요구, 제품책임 이슈는 경제 전반에서 로지스틱스 운영의 복잡성과 비용을 증가시키고 있다.

③ 신용 회수 불확실성

어떤 한 기업의 채무 불이행은 기업의 소득흐름에 직접적인 변동의 원인일 수 있다. 이것은 다른 공급사슬 멤버들에게도 지불의 연쇄적인 지연을 초래할 수 있기 때문이다. 폐업하거나 심각한 재무 곤란에 있는 주요 공급자는 전체 공급사슬에 특히 해를 끼칠 수 있다.

④ 대리인 불확실성

기업 내 대리인 관계와 관련한다. 대리인 관계는 대리인에게 어떤 의사결정 권한을 양도하는 것을 포함하며, 어떤 서비스를 대신 수행하기 위해 하나 혹은 그 이상의 사람들이 다른 사람(대리인)을 관여시키는 계약을 의미한다. 기업 소유자(주주)와 그들이 고용하는 관리자(대표이사와 이사들) 사이의 관계가 한 예이다. 흔히, 이 관리자들은 기업의 소유자들을 희생시키고 그들의 개인적 복지와 부를 증가시키는 유혹에 직면하게 된다.

(4) 문제 특유의 리스크 변화

이것은 조직의 외생변수로서 고려되는 리스크들을 말한다. 어떤 리스크 감소 행동은 다른 조직 프로세스에 영향을 미치고 다른 리스크 유형을 증가시킬 수 있다. 이 리스크는 다음과 같은 요인에 의해 영향받을 수 있다. 첫째, 전체 리스크의 구조와 핵심 변수와 상호관계에 대한 이해, 둘째, 문제의 해결에 영향을 미치는 목표와 제약, 셋째, 다양한 차원에서 고려된 의사결정 업무의 복잡성이다.

(5) 의사결정자 리스크 변수

리스크 관련 의사결정자는 조직 내 개인 혹은 의사결정 집단에 관련된다. 이 리스크는 다음의 하나 이상을 포함한다. 첫째, 전체 리스크 프레임워크와 그 안에 포함된 이슈에 대한 의사결정자의 세부 지식/스킬/경험/편의(bias), 둘째, 의사결정자의 전체가 아닌 부분적 정보추구 행동, 셋째, 의사결정에 관련된 조직 내 제도적 규칙과 절차, 넷째, 의사결정자의 제한된 합리성(bounded rationality)이다.

4.2. 리스크 동인

공급사슬 리스크 동인은 공급사슬 리스크 원천 중에서 실제로 리스크를 발생시키는 근본원인을 말한다. 이들은 그 기원이 리스크 원천에 있기 때문에 원천과 유사하게 <표 8-1>과 같이 정리된다.

▼ 〈표 8-1〉 공급사슬 리스크 동인

리스크 항목	리스크 동인
붕괴	자연재해, 노동분쟁, 공급자 파산, 전쟁과 테러, 대안 공급자의 용량 및 대응성뿐만 아니라 단일 공급자에 대한 의존성 문제
지연	공급자에서 과다한 용량 활용, 변화에 대한 공급자의 비유연성, 공급자에서 빈약한 품질 혹은 산출률, 국경이동 혹은 운송유형의 변화로 인한 초과 물량 취급 등으로 인한 일정지연 문제
시스템	정보 인프라 고장, 시스템 통합 혹은 광범위한 시스템 네트워킹, 전자상거래 시스템에 문제 발생
예측	장기 리드타임/계절성/제품 변동/단축된 라이프사이클/적은 고객기반으로 인한 부정확한 예측, 판매촉진/인센티브/공급사슬 가시성의 결여, 제품부족 시 수요의 과장으로 인한 채찍효과 혹은 정보왜곡 문제
조달	환율리스크, 단일 원천으로부터 조달된 핵심 부품 혹은 원재료의 비율, 산업차원의 용량 활용, 장기 대 단기 계약 등으로 인한 조달 문제
외상매출금	외상매출에 관련한 고객의 수, 고객의 재무적 강점 등의 신용 문제
재고	제품 진부화율, 재고 유지비, 제품가치, 수요와 공급 불확실성으로 인한 과다 및 재고부족으로 인한 문제
용량	공급용량의 비용, 공급용량의 유연성 문제

자료원: Chopra, S. & Sodhi, M.(2004), "Managing risk to avoid supply chain breakdown", *Sloan Management Review, 46*(1), 53-61.

4.3. 리스크 유형

(1) 분류 기준

공급사슬 리스크를 분류하는 유형은 여러 기준에 의해 가능하다.

① 상황적 요인 기준

조직 리스크, 네트워크 리스크, 기타 리스크(환경적, 정치적, 사회적, 환율 리스크)

② 리스크의 내용과 관리 기준

리스크 동인, 리스크 관리 영향요인, 의사결정자 특징, 리스크 관리 대응, 성과결과

③ 공급자와 구매자 사이의 리스크의 상황요인 기준

제품 기술의 수준, 안전을 위한 니즈, 공급자와 구매자 이전 경험의 중요성

④ **시간에 취약한 의존성**(**예** 시간 지연, 리드 타임, 인도 스케줄), **기능적 의존성**(**예** 재고, 생산, 제품, 운송), **관계적 의존성**(**예** 지식, 사회적 측면, 커뮤니케이션, 공급자, 고객) **기준**

(2) 분류 모델

〈그림 8-3〉 예측 능력과 리스크 영향에 따른 리스크 유형 분류

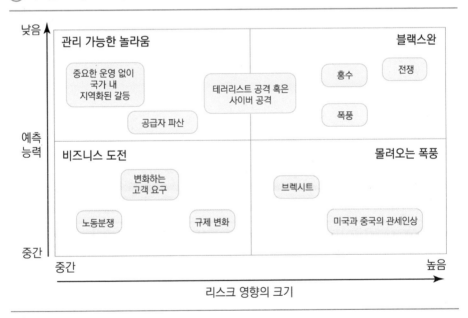

자료원: Alicke, K. & Strigel, A.(2020), "Supply chain risk management is back", McKinsey & Company article, https://www.mckinsey.com/business-functions/operations/our-insights/supply-chain-risk-management-is-back#

대응 전략을 정의하는 데 도움을 주는 한 공급사슬 리스크 분류 방식은 예측 능력과 리스크 영향의 차원에 따르는 <그림 8-3>과 같은 분류이다.

각 차원에 대한 구체적인 특징과 대응 전략은 다음의 <그림 8-4>와 같다.

〈그림 8-4〉 리스크 유형의 특징과 대응 전략

	"관리 가능한 충격"	"블랙스완"	
낮음 ↑	가능한 수준까지 수용 혹은 회피	강력한 위기관리를 가동하고 회복성을 구축	대응적 완화 전략을 적용
	다양성 운영 - 고위험지역에서 벗어남 - 이중조달 전략을 적절히 가동	민첩성과 유연성을 구축 - 긴 회복 시간을 갖는 부품들은 건강한 재고 유지 - 시나리오 계획을 고려 - 리스크 이전 방법을 사용(보험, 계약 등)	
예측 능력	"비즈니스 도전"	"몰려오는 폭풍"	
↓	다른 핵심 관리 의사결정 프레임워크 내에서 리스크를 관리	리스크 완화성숙도를 향상시키고 리스크노출을 선행적으로 절감	선행적 완화 전략을 적용
중간	강건성을 구축 - 매일의 리스크를 다루도록 인력을 훈련 - 정보시스템과 도구를 가동 - 리스크 인식 문화를 창출	공급사슬 전략을 다시 생각 - 조달 전략을 재정의 - 생략 - 재고구축 전략을 리뷰 - 수요변화에 대비	
	중간	리스크 영향의 크기 ⟹	높음

자료원: Alicke, K. & Strigel, A.(2020), "Supply chain risk management is back", McKinsey & Company article, https://www.mckinsey.com/business-functions/operations/our-insights/supply-chain-risk-management-is-back#

05 공급사슬 리스크 평가

효과적 공급사슬관리는 공급사슬 리스크에 대한 비용효율적 평가를 필요로 한다. 이것은 데이터 혹은 전문가 판단과 시나리오를 사용하여 평가될 수 있다. 또한 리스크 평가는 공식적 혹은 비공식적으로 이루어질 수 있고 정량적 혹은 정성적 기법을 이용하여 평가될 수 있다. 사실, 리스크 평가 담당자가 무엇이 리스크를 구성하는지와 상위/하위 요소들 사이의 관계의 특성에 대해 자신만의 개념과 체계를 갖고 있기 때문에 리스크 평가는 본질적으로 주관적이라 할 수 있다. 하지만 객관적 데이터와 주관적 인식을 결합하는 것은 더 강건한 리스크관리로 결과될 수 있고 이것은 다시 리스크 예측과 평가의 효과성을 향상시킬 것이다. 리스크를 평가하는 데 다음의 요인들이 고려되어야 한다.

5.1. 공급사슬 리스크 우선순위

이 우선순위는 조직들이 가장 의미 있는 리스크를 규명하도록 순위를 결정하는 것을 말한다. 높은 수순의 영향을 갖거나 즉각적으로 완화될 수 있는 리스크에 우선순위가 높게 부여될 수 있다. 리스크 전략을 개발하고 실행하는 것은 상당한 투자를 포함하고 모든 잠재 리스크를 다루는 것이 쉽지 않기 때문에 우선순위가 필요하다. 지금까지 많은 연구들은 리스크 상호관계를 밝히는 프로세스, FMEA(Failure Modes and Effects Analysis), AHP를 포함한 다기준의사결정, 재무적 리스크 평가와 같은 다양한 리스크 평가도구들을 적용함으로써 리스크를 우선순위화하고 있다.

5.2. 공급사슬 리스크 상호관계

리스크를 초래하는 사건은 고립된 사건이 아니라 다른 리스크들과 상호관계가 존재하고 그 리스크의 영향은 공급사슬에 걸쳐 영향을 미친다. 이러한 연쇄반응과 상호관계를 이해하는 것은 공급 리스크의 중요성을 평가하고, 리스크 전략 실행 계획을 창출하고, 효과적 리스크 관리 활동을 실행하며, 리스크 우선순위 설정을 효과적으로 수행하는 것을 지원한다. 이를 위해, 리스크 원천과 변수들 간의 상호관계를 보여주기 위해 ISM(Interpretive Structural Modelling)과 같은 구조적 모델링 도구를 적용할 수 있다. 그 예로서, 긍정적 의존성(예 하나의 리스크를 제거하는 것이 하나 혹은 몇 개의 다른 리스크를 완화시키는 것을 돕는 것)과 부정적 의존성(예 하나의 리스크를 제거하는 것이 하나 혹은 몇 개의 다른 리스크를 창출할 수 있는 것)의 개념을 응용하여 다양한 리스크들 사이에 다른 유형의 의존성을 밝히고 분류하는 것이 필요하다. 한 리스크를 제거하는 것이 동시에 다른 리스크들을 창출하는 동안 특정 리스크를 완화하는 것을 도울 수 있기 때문에 이에 대한 추가 분석이 더욱 복잡한 상호관계를 드러내기 위해 절대적으로 요구된다.

06 리스크 전략 실행

6.1. 본원적 리스크 대응 전략

리스크 발생 확률과 영향에 기초하여 다섯 가지의 본원적 리스크 대응 전략 유형이 존재한다. 학자와 실무자들은 리스크의 특성을 고려하여 대부분 리스크 완화를 가장 중요하게 고려한다.

(1) 리스크 수용

얼마나 많은 리스크를 조직이 수용할지에 초점을 둔다. 수용가능한 수준은 상황에 의존하고 리스크 성향(조직과 개인이 위험한 행동에 관여하고 의사결정에서 불확실한 결과를 수용하는 의지)과 연관된다. 기업이 얼마나 많은 리스크를 수용해야 하는지에 대한 표준 가이드라인은 존재하지 않는다. 수용가능한 수준은 상황에 따라 결정되고 리스크 성향 등과 연결될 수 있다. 그러나 리스크를 수용하는 의지는 그 리스크가 무시되어야 한다는 것을 의미하지 않는다. 수용된 결과가 증가하지 않는다는 것을 보장하기 위해 리스크가 계속 추적되어야 한다. 만약 결과가 어떤 임계치를 초과한다면 조직은 그 리스크를 회피, 이전, 공유, 완화하는 방법을 고려할 필요가 있다.

(2) 리스크 회피

리스크 회피는 리스크를 촉발할 수 있는 유형의 사건을 제거하거나 줄이는 것을 추구한다. 가령, 기업은 공급이 신뢰할 수 없다면 특정, 제품, 공급자, 지역 시장을 중단할 수 있다. 그 결과, 기업은 리스크의 근본원인을 제거할 수 있게 되지만 정상적인 운영과 공급사슬 활동이 허용하는 범위 내에서만 적용이 가능하다.

(3) 리스크 이전

리스크 이전은 책임이 다른 당사자에게 할당되는 것을 나타낸다. 가령, 기업 붕괴 리스크는 기업휴지보험(business interruption insurance)을 통해 이전될 수 있다. 구매자 입장에서 관련 리스크의 잠재적 변화를 설명하는 조항을 갖는 계약과 관계 개발을 통해 공유할 수 있다. 공급자 입장에서 주문이 고객에 의해 보장될 때 용량을 증가시키거나 재무적 제약이 존재할 때 재고 리스크를 공유하는 사전 주문을 활용할 수 있다. 그러나 리스크 이전은 높은 확률과 낮은 영향을 갖는 운영적 리스크보다 낮은 확률과 높은 영향을 갖는 자연재해와 테러리스트 공격과 같은 붕괴 리스크에 더 적절한 것으로 알려졌다.

(4) 리스크 공유

리스크 공유는 특정 혹은 모든 리스크를 공유하는 다른 당사자를 포함한다. 구매자 관점에서 리스크는 보통 관련 리스크의 잠재적 변화와 거래 조건을 설명하는 조항을 갖는 계약을 통해 공유될 수 있다. 가령, 공급자들은 구매자의 요청에 의해 계약을 통해 재무적 여유가 허용하는 수준까지 재고 리스크를 공유하거나 주문이 고객에 의해 보장될 때 용량을 증가시키기 위해 사전 주문할 것이다. 리스크 이전과 유사하게 리스크 공유는 관련 비용을 줄이고 고객 서비스 수준을 증가시키기 위해 낮은 확률과 높은 영향을 갖는 리스크를 다루는 데 적절한 것으로 보인다.

(5) 리스크 완화

완화는 리스크 유형과 조직의 예산에 의존하여 수용가능한 수준까지 리스크를 적극적으로 줄이는 것을 추구한다. 이것은 리스크 사건의 확률과 결과의 축소에 적용된다. 완화 전략은 전형적으로 높은 확률과 낮은 영향을 갖는 운영적 리스크에 적합하다. 리스크 완화 전략의 선택은 또한 리스크 유형과 조직의 예산에 의존하고 조직은 완화 전략을 선택하기 전에 조심스럽게 수용, 회피, 공유, 이전 옵션을 평가해야 한다.

리스크가 상호 연결되기 때문에 한 리스크 유형을 경감시키는 것은 다른 리스크 형태를 악화시키거나 완화(긍정적 대 부정적 의존)시킬 수 있다. 따라서 완화 전략은 최소의 상충과 부정적 의존을 갖는 리스크에 특별한 관심을 갖고서 활용되어야 한다. <그림 8-5>와 같이 다른 리스크 군집들은 각각 다른 리스크 대응 전략을 필요로 할 수 있다. 기업이 제한된 자원을 갖기 때문에 이 자원이 최적으로 활용되는 장소와 오래된 전략을 변화시키는 시기를 이해하는 것이 중요하다. 리스크 수용이 낮은 확률과 낮은 영향을 갖는 리스크에 허용될 수 있는 반면에 회피에 투자하는 것은 발생 가능성을 줄이기 위해 높은 확률과 높은 영향에 필요한 것으로 보인다.

또한 리스크 이전/공유가 자연재해와 테러리스트 공격과 같은 낮은 확률과 높은 영향을 갖는 붕괴 리스크에 가장 적절한 것으로 보이는 반면에 리스크 완화는 높은 확률과 낮은 영향 리스크에 가장 적합한 것으로 보인다. 그러나 그 상황은 계속 변화하기 때문에 이에 맞춰 전략의 변화도 필요하고 이를 위한 모든 리스크의 지속적인 모니터가 필요하다.

〈그림 8-5〉 확률과 영향에 기반한 리스크 대응 전략의 매트릭스

자료원: Deloach, J.(2000). *Enterprise-wide risk management: strategies for linking risk & opportunity,* financial times management, Prentice Hall.

6.2. 제품 특성에 따른 공급사슬관리 전략

공급사슬관리의 전략적 단계는 장기적 영향을 미치는 기업의 의사결정과 관련한다. 이 의사결정으로는 아웃소싱, 공급자 선택, 창고/공장 입지에 대한 의사결정 등이 있다. 이 단계에서 중요한 것은 제품과 시장 요구사항에 일치하는 적

절한 공급사슬 전략의 선택이다. 다양한 전략을 정의하는 방법에 대해 최종적으로 일치하는 견해는 없지만 지금까지의 문헌을 종합하면 다섯 가지 중요한 공급사슬 전략이 제안된다.

(1) 민첩한 공급사슬(agile supply chain)

민첩성은 신속한 방식으로 적응하거나 대응하는 능력, 혹은 신속하고 적절하게 대응하는 능력으로서 간주되어 왔다. 만약 공급사슬이 초기 상황에 적응함으로써 변화에 빠르게 대응할 수 있도록 자원을 사용한다면 그 공급사슬은 민첩하다고 말할 수 있다. 공급사슬 민첩성을 정의하기 위해 많은 노력이 이루어졌다. Christopher et al.(2006)은 공급사슬 민첩성은 '일차적으로 대응성'에 관련됨을 강조한다. 마찬가지로 많은 민첩성 정의는 변화에 응답하는 시스템의 능력을 공유한다. '반응', '대응', '적응', '재구성' 등이 그 예이다. 어떤 학자는 민첩성을 반응적이라기보다는 선행적인 것으로 고려하기도 한다(Ismail et al., 2011).

변화에 대한 대응에서 자원을 사용하는 역량은 민첩성을 이해하는 데 중요하다. 주로 이 변화는 수요 측면에 의해 촉발되는데 민첩성을 수요 네트워크의 동태적이고 격변하는 요구사항에 네트워크와 그 운영을 빠르게 일치시키는 능력으로 고려할 수 있다. Bernardes & Hanna(2009)는 민첩성은 예측불가능한 변화에 직면하여 신속한 시스템 재구성에 초점을 두는 접근법이라고 제안한다. 이 민첩한 공급사슬 개념은 기대하지 않은 변화에 대응하는 민첩한 기업의 개념과 일치하는 반면에 유연성은 기대된 변화에 대응한다. 그러나 어떤 저자는 유연성을 민첩성의 부분집합으로 고려하기도 한다(Swafford et al., 2008). 유연성과 더불어, 속도의 개념이 '신속한'에 의해 반영된 것처럼 민첩성에는 본원적으로 '신속성'이 고려되어야 한다.

(2) 강건적 공급사슬(robust supply chain)

만약 공급사슬이 그 초기의 변동 상황에 적응하지 않고 변화에 '저항'하도록 자원을 사용할 수 있다면 그 공급사슬은 강건하다고 한다. 광의의 의미에서 공급사슬 강건성은 이탈과 붕괴에 대응하는 능력으로서 간주될 수 있다(Dong, 2006). 그것은 공급사슬이 공격에 직면하여 가해진 어떤 피해에도 불구하고 그 기능을 수행할 수 있는 수준으로 정의된다.

강건한 공급사슬은 변화가 발생하기 전에 그것이 갖고 있던 수준의 안정적 상황을 유지하고 그 공급사슬 프로세스는 외부 변화요인들에 둔감하게 된다. 따라서 강건한 공급사슬은 변화에 대응하기보다는 저항을 한다. Tang(2006b)은 붕괴가 발생할 때 운영을 지속하는 역량뿐만 아니라 일상적 상황하에서 공급 혹은 수요를 잘 관리하는 역량 모두를 향상시키는 것을 지향하는 강건한 공급사슬을 달성하기 위한 9개의 전략을 제안한다. 이 많은 전략은 공급사슬 내에 부가적인 자원을 통합하는 것을 지향한다. 예를 들어, 추가 유형, 운송을 위한 수송수단과 경로, 추가 재고, 추가 공급자들이 필요한 것이다. 따라서 공급사슬의 강건성은 흔히 그 중복적인 수준에 기원하여 추구될 수 있다. 중복은 대부분 니즈가 발생하기 전에 자본과 역량에 대한 투자를 통해서 얻어진다. 나아가 중복적 자원뿐만 아니라 신뢰할 만한 자원이 강건성에 공헌한다. 따라서 그것은 공급사슬을 디자인하는 데 초기에 관여된 올바른 공급사슬 파트너들을 확보함으로써 강건성을 향상시킬 수 있다(Handfield et al., 2008).

(3) 회복적 공급사슬(resilient supply chain)

공급시슬이 변회에 대응할 수 있도록 만드는 자원을 시용하면 그 공급사슬은 회복적이라고 한다. 회복적 시스템은 변화에 적응하는 능력을 갖기 때문에 '회복'은 우연한 사건이 발생한 후에 새로운 안정적 상황으로 돌리는 시스템의 능력으로 정의될 수 있다. 이에 기초하여, Ponomarov & Holcomb(2009)은 구조와 기능에 대한 바람직한 연결성과 통제의 수준에서 운영의 연속성을 유지함으로써 기대하지 않은 사건을 준비하고, 붕괴에 대응하고, 그들로부터 회복하는 공급사슬의 적응적 역량을 회복성이라고 정의하였다. 그러나 그러한 정의는 민첩성과 회복성 사이의 경계를 모호하게 만든다. 다른 관점은 유연성과 중복성을 회복성을 창출하는 두 방법으로서 고려한 Sheffi & Rice(2005)에 의해 설명된다. 유연성은 민첩성의 핵심 무문인 반면에 숭목성은 강건성의 핵심 무문이다. 그 결과, 회복성의 몇 가지 개념들은 회복성이 민첩성과 강건성의 결합이라는 암시를 제공한다. Tang(2006b)에게 회복은 운영이 주요 붕괴 시에 재빨리 회복하는 것을 가능하게 하는 전략의 의미를 갖는다. Christopher & Peck(2004)에 따르면 회복성은 붕괴된 후에 그 원래 상태로 돌아가거나 새롭거나 더욱 바람직한 상태로 이동하는 시스템의 능력을 나타낸다. Fiksel(2006)은 회복성은 생존하고 적응하는 것을 돕는다고 하였다. 따라서 공급사슬은 원래의 안정적 상황이 유지되거나 새로운 안정적 상황이 달성되면 회복적일 수 있다.

(4) 경직적 공급사슬(rigid supply chain)

만약 공급사슬이 변화에 대응하는 것을 가능하게 하는 자원을 사용하지 않는다면 그 공급사슬은 경직적이라고 한다. 따라서 경직성 용어는 회복성의 반대 의미를 갖는다.

(5) 전략 선택

전략을 선택하기 위해서는 이전 장에서 언급한 바와 같이 Fisher(1997)에 의해 제안된 기능적과 혁신적 제품 사이에서 제품의 특성을 구분해야 한다. 혁신적 제품과 반대로 기능적 제품은 장기적인 제품 라이프 사이클, 낮은 제품 다양성, 긴 리드타임을 갖는다. 기능적 제품의 수요는 혁신적 제품의 수요보다 예측하기 더 쉽다. Fisher(1997)는 기능적 제품은 효율적 공급사슬 전략을 필요로 하는 반면에 혁신적 제품은 대응적 공급사슬 전략을 필요로 한다는 것을 관찰한다. 이처럼 제품에 공급사슬 전략을 일치시키는 것이 필요하다.

수요와 공급 불확실성을 관리하는 것은 모든 제조업체에게 중요하다. Lee(2002)는 공급과 수요 불확실성은 전략에 결정적이라고 제안한다. 효율성은 낮은 공급 불확실성의 경우에(안정적 프로세스) 낮은 수요 불확실성을 갖는 제품(기능적 제품)에 적합하다. 리스크 헤징은 높은 공급 불확실성의 경우(진화하는 프로세스)에 이 제품에 적합하다. 대응성은 낮은 공급 불확실성의 경우에 높은 수요 불확실성을 갖는 제품(혁신적 제품)에 적합하다. 민첩성은 높은 공급 불확실성의 경우에 이 제품들에 적합하다.

또한 다른 차이는 린, 민첩, 리어자일(leagile) 전략으로도 논의되었다. Christopher et al.(2006)은 그들의 분류를 통해 적절한 공급사슬 전략의 선택을 안내하기 위해 보충 리드타임과 수요의 예측가능성/변동성에 초점을 두었다. Christopher & Towill(2001)는 파레토(Pareto) 곡선 접근법, 분리점 접근법, 기본과 급등 수요의 분리라는 세 가지 리어자일 접근법을 제안한다.

이 모델들에서, 다른 기준이 적절한 전략의 선택을 위해 사용된다. 이전 장에서 설명한 것처럼 Fisher(1997)는 혁신적 제품의 경우에 수요를 예측하기 위해 불확실성으로부터 발생하는 리스크에 초점을 두고 Lee(2002)는 공급 측면에서 불확실성으로부터 발생하는 리스크를 고려한다. 또한 Christopher et al.(2006)은 적절한 전략의 선택을 위해 단기 리드타임으로부터 발생하는 리스크의 중요성을 강조한다. 본질적으로, 모든 모델들은 아래의 <그림 8-6>과 같이 공급과 수요 리스크에 초점을 둔다.

〈그림 8-6〉 적절한 공급사슬 전략 선택을 위한 리스크 매트릭스의 사용

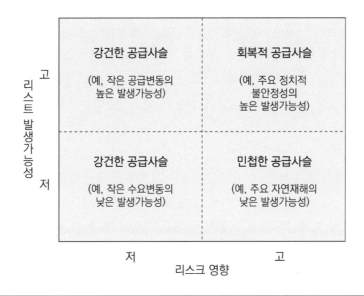

자료원: Wieland, A.(2013), "Selecting the right supply chain based on risks", *Journal of Manufacturing Technology Management, 24*(5), 652-668.

예방이 치료보다 더 낫다. 그러나 이것은 일상적인 리스크에 대해 사실이다. 즉, 높은 확률과 낮은 영향을 갖는 공급사슬 리스크는 일상적 리스크이고 공급사슬을 디자인할 때 이미 고려되어야 한다. 일상적 리스크의 높은 발생 빈도 때문에 공급사슬은 일상적으로 리스크에 저항할 수 있어야 한다. 따라서 추가 자원들이 중복성과 신뢰성을 통합하기 위해 공급사슬로 제공되어야 한다. 강건성은 그러한 리스크를 위한 적절한 공급사슬 전략이다. 그러나 공급사슬을 빈번하게 재디자인함으로써 잦은 리스크 발생에 대응하는 것은 적절하지 않다. 민첩성은 가능한 전략이나 그러한 리스크를 다루는 데 강건성보다는 비효율적이다. 강건성은 공급사슬 리스크의 확률이 높고 그 영향이 낮을 때 가장 효율적 전략이다.

반면에, 예측 가능성은 강건한 전략에 기초하여 선행적으로 리스크를 완화하는 데 필요하나, 그 변화는 항상 예측하기 어렵다. 이것은 예외적 리스크에 대해 특히 사실이다. 낮은 확률과 높은 영향을 갖는 공급사슬 리스크는 예외적 리스크이고 따라서 그 사건의 발생 시 대응적으로 다루어져야 한다. 높은 예외적 리스크의 영향 때문에 공급사슬은 그러한 리스크에 신속하게 대응할 수 있어야 하고 공급사슬에 신속한 관리 역량과 좋은 대응성을 통합하기 위해 추가 자원들이 제공되어야 한다. 따라서 민첩성은 이 유형의 리스크를 위해 적절한 공급사슬 전략이다. 그러나 거의 발생하지 않는, 모든 잠재적 리스크에 대응하기 위해 공급사슬 디자인으로 막대한 양의 중복을 허용하는 것은 적절하지 않다. 따라서 강건성은 가능한 전략이나 그러한 리스크를 다루는 것은 민첩성보다는 비효율적이고 민첩성은 공급사슬 리스크의 확률이 낮고 그 영향이 높을 때 가장 효율적 전략이다.

낮은 확률과 낮은 영향을 갖는 리스크의 경우, 민첩성과 강건성 자원의 사용을 피하는 것이 효율적일 수 있다. 따라서 경직성은 공급사슬 리스크의 확률이 낮고 그 영향이 또한 낮을 때 가장 효율적 전략이고 높은 확률과 높은 영향을 갖는 리스크에 대해 두 자원이 동시에 힘을 결합하기 위해 사용될 수 있다. 이에 비해 회복성은 공급사슬 리스크의 확률이 높고 그 영향이 또한 높을 때 가장 효율적 전략이다.

07 리스크 모니터링과 평가

리스크는 정적 현상이 아니라 동태적이다. 리스크는 그 원천이 어떻게 진화하는지 대응 전략에서 어떤 변화가 이루어질 필요가 있는지를 평가하기 위해 계속 모니터될 필요가 있다. 리스크 모니터링은 주관적인 판단·평가뿐만 아니라 공식적 프로세스에 기반하도록 하는 것이 중요하다. 공식적 리스크 모니터링 프로세스는 변화가 관리되고 새로운 정보가 획득되도록 지속적 공급사슬 리스크 관리 프로세스가 업데이트되고 검토되어야 한다는 것을 의미한다. 이를 위해서는 리스크 모니터링을 위한 데이터관리시스템 구축, 모니터링 역량 개발, 초기 경고 관리 프로세스, 추세를 규명하는 디자인 노구, 기존 경영투빈에 모니터링 업무 도입(예 리스크 평가에 모니터링 결합), 핵심 성과지표를 통한 모니터링, 성과 측정시스템 등을 활용할 필요가 있다. 마지막으로, 공급사슬 리스크 관리의 전체 프로세스가 올바르게 실행되었는지를 평가하고 피드백해야 한다. 앞서 설명한 단계별로 구체적인 평가가 이루어질 수 있다.

08   공급사슬 붕괴관리

8.1. 붕괴의 개념

공급사슬 붕괴(supply chain disruption)는 공급사슬 내 재화와 자재의 정상적 흐름을 붕괴, 중단, 파괴시키는 중요한 영향을 미치나 예상치 못한 사건들로서 정의된다. 대표적 예로서, 2005년 허리케인 Katrina, 2010년 아이슬란드 Eyjafjallajökull 화산 폭발, 2011년 일본 지진과 쓰나미, 2012년 독일 Evonik 화학공장 화재는 관리자가 모든 리스크를 예방하는 능력을 가질 수 없다는 확실한 증거이다. 이러한 자연재해 이외에도 다양한 원인에서 발생한 공급사슬에 대한 붕괴를 경험한다. 예를 들어, 공급자와 제조업체 사이의 빈약한 커뮤니케이션, 공급자의 기회주의, 트럭 운송업자 혹은 항만 노동자들의 파업, 정보기술 오작동, 산업재해, 품질문제, 운영문제, 정부규제 등이 있다. 결과적으로, 붕괴 사건들은 재정손실, 매출손실, 운영성과, 주주가치에 큰 영향을 미친다. 붕괴가 공급사슬에 영향을 미친 후에 영향을 받은 기업의 목표는 그 사건으로부터 회복하고 가능한 한 빨리 그 영향을 최소화하는 것이다. 이러한 속도와 성공은 모두 공급사슬 관리자들이 하는 선택에 따라 결정될 것이다.

8.2. 붕괴관리

붕괴관리 프로세스는 기업의 전체 회복성에 중요한 역할을 한다. 여기서 회복성은 재빨리 원상태로 회복하는 능력을 의미한다. Ponomarov & Holcomb (2009)는 붕괴가 발생한 후에 일어나는 공급사슬 회복성의 후반 부분으로서 대응과 회복의 용어를 포함하여 사용하였다. 따라서 대응을 위해 붕괴를 관리하는 방법과 붕괴로부터 회복하는 방법이 필수적이다.

그러면 앞서 설명했던 리스크관리와 붕괴관리는 어떤 차이가 존재하는가? 그 차이점은 <그림 8-7>에 명확히 설명되어 있다.

〈그림 8-7〉 리스크관리와 붕괴관리의 차이

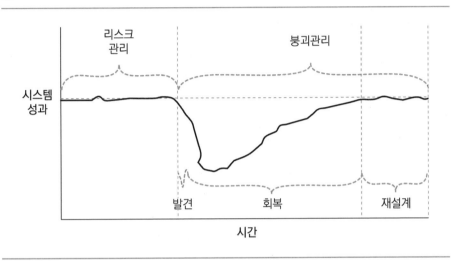

자료원: Blackhurst, J., Craighead, C.W., Elkins, D. & Handfield, R.B.(2005), "An empirically derived agenda of critical research issues for managing supply-chain disruptions." *International Journal of Production Research*, *43*(19), 4067-4081.

<그림 8-7>처럼 붕괴가 발생하기 전에 리스크관리가 수행되며, 붕괴가 발생하기 전이기 때문에 그 시스템 성과는 정상적이다. 그러나 붕괴가 발생하자마자 붕괴관리가 진행되어야 하고 이를 위한 구체적 활동으로는 발견, 회복, 재설계가 필요하다. 이러한 단계를 거쳐 시스템 성과는 점차 개선되어야 할 것이다. 따라서 리스크관리는 발생가능한 리스크를 예측하고 이에 대응하는 일상적 활동을 의미하고 붕괴관리는 예측이 불가능한 붕괴사건이 발생한 후에 급격히 낮아진 성과를 복구시키기 위해 대응을 하는 관리방안을 의미한다.

8.3. 붕괴관리 요인과 유형

(1) 붕괴관리 영향요인

공급사슬에서 발생할 수 있는 붕괴 사건들을 관리하는 데 <표 8-2>와 같은 요인들이 고려될 수 있다.

▼ 〈표 8-2〉 붕괴관리 요인

차원	요인 개념	구체적 붕괴관리 영향요인
	특성	영향의 크기(심각성), 영향의 원인, 영향 기간
붕괴 관리	발견 준비 회복: 구조적 특성	• 발견 속도, 발견 방법, 초기 의사결정 • 계획 이용가능성, 계획 유통과 소통, 계획 개발, 이전 연습 • 전담인력의 규모(하나 혹은 팀), 전담인력의 역할 • 이용가능한 회복옵션, 팀 안정성 • 의사결정자 대 추종자의 수
	회복: 행동적 특성	• 경험, 훈련, 리스크 계획의 언급, 감정, 시간압력
붕괴 관리 성과	정량적 성과	• 회복노력의 속도, 재무비용, 고객영향 • 의사결정자의 시간비용, 생산비용
	정성적 성과	• 회복인식

<표 8-2>에서 사건의 한 특성은 붕괴의 영향(혹은 심각성)요인이다. 이것은 기업에 영향을 미칠 수 있는 잠재적 사건들을 조사하고 발생 확률(낮은 것에서 높은 것까지)과 결과 수준(가벼운 것에서 심각한 것까지)을 부여하는 것을 의미한다.

또한 붕괴관리의 두 가지 핵심 단계들이 '발견(붕괴사건의)'과 '회복(붕괴사건으로부터)'으로서 표현되어 왔다(Blackhurst et al., 2005). 발견은 사람들이 사건 혹은 공급사슬 붕괴를 인식하게 되는 시기를 의미한다. 발견 후에, 관리자들은 사건을 완화하거나 회복 프로세스를 시작한다. 따라서 사건 혹은 붕괴가 발생하는 것을 얼마나 빨리 관리자들이 인식하는지가 필수적이다.

붕괴가 발견된 후에 공급사슬 관리자들은 처음 그들의 리스크관리 계획 프로세스의 부분으로서 개발된 이전의 계획을 평가한다. 이것은 실행을 위해 준비하고 발생된 사건에 대하여 취하는 즉각적인 어떤 행동 계획이 특정 사건(혹은 사건의 유형)을 발생하도록 하는 준비성의 개념이다. 기업은 그들의 계획을 보고하고, 검증하고, 그들을 실행하기 위해 종업원을 훈련시키고 유지해야 한다.

회복 프로세스에 적용되는 구조적 및 행동적 요인들이 존재한다. 일반적으로 회복 단계의 시작은 구조의 변화에서 출발하여 회복 노력을 이끌어갈 의사결정자들의 공식적 혹은 비공식적 지정을 포함한다. 기업은 회복 의사결정을 하기 위해 구축한 팀, 리더에게 의사결정 권한을 집중화시킬 수 있다. 어떤 기업들은 회복 프로세스에 관한 의사결정을 할 초점조직 내 다양한 역할을 사전에 규정하거나 혹은 공급사슬 내 다양한 당사자들로 구성된 비상긴급대응 팀 혹은 워룸(war room)을 설립한다. 또한 관여된 사람들이 회복 프로세스에 적용하는 행동적 특성이 존재한다. 이 행동은 의사결정 경험의 두 가지 추가적 요인들(그들이 얼마나 많이 유사한 상황에 직면하였는가)과 그들이 받은 훈련에 기초할 것이다. 마지막으로, 회복 노력은 여러 가지 중에서 붕괴의 심각성에 상응하여 의사결정자가 느낀 감정의 강도와 시간 압력을 포함할 수 있다.

붕괴는 두 가지 주요 방식으로 기업에 영향을 미칠 수 있다. 그것은 재무와 서비스에 대한 영향이다. 재무적 영향은 붕괴의 결과로서 초래된 금전적 비용을 의미한다. 서비스 실패는 기업이 정상적 운영 환경에서 할 수 있는 고객 요구를 충족시키는 데 기여할 수 없기 때문에 발생한다. 회복 프로세스의 목표는 이 영향과 그 개별적 비용을 최소화하는 것이다. 또한 기업의 회복 성과 측정치는 회복이 완료되는 속도가 될 수 있다. 속도는 또한 비용과 서비스에 영향을 미친다. 완전히 회복하는 데 더 오래 걸릴수록 전체 회복 프로세스는 더 많은 비용이 들 것이다.

(2) 붕괴사건의 유형

대표적인 붕괴사건을 분류하면 <표 8-3>과 같다.

▼ 〈표 8-3〉 붕괴사건의 유형

붕괴 유형	설명
공급 측면	생산을 마비시킬 수 있는 투입물의 부족으로서 공급자로부터 자재의 지연 혹은 이용불가능
운송	운송선 고장 혹은 기후문제로 재화를 이동시키기 위한 내향 혹은 외향 운송 중 하나의 지연 혹은 이용불가능

시설	공장, 창고, 사무실의 지연 혹은 이용불가능으로 이어지는 기계의 고장과 에너지와 물 등의 공급 결여
화물위반 혹은 파트너십	화물, 제품 신뢰의 위반(예 도난과 마약밀수와 같은 범죄 목적) 혹은 기업의 전유적 정보의 누출
실패한 커뮤니케이션	운영을 조율하고 거래를 실행하지 못하는 하드웨어 혹은 소프트웨어의 실패, 바이러스 공격으로 인한 정보와 커뮤니케이션 인프라의 실패
급격한 수요 변동	경제하강, 기업 파산, 전쟁 등 수요의 갑작스런 감소

자료원: Gaonkar, R., & Viswanadham, N.(2004), "A conceptual and analytical framework for the management of risk in supply chains", Proceedings of the 2004 *IEEE* International Conference on Robotics & Automation, New Orleans, LA.

(3) 공급사슬 프랙티스가 초래하는 붕괴사건

공급사슬관리 프랙티스가 오히려 취약성을 초래하고 있다. 이들이 중요하기 때문에 분리하여 설명한다. 그들 간의 관계는 <표 8-4>와 같다. 전통적으로, 공급사슬 디자인은 일차적으로 비용효율성에 초점을 두고 공급사슬과 비즈니스 프랙티스는 안정적 세계에 토대하여 디자인된다. 그러나 이것은 붕괴에 취약한 공급사슬로 결과되기도 한다.

▼ 〈표 8-4〉 공급사슬 프랙티스와 취약성을 초래하는 요인에 대한 영향

공급사슬관리 프랙티스	노출 포인트의 수 증가	거리/시간의 증가	유연성의 감소	중복의 감소
글로벌화	×	×		
분산화	×	×		
아웃소싱	×	×		
단일 조달			×	
JIT			×	×
제품/프로세스 복잡성	×			
소송	×			

자료원: Stecke, K.E. & Kumar, S.(2009), "Sources of supply chain disruptions, factors that breed vulnerability, and mitigating strategies", *Journal of Marketing Channels, 16*(3), 193 -226.

① 노출 포인트의 수

최종제품의 형태로 고객에 다가가기 전에 원재료는 다양한 지리적 및 정치적 지역을 통과해 운송된다. 이 모든 곳은 공급사슬이 붕괴에 노출되는 잠재적 포인트들이다. 가령, 아시아에서 제조되고 미국의 고객에게 선적되는 제품은 미국 혹은 아시아의 자연재해나 인간이 만든 재해에 취약하다. 유사하게, 파산, 노동자 파업, 사고와 같은 원인들로부터 발생하는 붕괴가능성은 제품이 통과되는 소유권의 수에 의존할 수 있다.

글로벌화, 분권화, 아웃소싱과 같은 현대의 공급사슬 추세는 노출 포인트 수의 증가를 더욱 심하게 초래한다. 해외 조달, 제조, 조립을 포함하는 글로벌화는 제품이 통과하는 지역의 수를 증가시키고, 그것으로 인해 공급사슬을 붕괴시킬 수 있는 기후적 및 정치적 재해의 수를 증가시킨다. 유사하게, 아웃소싱은 소유권의 수를 증가시킴으로써 취약성을 증가시킬 수 있다. 나아가 분산화는 공급사슬에 포함된 기업의 수를 증가시킨다. 이 기업들은 지리적 및 정치적 노출을 증가시키면서 더 멀리 분산되어 흩어져 위치할 수 있다. 제품과 프로세스의 증가하는 복잡성으로 인해 오늘날의 공급사슬은 기업들의 선형사슬이 아니라 흔히 상호 연결된 기업들의 복잡한 네트워크 형태로서 존속한다. 효율성을 얻기 위해 이 복잡성은 공급사슬이 분산화되고(전문성과 효율성을 얻기 위해), 글로벌 소싱을 사용하는 시스템으로 전환하도록 동기부여하는 중이고, 이것은 다시 노출 포인트의 수를 증가시킴으로써 취약성을 증가시킨다.

② 거리/시간

아웃소싱, 글로벌화, 분권화는 공급사슬 계층 사이를 자재가 이동하는 데 걸리는 거리(혹은 시간)를 증가시키기 때문에 공급사슬의 취약성을 더하는 역할을 한다. 아시아에서 미국으로 태평양을 거쳐 이루어진 해상운송은 45일이 걸릴 수 있다. 그 선적은 그 기간 동안에 발생하는 재해에 의해 붕괴될 수 있다. 그 거리 혹은 시간의 증가는 공급사슬의 통제와 조율을 어렵게 만들고 붕괴가 발생하기 쉽게 만든다.

③ 유연성

단일 소싱과 같은 공급사슬 프랙티스는 공급사슬에서 유연성을 감소시킴으로써 취약성을 증가시킨다. 매우 작은 수의(혹은 단일의) 공급자들을 사용하는 것은 공급자들에 대한 의존성을 발생시킬 수 있기 때문이다.

④ 중복성

JIT와 린 정책은 낭비절감이라는 직관적인 근거를 갖고 있다. 그러나 절약은 항상 비용이 든다. 그 절약은 재고와 중복을 줄임으로써 달성되고 이때 공급사슬이 흔히 발생하지 않는 예외적인 리스크 발생의 부정적 영향을 흡수하는 능력을 잃게 될 때 그 취약성을 증가시킨다. 만약 기업이 린의 철학을 유지하여 더 작은 재고, JIT 제조가 되기 위해 효율성을 열심히 증가시킨다면 그것은 분명히 인간이 만들거나 자연적으로 발생하는 중요한 붕괴사건에 더욱 취약하게 될 것이다.

8.4. 붕괴에 대응하기 위한 전략

(1) 공급사슬 붕괴의 시간별 대응 전략

① 붕괴의 시간별 효과

공급사슬 붕괴의 시간별 효과는 예측하지 못한 사건 동안 공급사슬 성과에

〈그림 8-8〉 공급사슬 붕괴의 시간별 효과

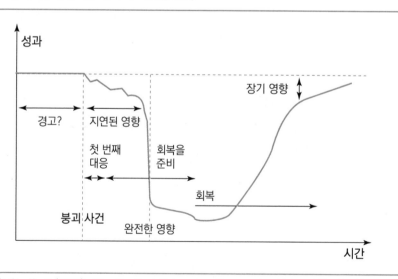

자료원: Sheffi, Y.(2005), *The Resilient Enterprise: Overcoming Vulnerability for Competitive Advantage*, MIT Press.

어떤 영향을 미치는지에 대한 것으로서 <그림 8-8>과 같이 나타난다. 붕괴 사건 이전에 경고가 존재할 수 있고 사건이 발생하면 바로 성과에 영향을 미치는 것이 아니라 완전 영향이 나타날 때까지 지연된 영향이 나타나게 된다. 지연된 영향이 나오는 시점에서 첫 번째 대응이 이루어지고 완전한 영향을 나오는 시점에서 회복을 위한 준비가 이루어진다. 회복노력이 진행되는 동안에 다시 성과는 점진적으로 향상되며 이 노력에 따라 장기적인 영향은 점점 원래로 복귀하는 모습을 띠게 된다.

② 시간별 대응 전략

공급사슬의 붕괴에 대한 대응으로서 시간별 노력을 정리하면 <그림 8-9>와 같다. 충격이 발생하기 전에 공급사슬 취약성에 대한 대응은 취약성 축소이다. 이후 조직 내 흡수역량을 강화하여 준비를 할 필요가 있고 충격이 발생하였다면 그 충격에 대한 상황인식에 기반하여 대응이 이루어진다. 초기에 그 충격의 영향은 매우 크게 폭발하고 대응이 이루어짐에 따라 점차 감소하는 모습을 갖게 된다. 마지막으로 최종 단계로서 회복노력이 진행된다.

〈그림 8-9〉 붕괴에 대한 공급사슬 대응 노력

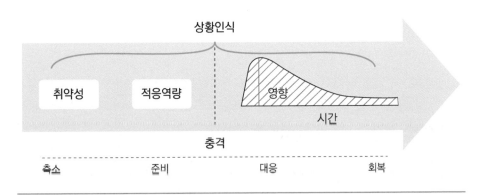

자료원: Manus, S., Seville, E., Brunsdon, D. & Vargo, J.(2007), "Resilience Management: A Framework for Assessing and Improving the Resilience of Organisations", 2007/01, *Research Report*, Resilient Organisations Programme, New Zealand(www.resorgs.org.nz)

(2) 붕괴 리스크 완화 전략

① 선행적 전략

실행가능성과 비용이 허용하는 수준에서 조직은 어떤 혹은 많은 공급사슬 중 단사건들에 의해 영향받지 않는 공급사슬을 만드는 전략을 선택해야 한다. 이 전략은 취약성과 붕괴의 가능성을 줄이는 것을 지향하는 의사결정/계획/행동이다. 이 전략은 주로 붕괴에 대한 노출 포인트의 수를 줄이는 것을 지향한다.

가) 안전한 입지 선택

재앙의 빈도와 유형은 지리적 영역에 따라 다양하다. 아시아는 유럽보다 더 지진의 성향이 높다. 또한 특정 지역은 허리케인이 자주 발생하고 테러리스트 공격은 몇 국가들에서 특히 더 많이 발생한다. 이러한 붕괴 리스크는 재난에 덜 민감한 지역을 선택함으로써 상당히 줄어들 수 있다. 지리적 입지 및 국가와 더불어 소유권, 상징적 중요성, 건축물 형태, 이웃국가, 정부, 커뮤니티, 경제적 상황과 같은 다른 요인들이 재해의 가능성에 영향을 미친다.

나) 강건한 공급자와 운송수단 선택

재해에 잘 대응하도록 준비된 공급자는 전체 사슬의 취약성을 줄일 수 있다. 흔히 운송은 공급사슬의 가장 취약한 부분이다. 붕괴를 다룰 수 있는 능력을 갖는 운송기업을 선택하는 것은 재해 발생 시 안정을 제공할 수 있다.

다) 안전한 커뮤니케이션 연결 구축

신뢰할 수 있고 강건한 커뮤니케이션 연결은 분산된 공급사슬의 운영을 통제하고 조율하는 것을 지원할 수 있다. 특히, 분산되고 글로벌한 공급사슬에서 커뮤니케이션 연결의 니즈와 편익이 중요하다.

라) 보안 강화

보안은 사람이 만든 어떤 의도적인 재난을 예방하도록 할 수 있다. 정보 보안은 해커, 컴퓨터 바이러스, 권한이 없는 접근에 의한 사이버 공격을 막을 수 있다.

마) 효율적 인적 자원 관리

종업원을 잘 파악함으로써 수익을 창출할 수 있다. 가령, 인력의 배경 정보는 범죄 배경이 있는 종업원을 채용하는 것을 막을 수 있다. 게다가 그러한 정보는 중요하고 민감한 책임을 부여하는 데 사용될 수 있다. 또한 붕괴 발생 시 회복의 성과를 높이는 한 결정요인으로서 종업원 회복이 중요하다. 마지막으로, 종업원과의 친밀한 이해와 관계는 파업과 조업중단을 피하는 것을 도울 수 있다.

② 경고 전략

재앙의 사전 경고 혹은 예측은 기업에 붕괴 영향을 최소화하는 역량을 갖추도록 하는 가치 있는 준비시간을 제공할 수 있다. 개선된 붕괴 완화 능력과 더불어 예측은 전략적 우위를 제공할 수 있다.

가) 가시성과 조정향상

공급사슬 내 조직들은 어떤 공급사슬 단계에 영향을 미칠 수 있는 재난에 취약하다. 이에 공급사슬 내 수직적 조정(공급자와 고객들)은 여러 단계들을 붕괴시키는 재난을 막도록 도와줄 수 있다. 정보를 공유하는 것은 주체들이 공급자 혹은 고객에서 발생할 문제를 어느 정도 예상하도록 만든다. 수평적 조정은 또한 기업들(심지어 경쟁자들)이 법의 변화, 고객선호의 변동, 기술의 변화와 같은 붕괴를 예측하도록 허용할 수 있다.

나) 운송 가시성 증가

운송 붕괴에 대한 즉각적인 정보는 관리자들이 더 나은 방식으로 공급사슬을 준비하도록 만들고 그로 인해 자신의 시설에서 붕괴를 피할 수 있게 한다. 가령, 운송 수단은 대안적 경로를 통해 재경로화될 수 있고, 운송 경로가 붕괴되지 않은 다른 공급자에게 주문이 늘어나고, 더 신속하게 주문이 처리될 수 있다.

다) 기후예보 모니디

Toyota는 모든 공급자들과 운송 경로의 기후조건을 모니터하기 위해 일기예 측 기업인 WeatherData Inc.을 사용한다.

라) 테러 위협 수준에 기초한 행동

공급사슬에서 테러 위협 수준의 증가는 더 엄격한 세관 혹은 국경 검문으로 인해 통관장소에서 지연을 증가시킨다.

마) 다양한 추세 모니터링

고객 선호, 법률과 규제, 기술의 변화와 같은 추세들은 붕괴를 창출하는 한 요인이다. 이 붕괴는 시장의 손실, 증가된 세금, 증가된 경쟁 등으로 결과될 수 있기 때문이다. 대부분의 경우에 이 추세들은 느리게 발생할 수 있고 조직이 이에 적응하는 시간을 제공한다. 하지만 법과 규제와 같은 변화는 갑자기 발생할 수 있다.

③ 대응 전략

대응(혹은 반응) 전략은 공급사슬에 붕괴의 영향을 완화시키는 능력을 제공한다. 이 전략은 구성요소들의 유연성과 중복에 기초하여 구축되고, 이것은 기업이 이용가능한 대안들(옵션들)의 편익에 의해 공급사슬 일부분의 손실을 상쇄시키도록 하는 옵션을 제공한다.

가) 유연하고 중복적 자원을 갖는 다수 시설 유지

다른 지리적 및 정치적 지역에 여러 개의 시설을 갖는 것은 복수의 입지를 통해 동시적인 붕괴의 가능성을 줄일 수 있다. 즉, 이 시설에서 중복적이거나 유연한 자원은 붕괴완화 능력을 제공할 수 있다. Volkswagen은 미국, 브라질, 멕시코, 독일과 같은 여러 국가에서 차를 만든다. 또한 주요 시장에 입지하기도 한 이 생산시설들은 다른 모델을 만드는 유연성뿐만 아니라 수요 변동을 충족시키는 초과 용량을 갖는다.

나) 초과 재고 유지

초과 재고는 일상적인 공급사슬 운영에 영향을 미치지 않고 붕괴를 완화시킬 수 있다. 공급자의 재고 결여는 공급사슬 내 하류 조직에서 공급의 부족으로 결과될 수 있다. 붕괴를 완화하는 것과 더불어 초과 재고는 일상의 수요 변동을 충족시키도록 지원하는 편익도 제공한다.

다) 대안 공급자와 계약

대안 공급자의 이용이 불가능하면 붕괴 리스크를 증가시킬 수 있다. 어떤 공급자가 붕괴 시 붕괴되지 않은 다른 공급자들은 생산 공유를 충족시키기 위해 그들의 산출물을 증가시키는 역량을 가져야 한다. 홍콩의 의류 제조업체인 Li and Fung은 복수의 공급자들에게 제조 용량의 여유를 남겨둔다. 이 전략은 Gap, Disney, and Gymboree와 같은 고객이 다양한 디자인과 양을 주문할 때 공급자에 대한 유연한 역량을 보장하는 방식으로 운영된다.

라) 유연한 운송

공급사슬은 항공, 육상, 해상 운송과 같은 대안들을 사용하는 데 유연성을 가져야 한다. 대안 운송은 글로벌 기업들에게 특히 중요하다. 여기에 대안적 경로와 긴급 서비스와 같은 옵션들이 또한 중요하다.

마) 중복적인 핵심부품 유지

제한된 투자로 유지될 수 있는 중요한 부품들에 대한 예비를 갖는 것이 유리하다. 예를 들어, 전자와 반도체 기업은 정전에도 공장을 운영할 수 있는 보조 발전기를 유지한다.

바) 다양한 프로세스 표준화

노동자들은 표준화되고 잘 문서화된 프로세스를 갖는 제품을 다른 시설에서도 쉽게 생산할 수 있다. 만약 비표준화된 제품을 생산하는 어떤 공장에서 생산이 붕괴된다면 다른 붕괴되지 않은 공장들은 그 생산을 대체하지 못할 수도 있다.

사) 리스크를 상쇄하기 위한 제품 재설계

복수의 제품들에 걸쳐 공통의 구성요소들을 갖는 제품을 모듈 방식으로 디자인하는 것이 필요하다. 공통의 구성요소에 대한 재고 풀링은 복수의 제품에 대한 수요를 만족시키기 위해 동일한 시설 내 집합을 허용한다. 지연, 대량고객화, 중심화된 재고관리는 구성요소 공통성(commonality)에 의한 리스크 풀링을 활용히는 다른 기법들이다.

아) 고객 선택에 영향

일상적 운영의 붕괴 발생 시 특정 제품을 고객이 구매하도록 동기부여하는 기업의 능력이 중요하다. 1999년 대만 지진 동안 Dell은 무료 혹은 값싼 업그레이드 중 하나를 제공함으로써 이용가능한 부품을 이용하여 만들 수 있는 컴퓨터 부품을 고객이 구매하도록 판촉을 통해 유인할 수 있었다.

자) 리스크를 포괄하는 보험 구매

다양한 부품과 붕괴의 유형에 대해 보험을 구매하는 것은 기업에게 열려 있는 한 옵션이다. 실제로 공급사슬 부품들의 자연재해, 사고, 도난에 대해 보험을 들 수 있다. 보험 대상으로는 자산 그 자체, 이익의 손실, 초과 비용, 물리적 손실 혹은 재산 피해로 인한 비용지출을 포함한다.

④ 완화 전략의 비용/편익 상충

대응 혹은 완화 전략의 실행에 대한 투자는 자원을 요구한다. 어떤 전략이 효율성을 손상시키지 않고 리스크를 줄일 수 있는지에 관한 것은 분명하지 않으나 이 전략의 잠재적 편익은 다음과 같다.

가) 리드타임과 변동성의 축소

운송수단을 보장하는 것은 세관과 통관창구에서 필요한 시간을 줄이도록 할 뿐만 아니라 신뢰할 수 있는 공급자들은 검사, 회계, 장부기입의 니즈를 줄일 수 있다. 운송 수단의 추적가능성은 또한 납기의 예측가능성을 증가시킬 수 있어 관련 불확실성과 변동성을 줄일 수 있다.

나) 개선된 재고관리

공급자 운영과 운송수단의 향상된 가시성은 공급에서 불확실성을 줄일 수 있다. 이것은 리드타임 절감과 더불어 필요한 안전재고의 양도 줄일 수 있고 수요와 공급을 일치시키는 것을 도울 수도 있다.

다) 효율적 생산 계획과 예측

정확한 고객수요에 대응을 위한 더 나은 재고 의사결정과 신뢰할 수 있는 정보는 생산 계획과 예측의 효율성을 증가시킬 수 있다. 또한 유연성과 중복은 수요 변동으로 인한 생산의 변동을 평준화하기 위한 옵션을 제공할 수 있다.

라) 채찍효과 감소

향상된 정보공유와 조정뿐만 아니라 리드타임의 감소는 채찍효과를 줄일 수 있다. 강건한 공급자는 적절한 시간과 양으로 주문을 실행하는 데 더 높은 신뢰성을 갖는 것으로 기대될 수 있다.

마) 고객 서비스 향상

붕괴 발생 시에 경쟁자들이 고객에게 접근할 수 없을 때 제품을 이용가능하게 만들어 고객을 획득할 수 있다. 공급자, 제조업체, 소매업체 사이의 더 나은 조정은 고객의 기대와 선택을 이해하고 충족시키는 데 도움을 줄 수 있다.

바) 개선된 수요관리

공급사슬 주체들 사이의 조정과 가시성은 수요관리를 위한 중요한 정보를 제공할 수 있다. 가령, 가격과 촉진 의사결정이 공급 이용가능성과 고객수요에 기초하여 이루어질 수 있다. Dell과 Amazon과 같은 기업들은 공급과 고객수요에 의존하여 가격을 급격하게 변화시킨다. 모듈 제품들은 또한 그러한 제품들이 최종제품을 형성하기 위해 조립되는 공통의 모듈을 사용하도록 만들어 수요관리에 도움을 준다. 이러한 모듈성과 지연을 활용하여 기업은 최종제품의 다양성을 확대하는 데 필요한 구성요소의 수를 줄일 수 있다. 따라서 그 기업은 소수의 부품 재고를 이용하여 높은 서비스 수준을 달성할 수 있다.

(3) 붕괴 리스크와 운영효율의 상충 해소 전략

비용 최소화와 붕괴 리스크 축소를 위한 비용의 상충문제를 처리하는 방법으로 두 가지 전략이 존재한다.

① 공급사슬 구분화

이 전략에서는 제품의 양/제품의 다양성/제품 수요의 불확실성에 따라 공급사슬을 구분하여 집중(공급을 한곳에서 일괄 담당)과 분산(여러 곳에서 담당)을 결정한다. 여기서 집중화는 낮은 양, 높은 이윤, 수요 불확실 제품과 관련한 공급사슬에 대해서, 분산화는 높은 양, 낮은 이윤, 수요가 확실한 제품과 관련한 공급사슬에 대해 이루어진다.

예를 들어, Zara는 이윤은 작으나 지속적으로 빠르게 팔리는 제품(예 흰 티나 기본 티셔츠 등)은 저비용의 여러 공급처를 통해 공급을 받는 반면에 제품 양은 작지만 이윤이 크고 제품이 팔릴지 안 팔릴지 불확실한 제품들은 한곳(주로 Zara 공장)에서 공급을 받는다. 즉, 빨리 움직이는 제품은 분산화를 하고 느리게 움직이는 제품은 집중화를 한다. 이러한 논리는 규모의 경제로 얻는 이익보다 위험 부담을 낮추는 것이 더 많은 편익을 제공하는 데 기반한다. 위험도 비용에 반영해야 한다는 것이다.

② 공급사슬 지역화

이 전략은 지역별로 공급사슬을 분리하여 각 지역에 걸맞은 공급사슬을 구축하는 것을 의미한다. 예를 들어, 유가상승에 따른 물류비 증가, 자연재해의 발생 등의 사건은 집중화된 네트워크에는 치명적일 수 있다. 이를 해결하기 위해 지역 조달(local sourcing)을 이용할 수 있다. 이것은 만약, A, B, C라는 지역이 있다면 A, B, C에 각각 다른 공급사슬을 구축하는 것이다. 그리고 각 공급사슬에서는 A, B, C 해당 지역에서 자재를 수급해 판매를 한다. 이를 통해 만약 A 지역에 재난이 발생할 경우 A에서 판매기회만 잃게 되며 B와 C를 통해 A 지역 수요에 일정수준 대응하며 A 지역을 회복시킬 수 있게 된다. 이처럼 지역을 구분지어 각각 다른 공급사슬을 운영하는 것이 비용 측면에서 하나로 합치는 것보다 비효율적인 것처럼 보이지만 실제로 물류비와 리스크를 함께 고려한다면 공급사슬을 지역별로 나누는 것이 사고뿐만 아니라 수요에 대한 대응력을 높여준다는 점에서 더 이익이 된다.

〈그림 8-10〉 공급사슬 지역화의 편익

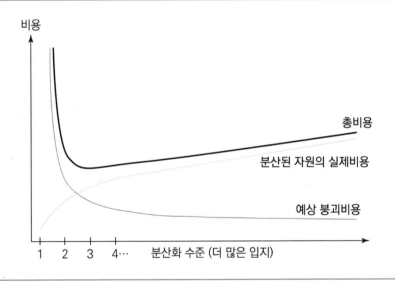

공급사슬 지역화의 편익을 시각적으로 보여주는 <그림 8-10>을 보자. 여기서 X축은 분산시키는 지역의 수를, Y축은 비용을 나타낸다. 총비용 그래프를 보면 단조증가나 감소가 아닌 비용의 최저지점이 존재하는 형태를 보인다. 즉, 공급처를 단 한 곳만 유지하는 것은 바람직하지 않다는 것이다. 그리고 각각의 비용을 어떻게 대입하는지에 따라 다르겠지만 최적의 지역 수를 구할 수 있다. 위 그래프에서는 2-3군데 정도 수준으로 나타나고 있으며, 실제 기업들도 대부분 그 정도 수준에서 운영을 하고 있다. 삼성전자도 최소 두 곳 이상의 공급처를 항상 유지하고 있다. 이런 상황은 보조 공급자(두 번째, 세 번째 등)가 전체 공급량의 20%만을 공급한다고 해도 비용효과적으로 기업을 유지할 수 있기 때문이다.

참고문헌

Bernardes, E.S. & Hanna, M.D.(2009), "A theoretical review of flexibility, agility and responsiveness in the operations management literature: toward a conceptual definition of customer responsiveness", *International Journal of Operations & Production Management, 29*(1), 30−53.

Blackhurst, J., Craighead, C.W., Elkins, D. & Handfield, R.B.(2005), "An empirically derived agenda of critical research issues for managing supply−chain disruptions." *International Journal of Production Research, 43*(19), 4067−4081.

Bogataj, D. & Bogataj, M.(2007), "Measuring the supply chain risk and vulnerability in frequency space", *International Journal of Production Economics, 108*(1), 291−301.

Christopher, M. & Peck, H.(2004), "Building the resilient supply chain", *The International Journal of Logistics Management, 15*(2), 1−13.

Christopher, M. & Towill, D.(2001), "An integrated model for the design of agile supply chains", *International Journal of Physical Distribution & Logistics Management, 31*(4), 235−246.

Christopher, M., Peck, H. & Towill, D.(2006), "A taxonomy for selecting global supply chain strategies", *The International Journal of Logistics Management, 17*(2), 277−287.

Chopra, S. & Sodhi, M.(2004), "Managing risk to avoid supply chain breakdown", *Sloan Management Review, 46*(1), 53−61.

Davis, T.(1993), "Effective supply chain management", *Sloan Management Review, 34*(4), 35−46.

Deloach, J.(2000), *Enterprise−wide Risk Management: Strategies for Linking Risk & Opportunity*, Financial Times Management Briefings, Prentice Hall.

Dong, M.(2006), "Development of supply chain network robustness index", *International Journal of Services Operations and Informatics, 1*(1/2), 54−66.

Fan, Y. & Stevenson, M.(2018), "A review of supply chain risk management: Definition, theory, and research agenda", *International Journal of Physical Distribution & Logistics Management, 48*(3), 205−230.

Fiksel, J.(2006), "Sustainability and resilience: toward a systems approach",

Sustainability: Science, Practice, & Policy, 2(2), 14−21.

Fisher, M.L.(1997), "What is the right supply chain for your product?", *Harvard Business Review, 75*(2), 105−116.

Gaonkar, R. & Viswanadham, N.(2004), "A conceptual and analytical framework for the management of risk in supply chains", Proceedings of the 2004 *IEEE* International Conference on Robotics & Automation, New Orleans, LA.

Handfield, R.B., Blackhurst, J., Elkins, D. & Craighead, C.W.(2008), "A framework for reducing the impact of disruptions to the supply chain: observations from multiple executions", in Handfield, R.B. & McCormack, K.(Eds), *Supply Chain Risk Management: Minimizing Disruptions in Global Sourcing*, Auerbach Publications, Boca Raton, Florida, 29−50.

Ho, C.F., Tai, Y.M., Tai, Y.M. & Chi, Y.P.(2005), "A structural approach to measuring uncertainty in supply chains", *International Journal of Electronic Commerce, 9*(3), 91−114.

Ismail, H.S., Poolton, J. & Sharifi, H.(2011), "The role of agile strategic capabilities in achieving resilience in manufacturing−based small companies", *International Journal of Production Research, 49*(18), 5469−5487.

Lee, H.L.(2002), "Aligning supply chain strategies with product uncertainties", *California Management Review, 44*(3), 105−119.

Ponomarov, S.Y. & Holcomb, M.C.(2009), "Understanding the concept of supply chain resilience", *The International Journal of Logistics Management, 20*(1), 124−143.

Rao, S. & Goldsby, T.J.(2009), "Supply chain risks: a review and typology", *The International Journal of Logistics Management, 20*(1), 97−123.

Sheffi, Y. & Rice, J.B.(2005), "A supply chain view of the resilient enterprise", *Sloan Management Review, 47*(1), 40−48.

Sheffi, Y.(2005), *The Resilient Enterprise: Overcoming Vulnerability for Competitive Advantage*, MIT Press.

Swafford, P.M., Ghosh, S. & Murthy, N.N.(2008), "Achieving supply chain agility through IT integration and flexibility", *International Journal of Production Economics, 116*(2), 288−297.

Tang, C.(2006a), "Perspectives in supply chain risk management", *International Journal of Production Economics, 103*(2), 451−488.

Tang, C.(2006b), "Robust strategies for mitigating supply chain disruptions", *International Journal of Logistics: Research and Applications, 9*(1), 33−45.

Wieland, A.(2013), "Selecting the right supply chain based on risks", *Journal of Manufacturing Technology Management, 24*(5), 652−668.

추가 읽을거리

Bak, O.(2018), "Supply chain risk management research agenda: From a literature review to a call for future research directions", *Business Process Management Journal, 24* (2), 567−588.

Finch, P.(2004), "Supply chain risk management", *Supply Chain Management: An International Journal, 9*(2), 183−196.

Ghadge, A., Dani, S. & Kalawsky, R.(2012), "Supply chain risk management: present and future scope", *The International Journal of Logistics Management, 23*(3), 313−339.

Manuj, I. & Mentzer, J.T.(2008), "Global supply chain risk management strategies", *International Journal of Physical Distribution & Logistics Management, 38*(3), 192−223.

Natarajarathinam, M., Capar, I. & Narayanan, A.(2009), "Managing supply chains in times of crisis: a review of literature and insights", *International Journal of Physical Distribution & Logistics Management, 39*(7), 535−573.

Zhu, Q., Krikke, H. & Caniëls, M.C.J.(2017), "Integrated supply chain risk management: a systematic review", *The International Journal of Logistics Management, 28*(4), 1123−1141.

연습문제

1. 객관식 문제

1.1. 다음 문제의 참과 거짓을 구분하시오.

(1) 공급사슬 리스크는 공급사슬 운영을 계획, 실행, 모니터링, 통제하는 프로세스에서 문제를 초래하는 사건의 발생 혹은 실패의 잠재적 발생이다.

(2) 운영적 리스크는 내부 공급사슬 리스크로서 불확실한 수요와 불확실한 공급과 같이 공급과 수요 조정의 결여와 관련한다.

(3) 수요 리스크는 그 성과가 고객요구를 충족시키거나 고객생활과 안전에 위협을 초래하는 구매기업의 무능에 의해 발생하는 공급자 실패와 관련된 사건의 확률이다.

(4) 공급사슬 리스크 관리 프로세스는 리스크 관리를 위한 주요 절차로서 리스크 규명, 리스크 평가, 리스크 대응, 리스크 모니터링 단계로 구성된다.

(5) 경쟁 불확실성은 산업 리스크의 한 유형으로서 투입물의 산출물로의 변환과정에 관련된 불확실성을 말한다.

(6) 리스크 사건은 고립된 사건이 아니라 다른 리스크들과 상호관계가 존재하고 그 리스크의 영향은 공급사슬에 걸쳐 영향을 미치기 때문에 연쇄반응과 상호관계를 이해하는 것이 절대적으로 필요하다.

(7) 리스크 이전은 낮은 확률과 높은 영향을 갖는 운영적 리스크보다 높은 확률과 낮은 영향을 갖는 자연재해와 테러리스트 공격과 같은 붕괴 리스크에 더 적절한 것으로 나타난다.

(8) 공급사슬 민첩성은 일차적으로 대응성에 관련되며, 변화에 응답하는 시스템의 능력에 초점을 둔다.

(9) 회복적 공급사슬은 공급사슬 리스크의 확률이 낮고 그 영향이 높을 때 가장 효율적인 전략이다.

(10) 리스크관리는 발생가능한 리스크를 예측하고 이에 대응하는 일상적 활동을 의미하고 붕괴관리는 예측이 불가능한 붕괴사건이 발생한 후에 급격히 낮아진 성과를 복구시키기 위해 이에 대응하는 관리방안을 의미한다.

1.2. 다음 문제의 정답을 찾아내시오.

(1) 다음 중 공급사슬 리스크를 정의하는 차원이 아닌 것은?
① 공급사슬 성과 분포의 변동
② 공급사슬 성과 변동의 발생 가능성
③ 공급사슬 성과 변동의 주관적 가치
④ 공급사슬 대응 전략의 취약성

(2) 다음 중 불확실성의 원천에 따른 공급사슬 리스크 유형이 아닌 것은?
① 공급 리스크   ② 붕괴 리스크
③ 프로세스 리스크   ④ 기술 리스크

(3) 다음 중 환경 리스크에 해당하지 않는 것은?
① 경쟁 불확실성   ② 사회적 불확실성
③ 정치적 불확실성   ④ 정책 불확실성

(4) 공급사슬 리스크를 예측능력과 리스크 영향에 따른 구분했을 때 블랙스완 차원은 어떤 특징을 반영하는 것인가?
① 리스크 영향의 크기가 크고 예측 능력이 높은 경우
② 리스크 영향의 크기가 크고 예측 능력이 낮은 경우
③ 리스크 영향의 크기가 작고 예측 능력이 낮은 경우
④ 리스크 영향의 크기가 작고 예측 능력이 높은 경우

(5) 다음 중 의사결정자 리스크에 해당하지 않는 것은?

① 의사결정자의 전체가 아닌 부분적 정보추구 행동

② 의사결정자의 제한된 합리성

③ 다양한 차원에서 고려된 의사결정 임무의 복잡성

④ 의사결정에 관련된 조직 내 제도적 규칙과 절차

(6) 다음 중 본원적 공급사슬 리스크 대응 전략에 해당하지 않는 것은?

① 리스크 수용   ② 리스크 이전

③ 리스크 양도   ④ 리스크 회피

(7) 다음 중 관행적인 공급사슬 프랙티스가 초래하는 붕괴의 결과적인 사건이 아닌 것은?

① 유연성의 감소   ② 거리/시간의 감소

③ 중복의 감소   ④ 노출 포인트 수의 증가

(8) 다음 중 붕괴리스크 완화를 위한 선행적 전략에 해당하지 않는 것은?

① 가시성과 조정 향상

② 강건한 공급자 선택

③ 안전한 입지 선택

④ 안전한 커뮤니케이션 연결 구축

(9) 다음 중 공급사슬 붕괴 리스크에 대한 대응 전략에 해당하는 것은?

① 보안 강화   ② 운송의 가시성 증가

③ 다양한 추세 모니터링   ④ 중복적인 핵심부품 유지

(10) 다음 중 공급사슬 구분화에 대한 설명으로 적절하지 않은 것은?

① 제품의 양, 제품의 다양성, 제품 수요의 불확실성에 따라 공급사슬을 구분

② 구분된 공급사슬의 집중화와 분산화를 따로 결정

③ 높은 양, 낮은 이윤, 수요가 확실한 제품에 대해서는 분산화를 적용

④ 위험부담보다는 규모의 경제로부터 발생하는 편익이 더 클 경우에 적용

2.1. 사전 학습문제

(1) 공급사슬 리스크에 영향을 미친 자연이 초래한 재해와 인간이 초
    래한 재해의 사례를 찾아 정리하시오.

(2) 다음의 향후에 주목해야 할 공급사슬 리스크 추세 열 가지를 구체
    적으로 설명하고 그 중요성을 평가해 보시오.
    ① 무역 전쟁(Brexit, 수입관세, 무역장벽 등)
    ② 원재료 조달에서 정치적 불안정과 공급불능(공급자 부도, 생산
       중단, 공장 폐쇄 등)
    ③ 소비자 요구에 대한 정부 규제 강화(품질에 대한 강한 규제,
       리콜, 안정성 강화 요구 등)
    ④ 기후변화(폭염, 홍수, 혹한, 태풍 등)
    ⑤ 환경규제(탄소배출 규제, 환경세, 쓰레기 수입 금지 등)
    ⑥ 경제적 불확실성과 구조적 변화(중소기업의 파산 및 부도 등)
    ⑦ 운송분야의 분쟁(운송회사의 노조쟁의, 파산 등)
    ⑧ 운송수단의 제한(환경오염, 대형 해상운송에만 초점, 육상 및
       항공 운송의 비용 증가)
    ⑨ 국경분쟁(국경에서 대기시간과 비용의 증가)
    ⑩ 드론으로 인한 항공 운송의 안전성 문제

2.2. 사후 학습문제

(1) 학교 구내식당의 공급사슬에서 발생가능한 리스크를 정의하고 그
    원천과 동인을 파악한 후 리스크 발생 시 대응 전략과 발생 이전
    의 대응 방안을 각각 찾아내 보시오.

(2) 우리나라 기업들이 현재와 미래에 경험할 수 있는 중요한 리스크
    는 어떤 것이 있는가? 그것들은 충분히 관리될 수 있는가?

(3) Zara와 Benneton의 공급사슬을 정리하고 비교하시오.

(4) 제조업과 서비스업의 공급사슬 리스크는 어떤 차이가 있는가? 그 대응 전략에도 차이가 존재해야 하는가?

(5) 우리 인생에서 발생할 수 있는 리스크를 원천과 동인의 관점에서 정리해 보고 그 리스크에 대한 대응 방안을 나열해 보시오.

(6) Business Continuity Management의 개념과 실행 방안을 정리하시오.

(7) 다음의 제품과 서비스에 대해 코로나 바이러스에 의한 리스크의 원천, 유형, 대응 전략을 제안해 보시오.

> 스마트폰, 자동차, 농산물, 가전제품, 학원, 항공운송, 편의점, 식당, 커피숍, 여행사

(8) 프랜차이즈가 아닌 독자적으로 운영하는 치킨점에서 공급사슬 리스크가 발생할 가능성을 모두 찾아내고 그 해결방안을 공급사슬 관점에서 제시하시오.

공급사슬 강건성

01 개념

공급사슬 강건성은 다음과 같이 다양하게 정의된다.

- 우연한 사건에 저항하고, 의도된 임무를 수행하기 위해 회복하고, 우연한 사건 이전의 동일한 안정적 상황으로 가는 시스템 능력(Asbjørnslett & Rausand, 1999)
- 계획기간 동안 불확실한 요인의 관점에서 최악의 상황에 대해 기업의 성과를 헤지하는 의미(Kouvelis et al., 2006)
- 공급사슬이 어떤 피해에도 불구하고 그 기능을 수행할 수 있는 수준(Meepetchdee & Shah, 2007)
- 가능한 모든 미래 시나리오하에서 지속가능한 가치창출을 제공할 수 있다면 그 디자인은 고려되는 계획기간 동안 강건(Klibi et al., 2010)
- 공급사슬이 하나 이상의 로지스틱스 프로세스에서 급변을 초래하는 기대하지 못한 사건 동안 그리고 후에 수용가능한 성과를 보여주는 수준(Vlajic et al., 2012)
- 초기의 안정적 구성을 바꾸지 않고 변화에 저항하는 공급사슬의 능력(Wieland & Wallenburg, 2012)
- 변화에 저항하거나 회피하는 공급사슬의 능력(Christian et al., 2015)

이러한 정의에 따르면 강건성의 유사 표현으로서 '저항(resistance)'과 '회피(avoidance)'를 자주 사용하는 것으로 보인다. 변화에 저항을 높이기 위해 제안된 공통의 대응방안은 네트워크에서 완충(buffer)의 실행이다. 그러나 모든 변화에 저항할 수 없기 때문에 어떤 변화는 강건성을 유지하기 위해 회피될 필요가 있다. 회피는 변화에 의해 영향받지 않는 공급사슬의 능력을 의미한다. 결과적으로, 변화의 시기에 강건한 공급사슬은 그러한 변화에 저항하거나 회피하기 위한 능력 혹은 방안을 의미한다고 볼 수 있다. 따라서 강건한 공급사슬의 목적은 다양한 상황하에서 바람직하지 않은 결과라는 리스크 최소화를 달성하며 공급사슬의 네트워크 구조와 그 관리 및 통제 정책이 잘 작동하도록 보장하는 것이다.

이와 유사한 개념으로서 회복성(resilience)이라는 것이 있다. 광의의 개념으로서 리스크 관리 전략은 강건하거나 회복적 중 하나로서 분류될 수 있다. 강건한 공급사슬은 급변에 저항, 불확실성에서 원래의 구조를 유지, 기능을 계속하도록 만들 수 있다. 반면에 회복적 공급사슬은 붕괴된 후에 원래 상태로 재빨리 돌아가거나 새롭고 더욱 바람직한 상태로 이동할 수 있다는 데 초점을 둔다. 결국 강건성과 회복성은 효과적인 공급사슬 리스크 관리에 필수적 역량이다.

02 선행요인

2.1. 조직 내 선행요인

(1) 리더십 헌신

전략 추진을 위한 리더십의 헌신은 조직 내 공통 목표의 효과적 실행을 위한 토대이다. 의사결정자는 리더십을 통해 종업원을 동기부여할 뿐만 아니라 고취시키는 중요한 역할을 한다. 공급사슬 관리자는 강건성을 높이기 위해 더욱 투명한 전략적 의사결정을 전개하고, 새롭게 등장하는 문제를 규명하고, 회피하는 우선순위를 설정할 수 있다.

(2) 인적 자본

종업원은 경영층의 전략과 운영적 실행 사이의 인터페이스로서 중요한 역할을 한다. 또한 관리자들은 공급사슬의 강건성을 향상시키기 위해 잠재적 공급문제를 규명하고 적절한 조치를 취하는 핵심 지식원천이다.

(3) 조직 내 지식 및 정보의 규모

조직 내 여러 주체 사이의 정보의 상호작용과 교환의 크기는 조직 내 강건성을 가능하게 하는 핵심이다. 제품 디자인, 생산 프로세스, 로지스틱스, 품질, 공급과 수요 상태에 대한 정보와 지식의 전략적 및 운영적 공유는 조직 내 조정과 관리를 더 잘 하도록 만든다.

(4) 리스크 관리 지향

공급사슬 내 모든 주체의 리스크 관리는 공급사슬의 연속적 실패를 예방하는데 도움이 된다. 리스크 관리 지향은 유형적(예 제품 디자인), 조직적(예 제조 혹은 구매), 무형적(예 명성) 등 다양한 수준에서 필수적이다. 리스크에 대한 기업의 성향은 붕괴를 헤지(hedge)하기 위한 방안을 더 잘 실행하도록 도와준다.

2.2. 조직 간 선행요인

(1) 주체의 중요성

공급사슬 내 각 주체가 모두 부가가치를 창출하는 역할을 할지라도 어떤 주체는 다른 주체들보다 더 중요할 수 있다. 중요하게 평가되는 주체는 복수의 공급자를 갖거나 상대적으로 많은 고객에게 판매하는 조직들이다. 중요한 주체에서 전략적으로 재고를 저장하는 것과 같은 공동 대응은 환경급변에 저항하는 것을 지원한다. 이것은 공급사슬 파트너 사이에 적절한 계약을 함으로써 달성된다.

(2) 협상력

공급사슬에서 높은 협상력을 갖는 주체는 어떤 제품의 단일 공급자 혹은 시장에서 쉽게 이용가능한 제품의 대량 구매자이다. 이때, 증가된 협상력은 변화에 대응하는 공급 네트워크의 역량을 저해하는 공급사슬 멤버 사이의 기회주의적 행동 가능성을 증가시킨다. 그러나 협상력은 조직 간 강건성의 향상요인으로서 작동하기도 한다. 즉, 어떤 주체가 증가된 협상력을 경험하면 전체 네트워크의 강건성을 증가시키는 데 주도적으로 중요한 역할을 하는 기회를 갖는다. 그 주체가 비록 선의에 의해 행동하지 않을지라도 공급사슬 파트너들의 취약성을 줄이는 호의적인 독재자가 되기도 하기 때문이다.

(3) 가시성

공급사슬 리스크를 완화하는 전략에서 핵심요소는 향상된 가시성이다. 가시성은 관계적 혹은 구조적 가시성 중 하나로 구분하여 살펴볼 수 있다. 관계적 관점에서, 리스크 관련 정보를 공유하여 공급사슬 가시성을 향상시키는 노력은 리스크 회피의 향상으로 이어지고 호환적인 IT 인프라는 파트너 사이의 정보교환을 위한 핵심 가능인자로서 기능한다. 나아가, 더 낮은 차수의 관계에서 발생하는 정보교환은 조직 간 강건성을 가장 효과적으로 가능하게 한다. 그 결과, 소통이 원활하고 협력적인 관계는 공급사슬 관계에 긍정적 영향을 미친다.

또한 구조적 관점에서 지역적으로 밀집한 공급사슬은 네트워크 가시성을 향상시킨다. 인접 지역에 위치하려고 하는 공급사슬 멤버들의 동기 중 하나는 지식에 대한 접근과 공유를 위한 잠재력을 높이는 데 있다. 따라서 네트워크 구조는 공급사슬의 가시성을 향상시킨다. 그러나 네트워크의 밀집한 부분에 영향을 미치는 붕괴는 다수 멤버들이 영향받을 때 오히려 심각해질 수 있다. 따라서 지리적 분산이 클수록 전체 네트워크 내 공급사슬 멤버들은 덜 영향받을 것이다. 결과적으로, 관리자들은 공급사슬을 디자인할 때 리스크와 커뮤니케이션을 적절히 균형시켜야 한다.

(4) 공급사슬 복잡성

공급사슬 복잡성의 증가는 공급사슬 리스크를 완화하기 위한 대응 방안에 더 많이 투자하도록 만들기 때문에 공급사슬 강건성은 낮아진다. 가장 단순하게 공급사슬 복잡성은 사슬(혹은 네트워크)을 구성하는 주체들의 수와 그 사슬의 길이(즉, 차수)로서 이해된다. 일반적으로 공급사슬 내 주체들의 수가 증가하면 그 공급사슬은 더 길어지고 더 복잡하게 된다. 복잡한 공급사슬은 더 많은 자원과 노력이 네트워크 내 활동을 동기화하고 조율하도록 요구한다. 이 노력이 실패하면 공급사슬 내 단일 주체에서 발생하는 예상치 못한 변화는 공급사슬을 통해 확산될 수 있고 다른 멤버들에게 피해를 주는 원인이 된다.

03   공급사슬 강건성 전략

Tang(2006)은 <표 9−1>과 같이 공급사슬 붕괴를 완화하기 위한 총 9개의 강건성 전략을 구체적으로 제시하였다. 이 전략은 회복적 전략으로도 평가받을 수 있다.

▼ 〈표 9-1〉 공급사슬 강건성 전략

강건한 공급사슬 전략	주요 목적	정상 상황하의 편익	주요 붕괴하의 편익
지연	제품 유연성 증가	공급을 관리하는 역량 향상	다른 제품들의 구성을 재빨리 변화시키는 것이 가능
전략적 재고	제품 이용가능성 증가	공급을 관리하는 역량 향상	주요 붕괴 시에 시장 수요에 재빨리 대응하는 것이 가능
유연한 공급기반	공급 유연성 증가	공급을 관리하는 역량 향상	공급자 사이에 즉각적으로 생산을 이동시키는 것이 가능
생산과 구매	공급 유연성 증가	공급을 관리하는 역량 향상	사내 생산시설과 공급자 사이에 재빨리 생산을 이동시키는 것이 가능
경제적 공급 인센티브	제품 이용가능성 증가	공급을 관리하는 역량 향상	주문량을 재빨리 조정하는 것이 가능
유연한 운송	운송 유연성 증가	공급을 관리하는 역량 향상	운송 수단을 재빨리 변화시키는 것이 가능
수익관리	제품 수요의 통제 증가	수요를 관리하는 역량 향상	고객 제품 선택에 동태적으로 영향을 미치는 것이 가능
동태적 분류 계획	제품 수요의 통제 증가	수요를 관리하는 역량 향상	다른 제품들의 수요에 재빨리 영향을 미치는 것이 가능
조용한 제품 롤오버	고객에 대한 제품 노출의 통제 증가	공급과 수요를 관리하는 역량 향상	다른 제품들의 수요를 신속히 관리하는 것이 가능

3.1. 지연 전략

지연(postponement) 전략은 공급사슬 단계에서 제품 차별화의 포인트를 하류로 이동시키는(즉, 지연 혹은 늦추는) 전략이다. 예를 들어, 기업이 우선 모든 제품의 총합적 수요에 기초하여 본원적 제품을 만들고 나중에 그 본원적 제품을 고객화하도록 만든다. 지연 전략은 Xilinx, Hewlett Packard, Benetton과 같은 기업들에서 일반적 상황에서 일상적 수요 변동을 다루기 위한 비용효과적인 대량 고객화 전략으로서 입증되었다.

이 지연 전략은 공급사슬이 붕괴 사건으로부터 재빨리 제품을 재구성하도록 하는 비용효과적이고 시간효율적인 비상계획을 제공한다. 가령, Philips가 화재로 자신의 공장이 폐쇄된 후 특정 부품을 인도하는 것이 불가능하다는 점을 Nokia에게 알렸을 때 Nokia가 원래의 휴대폰을 재빨리 재디자인하는 비상계획을 전개하여 재구성된 제품(휴대전화)은 미국과 일본의 다른 공급자에게서 약간 다른 부품을 수용할 수 있도록 만들었다. 이 제품 유연성은 노키아가 어떤 심각한 붕괴로부터 별 문제없이 회복하도록 만들었다.

3.2. 전략적 재고

공급이 붕괴에 직면할 때 공급사슬이 계속 부드럽게 기능할 수 있도록 보장하기 위해 어떤 중요한 구성요소(혹은 부품)들에 대해 만일의 경우에 대비한 안전재고를 보유하는 것을 고려할 수 있다. 그러나 제품 라이프 사이클이 단축되고 제품 다양성이 증가함에 따라 재고 과다아 부수저 안전재고외 진부화 비용은 과도하게 나타날 수 있다. 따라서 특정 기업에서 안전재고를 과다하게 보유하는 대신에 다양한 공급사슬 파트너(소매업체들, 수리 센터 등)에 의헤 분산공유디도록 특정 전략적 입지(창고, 물류 허브, 유통 센터)에서 재고를 저장할 수 있다.

예를 들어, Toyota와 Sears는 인근 지역의 모든 소매업체들이 이 재고를 공유하도록 한다. 그렇게 함으로써 그들은 일상적인 수요변화를 다룰 때 높은 재고비용을 초래하지 않고 더 높은 고객서비스 수준을 달성할 수 있다. 붕괴가 발생할 때 전략적 입지에서 공유된 이 재고를 통해서 어떤 기업이 영향받는 지역에 재빨리 전략적 재고를 전개하는 것을 허용할 것이다. 가령, 미국 질병통제센터(CDC)는 미국의 전략적 입지에 국가전략비축기지를 만들어 많은 양의 의약품 및 의료장비를 보유하고 있다. 이 전략적 비축량은 만약 특정 지역의 의료 공급품이 소진될 정도로 심각한 공공의료 응급사태(예 테러리스트 공격, 독감 및 전염병, 지진)가 발생할 경우에 긴급 대응하는 것을 목적으로 한다.

3.3. 유연한 공급기반

비록 단일 공급자로부터 자재를 조달하는 것이 비용을 줄일지라도(예 소수 공급자로 인해 낮아진 공급관리 비용, 소수 공급자에게 대량 주문을 통한 수량할인으로 낮아진 단위당 비용 등) 그것은 본원적인 수요 변동 혹은 중요한 붕괴를 관리하는 데 문제를 야기할 수도 있다. 단일 조달과 관련된 리스크를 완화하기 위해 HP는 잉크젯 프린터를 만들기 위한 그들의 공급기반으로서 워싱턴과 싱가포르에 있는 공장을 활용하였는데 일상적인 수요 변동을 원만하게 다루기 위해 싱가포르 공장을 기본 생산을 위해 사용하였고 워싱턴 공장을 기본 양의 초과분만을 생산하도록 하였다. 이러한 유연한 공급기반은 기업으로 하여금 일상적인 수요 변동을 다루도록 할 뿐만 아니라 중요한 붕괴가 발생할 때 안정적인 공급을 유지하도록 만든다. Li and Fung의 4,000 공급자 네트워크는 특정 국가에서 붕괴가 발생할 때 재빨리 다른 국가의 공급자들로 생산을 이동하도록 디자인하여 뛰어난 유연성을 제공하고 있다.

3.4. 제조와 구매

잠재적 공급 붕괴에 직면할 때 어떤 제품들이 다른 공급자에게 아웃소싱되는 반면에 특정 제품이 사내에서 생산된다면 그 공급사슬은 더욱 강건하게 된다. 가령, HP는 그들의 싱가포르 공장에서 데스크젯 프린터의 일부분을 만드는 데 사용하였고 말레이시아의 계약 제조업체에 생산의 나머지 부분을 아웃소싱하였다. 또한 Brooks Brothers와 Zara는 그들의 사내 공장에서 최신 패션 품목을 생산하고 기본적 품목들은 중국의 공급업체들에 아웃소싱한다. 제품에 따른 이 제조와 구매 전략은 기업이 생산을 재빨리 변화시키도록 허용하는 유연성을 제공한다.

3.5. 경제적 공급 인센티브

이용가능한 공급자가 시장에 많을 경우에는 문제가 없지만 보통 그러한 공급자의 제한으로 인해 환경급변 시 생산을 이전하기가 쉽지 않다. 공급자 사이에 생산을 유연하게 이전하기 위해 구매자는 추가 공급자를 구축하고 유인하는 어떤 경제적 인센티브를 제공할 수 있다. 가령, 과거에 특정 독감백신을 성공적으로 생산하는 불확실성, 불확실한 시장 수요, 미국 정부로부터의 가격하락 압력으로 인해서 Wyeth Pharmaceuticals를 포함한 많은 독감백신 제조업체들은 시장을 떠났다. 2004년 10월에 미국 시장에 남아 있는 두 개의 백신 제조업체 중 하나인 Chiron마저 공장의 박테리아 오염으로 인해 생산이 중단되어 48백만 개의 독감주사 부족에 직면한 미국 정부는 특정 높은 위험군에 속한 사람들에게만 독감주사를 제공할 수 있었다고 한다. 이러한 낭패를 막기 위해 미국 정부는 더 많은 공급자가 독감백신 시장에 재진입하도록 유인하기 위해 몇 가지 경제적 인센티브를 제공하였다. 가령, 정부는 특정 가격에서 미리 독감백신의 적정 양을 생산하도록 하고 독감 시즌이 끝날 무렵에는 판매되지 않은 재고를 적정 가격으로 환매하여 공급자들과 재무 리스크를 공유하였다.

3.6. 유연한 운송

공급사슬 관리에서 운송은 공급사슬을 단단하게 연결시켜 주는 접착제 혹은 연결핀 역할을 한다. 그렇기 때문에, 운송분야에서 선행적으로 많은 유연성을 추구해야 한다. 이를 위한 세 가지 기본적 접근법이 있다. 첫째, 복합운송이다. 해양, 항공, 육상에서 붕괴가 발생할 때 공급사슬 운영이 중단되는 것을 막기 위해 기업은 복합운송에 의존하는 유연한 로지스틱스 전략을 활용한다. 예를 들어, Seven–Eleven Japan은 로지스틱스 파트너가 트럭, 오토바이, 자전거, 선박,

헬리콥터를 포함해 운송유형을 다각화하도록 요청한 덕분에 이들을 이용하여 고베 대지진 때 희생자들에게 주먹밥을 제공하였다. 둘째, 다중 운송기업을 활용한다. 정치적 붕괴(예 노동분쟁 등)의 경우에 자재의 지속적 흐름을 보장하기 위해 SkyTeam과 같은 다양한 항공기업의 연합을 활용한다. 셋째, 다중 경로를 활용한다. 한 경로의 봉쇄를 피하기 위해 기업들은 공급사슬을 따라 원활한 자재흐름을 보장하고자 대안적인 운송 경로를 고려해야 한다.

3.7. 동태적 가격책정과 촉진을 통한 수익관리

동태적 가격책정과 촉진을 통한 수익관리는 특정 제품의 공급이 붕괴될 때 수요를 관리하는 효과적 방법일 수 있다. 동태적 가격책정은 소멸가능한 제품/서비스를 효과적으로 판매하기 위한 메커니즘이다. 가령, 불확실한 수요를 갖는 비행기의 제한된 좌석을 판매할 때 항공사는 제한된 공급과 불확실한 수요를 충족시키기 위해 수익관리(yield management) 방식으로 그들의 티켓 가격을 주말과 주중의 차별화 요금과 같은 형태로 동태적으로 조정하였다. 또한 소매업체도 이용가능한 제품을 고객이 선택하도록 유인하기 위한 가격책정 메커니즘을 사용할 수 있다. 전자상거래 상황에서 요령 있는 온라인 소매업체들은 각 고객의 제품 선택에 영향을 미치기 위해 과거의 클릭 순서, 과거의 구매 기록 등과 같은 온라인 고객의 프로파일을 빅데이터로 분석하고 인공지능을 이용하여 차별화된 가격책정과 판촉활동을 수행하고 있다.

가령, Dell이 1999년 지진 후에 대만 공급업체로부터 조달의 어려움에 직면할 때 만약 고객이 대만이 아닌 다른 공급자들의 부품을 이용한 유사한 컴퓨터를 선택한다면 그 고객에게 특별한 저비용 업그레이드 옵션을 제공하는 비상 판촉계획을 실행하였다. 이 동태적 가격책정과 촉진 전략은 델이 공급위기에도 불구하고 고객을 지속적으로 충족시키는 것을 가능하게 만들었다.

3.8. 제품 분류계획

오프라인 소매업체들은 소비자 제품 선택과 고객 수요에 영향을 미치기 위해 분류계획을 사용하였다. 예를 들어, 슈퍼마켓의 점포 관리자는 전시된 제품의 구성, 선반 위 각 제품의 위치, 각 제품에 대한 외부포장의 수를 재구성함으로써 고객의 제품 선택과 수요를 조정할 수 있다. 즉, 특정 제품이 공급 붕괴에 직면할 때 고객이 이용가능한 다른 제품을 구매하도록 유인할 수 있다.

3.9. 조용한 제품 롤오버

조용한 제품 롤오버 전략하에서 기존 제품의 생산이 중단되거나 대체되는 시기에 신제품은 어떤 공식적 발표 없이 시장으로 천천히 유출된다. 그 결과, 고객은 특정 신제품의 독특한 특징을 완전히 인식하지 못하기 때문에 재고가 부족하거나 단계적으로 중단시키는 기존 제품 대신에 쉽게 이용가능한 신제품을 더 많이 선택할 것이다. 가령, Zara는 새로운 패션 제품을 조용히 출시한다. Zara가 동일한 의류 디자인으로 제품 생산을 반복하지 않기 때문에 Zara의 유행에 민감한 많은 고객들은 그들의 점포에서 쉽게 이용가능한 의류들(즉, 새로운 패션 제품)을 곧바로 구매한다. 궁극적으로, 모든 제품들은 Zara에서 필수적으로 대체가능해진다. 대체가능한 제품들은 일반적 상황하에서 수요 변동을 평준화하는 데 매우 용이하고 심지어 공급 혹은 수요 붕괴가 존재할 때 더욱 그렇다.

3.10. 실행 시 고려사항

이 9개의 강건한 전략이 일상적 상황과 붕괴사건 발생 시 명백히 편익을 제공할지라도 효과적 실행 시에는 다음의 전략을 추가적으로 고려할 필요가 있다.

(1) 비용 대 편익 전략

어떤 기업들은 지금까지 설명한 강건성 전략들의 부수적 편익을 인식하면서도 이와 관련된 소요비용에 관해 우려를 할 수밖에 없다. 이 선행적 전략을 실행하기 위한 비용은 중요한 붕괴로부터 공급사슬을 보호하는 일종의 보험비용으로서 간주될 수 있으나 신뢰할 만한 데이터가 결여되었을 경우에(붕괴가 발생하는 확률, 붕괴로 인한 잠재적 손실 등) 이 보험비용의 수익을 평가하는 것이 어렵다. 따라서 비용과 편익을 비교하여 적절한 전략의 실행을 가져가야 할 것이다.

(2) 전략적 적합

비록 이 강건한 전략들이 공급과 수요를 더 잘 관리하도록 기업의 역량을 향상시킬지라도 그 전략은 기업이 추구하는 전반적 사업 전략에 적합하지 않을 수도 있다. 예를 들어, 기업이 생산라인을 합리화하는 하나의 방법으로서 제품 다양성 축소를 선택한다면 지연 전략의 가치는 감소될 것이다. 또한 만약 소매업체가 자신을 상시 저가판매 점포로서 포지셔닝했다면 동태적 가격책정과 촉진 전략은 시장에서 그 업체의 전략적 포지션과 일치하지 않게 된다.

(3) 선행적 실행

만약 기업이 선행적 방식으로 그 전략을 실행할 수 없다면 강건한 전략은 무용지물이 된다. 가령, 다른 해상운송과 육상운송의 결합이 원활히 이루어져야 운송의 유연성이 강화될 수 있는데, 자재의 해외 수입에서 해상운송의 문제점 발생 시 아무리 바람직한 육상운송 계획을 수립하였더라도 선제적으로 해상운송의 문제점을 해결하지 못하였기 때문에 육상운송 계획은 아무런 의미가 없게 된다. 이처럼 전략 간에 충돌이 발생 시 선행과 후행적 실행의 조화로운 결합을 통해 해결할 필요가 있다.

비록 강건한 공급사슬 전략이 기업으로 하여금 붕괴 발생 시 이에 상응하는 비상계획을 전개하도록 할지라도 그 기업들이 위험에 대한 노출을 줄일 수 있다면 붕괴에 덜 취약하게 될 것이다. 보통 예측 불가능한 붕괴의 가능성을 줄이는 것이 어려운 반면에 공급사슬이 더욱 회복적일 수 있도록 공급사슬 운영에 대한 붕괴의 영향을 줄이는 몇 가지 방법이 있다.

① 공급 제휴 네트워크

구매자가 유연한 공급기반을 개발하는 것과 더불어 공급자들(계약 제조업체, 항공운송 기업, 트럭운송 기업, 로지스틱스 제공자)은 여러 국가의 다른 공급자들과 전략적 제휴를 선행적으로 결성할 수 있다. 이 제휴는 붕괴가 발생한다면 다른 멤버로부터 도움을 얻어 전체 공급사슬에 안전망의 역할을 할 수 있다.

② 리드타임 절감

공급사슬은 리드타임이 길 때 붕괴에 더욱 취약하다. 이에 리스크 노출을 줄이는 목적으로 공급사슬 네트워크를 재디자인함으로써 리드타임을 단축시킬 수 있다. 가령, Liz Claiborne은 섬유 공급사슬의 모든 단계를 캠퍼스 내에 일괄적으로 집합시키는 방식으로 중국에 캠퍼스를 조성하였다. 이 캠퍼스 개념은 현재 10–50주에서 60일 미만의 더 작은 공급사슬 리드타임을 갖도록 하였다.

③ 회복 계획 시스템

기업의 계획 시스템 혹은 협력적 계획 시스템은 공급사슬 멤버 혹은 파트너들이 전체 공급사슬을 통해 재고, 판매, 선적 등의 가시성을 얻도록 만들 수 있다. 공급사슬 가시성은 다시 효율적 방식으로 운영을 소성하기 위해 공급사슬 파트너들의 역량을 향상시킬 것이다. 이를 위해서는 공급사슬이 주요 붕괴로부터 재빨리 회복할 수 있도록 회복 계획 시스템을 구축하는 것이 중요하다. 가령, 911 테러리스트 공격 이전에 Continental Airlines는 글로벌 최적인 회복 솔루션을 만들기 위해 'CrewSolver decision support system'을 개발하고자 Caleb Technologies와 함께 하였다. 이 최적 회복 솔루션은 Continental Airlines가 정부 규제, 계약의무, 고객기대를 유지하면서 비용효과적 방식으로 개설된 비행경로에 재빨리 승무원을 재할당하고 그들을 원래의 스케줄로 회복시키는 것을 가능하게 만들었다.

참고문헌

Asbjørnslett, B.E. & Rausand, M.(1999), "Assess the vulnerability of your production system", *Production Planning & Control, 10*(3), 219–229.

Durach, C.F., Wieland, A. & Machuca, J.A.D.(2015), "Antecedents and dimensions of supply chain robustness: a systematic literature review", *International Journal of Physical Distribution & Logistics Management, 45*(1/2), 118–137.

Klibi, W., Martel, A. & Guitouni, A.(2010), "The design of robust value–creating supply chain networks: a critical review", *European Journal of Operational Research, 203*(2), 283–293.

Kouvelis, P., Chambers, C. & Wang, H.(2006), "Supply chain management research and production and operations management: review, trends, and opportunities", *Production and Operations Management, 15*(3), 449–469.

Meepetchdee, Y. & Shah, N.(2007), "Logistical network design with robustness and complexity considerations", *International Journal of Physical Distribution & Logistics Management, 37*(3), 201–222.

Tang, C.S.(2006), "Robust strategies for mitigating supply chain disruptions", *International Journal of Logistics: Research and Applications, 9*(1), 33–45.

Vlajic, J.V., van der Vorst, J.G.A.J. & Haijema, R.(2012), "A framework for designing robust food supply chains", *International Journal of Production Economics, 137*(1), 176–189.

Wieland, A. & Wallenburg, C.M.(2012), "Dealing with supply chain risks: linking risk management practices and strategies to performance", *International Journal of Physical Distribution & Logistics Management, 42*(10), 887–905.

추가 읽을거리

Chen, L., Liu, Y.E. & Yang, S.(2015), "Robust supply chain strategies for recovering from unanticipated disasters", *Transportation Research Part E, 77*, 198–214.

Monostori, J.(2018), "Supply chain robustness: challenges and opportunities", 11th

CIRP Conference proceeding on Intelligent Computation in Manufacturing Engineering, *CIRP 67*, ICME '17.

Zhao, K., Scheibe, K., Blackhurst, J. & Kumar, A (2019), "Supply Chain Network Robustness Against Disruptions: Topological Analysis, Measurement, and Optimization", *IEEE Transactions on Engineering Management, 66*(1), 127 – 139.

연습문제

1.1. 다음 문제의 참과 거짓을 구분하시오.

(1) 기존의 문헌에 따르면 강건성의 유사 표현으로서 '회피(avoidance)' 와 '회복(resilience)'을 자주 사용하는 것으로 보인다.

(2) 강건한 공급사슬은 급변에 저항, 불확실성에서 원래의 구조를 유지, 기능을 계속하도록 만들 수 있다. 반면에 회복적 공급사슬은 붕괴된 후에 원래 상태로 재빨리 돌아가거나 새롭고 더욱 바람직한 상태로 이동할 수 있다.

(3) 구조적 관점에서 지역적이고 밀집한 공급사슬은 네트워크 복잡성을 향상시킨다.

(4) 공급사슬 복잡성의 증가는 공급사슬 리스크를 완화하기 위한 대응 방안에 더 많이 투자하도록 만들기 때문에 공급사슬 강건성은 낮아진다.

(5) 공급사슬 강건성 전략 중 경제적 공급 인센티브 제공은 제품 이용 가능성 증가의 목적으로 주문량을 재빨리 조정하는 것이 가능하도록 만드는 전략이다.

(6) 지연 전략은 일상적 수요 변동을 다루기 위한 비용효과적인 대량 고객화 전략이다.

(7) 전략적 재고는 특정 기업에서 안전재고를 많이 보유하는 방식으로서 다양한 공급사슬 파트너들(소매업체들, 수리 센터 등)에 의해 집중 공유되도록 하는 것을 말한다.

(8) 조용한 제품 롤오버 전략하에서 기존 제품의 생산이 중단되거나 대체되는 시기에 신제품은 어떤 공식적 발표 없이 시장으로 천천히 유출된다.

(9) 공급사슬은 리드타임이 길 때 붕괴에 더욱 취약하기 때문에 리스크 노출을 줄이기 위해 공급사슬 네트워크를 재디자인함으로써 리드타임을 단축시킬 수 있다.

(10) 강건성 공급사슬 전략은 오직 선행적 방식으로 실행해야지만 그 효과가 발생한다.

1.2. 다음 문제의 정답을 찾아내시오.

(1) 다음 중 조직 내 강건성의 선행요인으로 적절하지 않은 것은?
① 조직 내 지식 및 정보의 공유
② 인적 자본
③ 리더십 헌신
④ 협상력

(2) 다음 중 조직 간 강건성의 선행요인으로 적합한 것은?
① 리더십
② 지식 및 정보공유의 규모
③ 리스크 관리 지향
④ 가시성

(3) 다음 중 강건성 전략으로 가장 적절하지 않은 것은?
① 지연
② 유연한 공급기반
③ 수익관리
④ 리스크 회피

(4) 다음 중 공급사슬 강건성 전략 중 수요를 관리하는 역량 향상과 관련된 것은?
① 생산과 구매 조정
② 동태적 분류 계획
③ 전략적 재고
④ 지연

(5) 다음 중 공급과 수요를 동시에 관리하는 강건한 공급사슬 전략은?

① 조용한 제품 롤오버　　② 유연한 운송

③ 수익관리　　　　　　　④ 전략적 재고

(6) 다음 중 공급사슬 강건성을 확보하기 위한 유연한 운송방안에 가장 거리가 먼 것은?

① 복합운송의 활용　　　② 다중 운송기업 활용

③ 유연한 공급기반 확대　④ 다중 경로 활용

(7) 다음 중 강건한 공급사슬을 위한 전략으로서 제품 분류계획에 해당하는 설명은?

① 특정 신제품의 독특한 특징을 완전히 인식하지 못하기 때문에 재고가 부족하거나 단계적으로 중단시키는 제품 대신에 쉽게 이용가능한 제품을 더 많이 선택

② 점포 관리자가 전시된 제품의 구성, 선반 위 각 제품의 위치, 각 제품에 대한 외부포장의 수를 재구성함으로써 고객의 제품 선택과 고객의 수요를 조정

③ 특정 제품의 공급이 붕괴될 때 수익관리 방식으로 수요를 관리

④ 구매자는 추가 공급자들을 구축하고 유인하는 어떤 경제적 인센티브를 제공

(8) 다음 중 강건한 공급사슬 실행 시 고려할 필요가 있는 것과 가장 거리가 먼 것은?

① 비용 대 편익　　　　② 전략적 적합성

③ 공급 네트워크　　　　④ 선행적 실행

(9) 다음 중 기업들로 하여금 붕괴 발생 시 이에 상응하는 비상계획을 전개하도록 하는 데 도움을 주는 요인이 아닌 것은?

① 공급 네트워크에 대한 고려

② 리드타임 절감

③ 회복 계획 시스템

④ 정보공유를 통한 공급자 개발

(10) 다음 중 자신의 인생을 강건하게 만드는 것과 가장 관련이 없는 것은?

① 발생할 리스크를 예상하거나 그 발생가능성을 평가

② 리스크에 저항하거나 회피할 수 있는 역량 보유

③ 리스크에 대응하기 위해 유연하게 많은 자원 확보

④ 리스크에 대해 강건하게 만드는 전략 수립

2.1. 사전 학습문제

(1) 지연 전략의 의미와 사례를 다시 정리하시오.

(2) 제품 롤오버(rollover)의 의미와 전략을 정리하시오.

2.2. 사후 학습문제

(1) 강건성 전략의 개별 사례를 인터넷 검색을 통해 하나씩 찾아보시오. 그 사례에는 관련 리스크, 실행 전략과 방법, 성과(재무적, 운영적 등)가 포함되어야 한다.

(2) 코로나19로 인한 리스크에 적절한 리더십을 제안하시오.

(3) 미래에 발생할 수 있는 어떤 세계적 감염병에 대해 다음의 제품들이 강건하게 대응할 수 있는 전략을 제안해 보시오.

> 스마트폰, 의류, 냉장고, 극장, 마스크, 뷔페, 오리 전문식당, 병원, PC방

(4) 강건성과 회복성, 민첩성, 유연성을 리스크 발생 시점, 리스크의 영향크기, 대응빈도, 대응결과, 투입노력 및 비용의 관점에서 비교해 보시오.

공급사슬 유연성

01 　개념

　제조와 공급사슬 환경에서 변화에 대응하는 특성을 반영하는 수많은 용어가 등장하고 있다. 대표적으로 '유연제조시스템과 공급사슬(flexible manufacturing systems and supply chain)', '정교한 대응(accurate response)', '신속대응과 신속대응제조(quick response and quick response manufacturing)', '효율적 소비자 반응 (efficient consumer response)', '공급사슬 대응성(supply chain responsiveness)'이 그 것이다. 특히, 환경과 운영의 불확실성이 심화됨에 따라 이 환경변화에 적절히 대응하는 유연성의 개념이 점점 중요해지고 있다. 이 유연성은 불확실성에 대응하는 대응적 역량 혹은 전략으로서 고려될 수 있다.

　경쟁이 극심한 현재의 제조 환경 중 하나는 점점 더 고객화된 제품과 짧은 리드타임을 요구하는 정교한 소비자로 특징된다. 이전에 저비용의 표준화된 생산(즉, 대량생산)에 의존한 많은 기업들은 이제 경쟁을 위해 더 유연하게 변화되어야 한다. 이를 반영하여 과거 한 기업 내 프로세스 관점의 제조 유연성(manufacturing flexibility)에서부터 출발한 유연성에 대한 논의는 현재 네트워크 관점의 공급사슬 유연성으로까지 확대되고 있다.

　과거 제조 유연성 차원의 유연성은 전형적으로 범위(예 시스템이 적용할 수 있는 다양한 상태들), 유동성(예 한 제품을 만드는 것에서 다른 제품을 만드는 것으로 이동하는 능력), 단일성(예 규정된 범위 내에서 어떤 제품을 만들 때 동등하게 잘 수행하는 능력)의 관점에서 정의되었다. 이러한 제조 유연성의 다양한 구성요소들은 시간에 걸쳐 더욱 확장되었다. 그 예로, Slack(1983)은 유연성의 다섯 유형(혹은 구성요소들)을 신제품, 제품 믹스, 품질, 양, 인도로 규정하였다. 이후 Gerwin(1987)은 유연성의 7개 유형을 제안하였으며, Koste & Malhotra(1999)와 Narasimhan & Das(2000)은 이것을 10개로 확장하고 Vokurka & O'Leary-Kelly(2000)은 15개를 제시하였다. 그것은 기계, 자재 취급, 운영, 자동화, 노동, 프로세스, 경로, 제품, 신디자인, 인도, 양, 확장, 프로그램, 제조, 시장 유연성이다.

이에 비해 공급사슬 유연성은 처음에 공급사슬관리 분야의 성과측정에서부터 출발하였다. 그 후, 공급사슬 유연성을 전략적이고 전체적인 관점에서 보기 시작하였고 내부와 외부 불확실성에 효과적이고 경제적으로 대응하는 조직의 공급사슬 능력으로서 정의하기 시작하였다. 하지만 공급사슬 유연성은 매우 복잡하고 다차원적 개념이다. 그 결과, 그만큼 다양한 정의가 이루어졌다. 예를 들어, 공급사슬 유연성은 다음과 같이 다양하게 정의되었다.

- 기업이 재화를 인도하거나 수령할 수 있는 시간을 조정할 수 있는 수준 (Prater et al., 2001)
- 차별적 구성요소, 적응성(시장의 구조적 변화를 충족하기 위해 공급사슬의 디자인을 조정하고 공급 네트워크 디자인과 전략을 수정하는 것), 배치(공급사슬 내 참여주체 사이의 인센티브를 창출)와 민첩성(외부 붕괴를 원만하게 다루고 수요 혹은 공급에 재빨리 단기적으로 대응하는 공급사슬의 능력)의 관점에서 기업의 유연한 능력(Lee, 2004)
- 변화하는 공급 상황하에서 구매자-공급자 관계의 강건성(Das & Abdel-Malek, 2003)
- 공급사슬 연결이 변화하는 비즈니스 상황에 적용할 수 있는 수준(Gosain et al., 2005)
- 높은 성과를 유지하면서 사슬의 각 연결에서 고객의 수요에 신속히 대응하고 고객이 기대하는 다양한 양, 비용, 품질하에서 제품을 생산하기 위해 운영을 재구조화하고, 전략을 일치시키고, 책임을 공유하는 공급사슬 파트너의 능력(Kumar et al., 2006)

또한 공급사슬 유연성은 다양한 관점에서 논의되기도 한다. 그 예로, 고객 지향적 관점은 공급사슬 유연성이 고객가치에 직접적으로 영향을 미치는 시장 중심적 유연성에 초점을 둔다(Vickery et al., 1999). 이에 비해 네트워크 초점 관점은 기업이 공급자, 시장, 기술의 동태성에 대응하는 것을 가능하게 하는 네트워크의 능력으로서 정의된다(Tiwari et al., 2015). 즉, 공급사슬 네트워크를 더 잘 구조화, 재구조화, 조정할 수 있는 기업은 불확실성과 복잡성을 흡수하는 강한 역량에 기여한다는 것이다.

02 공급사슬 유연성의 구성 차원과 유형

2.1. Narasimhan & Das(2000)의 연구

그들의 연구에서 유연성은 아래와 같이 다양한 수준에서 정의된다. 개별 자원 유연성부터 기능 유연성까지는 구매자(제조업체)에서 발생하는 유연성이고, 이 유연성부터 전략적 사업단위에서 발생하는 유연성이 다음 공급사슬 단계로 이전된다. 따라서 공급사슬 유연성은 한 기업의 단순한 제조 기능을 넘어서 확장되고 프로세스 기반 관점을 포괄한다.

(1) 개별자원 유연성

자재취급 유연성/기계/장비 유연성/노동 유연성

(2) 현장수준 유연성

프로세스 유연성/자동화 유연성/조업순서 유연성/운영적 유연성

(3) 공장수준 유연성

프로그램 유연성/생산량 유연성/새로운 디자인과 제품 유연성/제품배합 유연성/확장 유연성/변환 및 수정 유연성

(4) 기능적 유연성

제조 유연성/마케팅 유연성/조직 유연성/R&D 유연성

(5) 전략적 사업 단위

출시 유연성/조직 디자인 유연성/정보 유연성/조달 및 제품개발 유연성

(6) 공급사슬의 다음 단계로 이전된 유연성

위의 모든 유연성이 공급사슬 내 다음 단계로 이전

2.2. Stevenson & Spring(2007)의 연구

그들은 문헌연구를 통해 유연성 특징을 네 가지 계층에 따라 분류하였다.

(1) 운영적 유연성(자원과 작업현장 수준)

• 기계: 한 설비가 주요 준비 단계 없이 수행할 수 있는 운영의 범위
• 자재취급: 현장에서 다른 부품을 사용하는 프로세스의 역량
• 운영: 부품이 현장 내에서 생산될 수 있는 대안적 프로세스 혹은 방법의 범위
• 자동화: 유연성이 자동화된 제조 기술에 의존하는 수준
• 노동: 종업원이 현장에서 수행할 수 있는 업무의 수
• 프로세스: 준비 단계 없이 생산될 수 있는 부품의 범위
• 프로그램: 특별한 관리 없이 현장이 계속 운영될 수 있는 시간의 길이
• 산출물: 단기 용량 조정이 현장에서 이루어질 수 있는 용이성

(2) 전술적 유연성(공장 수준)

• 제품/수정: 시스템에 새로운 부품을 추가하거나 대체하는 능력
• 수량: 시스템이 효과적으로 제품을 산출할 수 있는 산출물 수준의 범위
• 배송: 배송 요청의 변화에 대응하는 시스템의 능력
• 생산: 시스템이 새로운 설비를 추가하지 않고 생산할 수 있는 제품의 범위

(3) 전략적 유연성(기업 수준)

- 신디자인: 기업이 시스템에 신제품을 디자인하고 도입할 수 있는 속도와 비용효과성
- 확장: 기업이 시스템에 장기 생산 용량을 추가할 수 있는 용이성
- 시장: 시장 환경의 변화에 적응하는 능력

(4) 공급사슬 유연성(네트워크 수준)

- 강건성: 기존의 공급사슬 구성이 대응할 수 있는 시장변화의 범위
- 재구성: 시장 변화(혹은 그 변화의 예상)에 대응하여 공급사슬을 재배치하거나 재설계하는 잠재력
- 관계: 신제품개발을 포함하여 상류와 하류에 협력적 관계를 구축하는 능력
- 로지스틱스: 고객과 공급의 변화로 나타나는 제품 비용을 효과적으로 신속하게 전달하고 받는 잠재력
- 조직: 전체 공급사슬의 니즈를 충족시키는 조직 내 스킬 일치 능력
- 조직 간 정보 시스템: 변화하는 정보 니즈를 충족시키기 위해 기존의 공급사슬 주체들과 정보 시스템을 일치시키는 능력

2.3. Tiwari et al.(2015)의 연구

공급사슬 내 다양한 수준에서 발생하는 유연성의 유형은 다음과 같다.

▼ 〈표 10-1〉 공급사슬 유연성 유형

공급사슬 내 다른 수준에서 유연성의 유형	정의
후방 통합 전방 통합	• 다른 공급사슬로 참여자들을 확장시키는 공급사슬의 능력 • 다른 공급사슬의 기업을 어떤 공급사슬에 참여시키는 것을 허용하는 능력
완전 통합 범위 적응	• 어떤 공급사슬에서 후방과 전방 통합을 도입하는 능력 • 복수의 활동, 프로세스, 기능을 동시에 지원하는 공급사슬의 능력 • 기술적 변화, 관리 변화 등과 같은 내부와 외부 변동에 재빨리 적응하고 조정하는 기업의 능력
재구조/재구성	• 시장변화와 고객니즈에 대응하여 산업의 요구사항에 따라 구조를 재배열하는 공급사슬의 능력
목표 시장	• 변화하고 진화하는 시장에 신속하고, 효율적이고, 비용효과적으로 대응하는 공급사슬 파트너들의 능력
확장	• 운영적 및 기능적 수준에서 장기적이고 쉽게 용량과 비즈니스 관점에서 자신을 확장하는 기업의 능력
제공품(offering)	• 현재 파트너와 공동으로 그리고 일치시켜 제품 혹은 서비스의 수정과 변화를 도입하는 공급사슬 연결의 능력
파트너링	• 편익을 추구하기 위해 쉽고 재빨리 공급사슬 파트너들을 변화시키는 공급사슬의 능력
공급자 선택/관계 유연성 재무적	• 공급사슬 참가기업을 통해 신뢰와 협력적 관계를 개발하는 능력 • 종업원의 임금 구조를 관리하는 유연성, 네트워크 수준에서 파트너링 기업과 재무적 성과의 일치 능력
정보 확산 시간 기반 토탈 시스템 수평적/수직적 유연성	• 공급사슬 네트워크에서 정보를 동기화, 통합, 조정하는 능력 • 전체 공급사슬 네트워크의 민첩성과 관련 • 모든 기능 부서들의 유연성의 합 • 경쟁 유형(양, 품질, 비용 등)과 경쟁자들의 수 등에 기초하여 파트너를 관리하고 통제하는 능력

자료원: Tiwari, A.K., Tiwari, A., & Samuel, C.(2015), "Supply chain flexibility: a comprehensive review", *Management Research Review, 38*(7), 767-792.

2.4. Liao(2020)의 연구

그는 공급사슬 유연성 차원을 시장 지향적 유연성과 네트워크 지향적 유연성으로 구분하여 제시하였다.

(1) 시장 지향적 유연성

제품과 인도를 포함하여 공급사슬에 거쳐 운영적 프로세스를 조정함으로써 환경적 불확실성에 대응하는 기업의 능력을 의미한다. 이 유연성은 생산수량, 제품배합, 납기 유연성을 포함한다.

- 생산수량 유연성: 경제적이고 효과적으로 다양한 산출물 수준에서 운영하는 기업의 능력
- 제품배합 유연성: 경제적이고 효과적으로 폭넓은 제품을 생산하는 기업의 능력
- 납기 유연성: 계획된 납기일, 양, 목적지의 불확실성에 대응하여 고객에게 제품을 효과적으로 인도하는 기업의 능력

(2) 네트워크 지향적 유연성

공급사슬을 구성하고 자재와 정보의 흐름을 조정함으로써 환경적 불확실성에 대응하는 기업의 능력을 의미한다. 공급 네트워크, 로지스틱스 네트워크, 경계 유연성이 공급사슬 환경적 불확실성에 대응하는 네트워크 지향적 유연성으로서 간주된다.

- 공급 네트워크 유연성: 환경적 변화의 발생에 공급기반을 효율적이고 효과적으로 재구성하는 기업의 능력
- 로지스틱스 네트워크 유연성: 물리적 유통 시스템에서 대인 자원을 사용하고 소비자, 운송비용, 시설비용에 대응시간을 최소화함으로써 동태적 시장에 적응하는 능력
- 경계 유연성: 환경적 변화의 발생에 공급사슬을 따라 다양한 정보를 효율적이고 효과적으로 유통시키는 기업의 능력

03 공급사슬 유연성의 동인과 원천

　이러한 공급사슬 유연성 문제를 발생시키는 동인이 존재하고 그 문제를 해결하기 위한 유연성의 원천을 파악해야만 효과적인 유연성 관리가 가능해진다.

▼ 〈표 10-2〉 공급사슬 유연성의 동인과 원천

공급사슬에서 위치		유연성의 동인	유연성의 원천
내부(구매자)		기업 내: 시스템 통제, 조정, 자재취급, 노동, 기계구입, 프로세스, 운영 등	적응성, 배열, 내부 협력, 시스템 통합, 실시간 정보공유
외부		상류(공급자): 비대응 공급자, 신뢰 못하는 공급자, 납기 불확실성, 단일 공급자 의존, 리스크와 붕괴, 배합-양 불확실성	복수 조달, 유연한 조달, 공급자 관리, 향상된 공급자 대응성, 재고 버퍼, 정보공유, 상호 투명성
		하류(구매자): 수요불확실성(변동성, 계절성, 예측오차)	실시간 수요예측과 같은 정보공유, 최적 완충재고 보유
		로지스틱스(내향/외향): 리드타임 불확실성, 납기 불확실성 등	로지스틱스 제공자와 통합, 협력적 운송관리, 제3자로지스틱스, 대안 운송 방법
기업 간		정보공유, 신제품개발, 제품 출시와 관련된 이슈	시스템 통합, 실시간 정보공유, 협력, 파트너링, 공급사슬 재구조화, 배열

자료원: Tiwari, A.K., Tiwari, A., & Samuel, C.(2015), "Supply chain flexibility: a comprehensive review", *Management Research Review*, *38*(7), 767-792.

04   유연성 강화 전략

4.1. 기업의 유연성을 공급사슬 유연성으로 확장

이 전략은 제조 유연성의 여러 개념, 즉 기계, 자재 취급, 운영, 자동화, 노동, 프로세스, 경로, 제품, 신디자인, 인도, 양, 확장, 프로그램, 제조, 시장 유연성을 공급사슬로 확장하는 방법이다. 앞서 설명했던, 자원과 현장수준, 공장수준, 기업수준의 제조 유연성 차원에서 적용되던 방법과 논리를 공급사슬로 확장하여 적용하는 방법이다(Narasimhan & Das, 2000). 예를 들어, 조달 유연성(sourcing flexibility)을 강화하기 위해서는 복수의 공급자를 이용하거나, 다양한 공급자 사이의 전환을 활용할 수 있다. 또한 운영 유연성을 강화하기 위해서는 생산 조정, 하청계약, 표준화된 모듈 설계, 고객니즈와 제품특성의 일치 등을 적용할 수 있다.

4.2. 공급사슬 디자인

유연성과 유사한 개념으로서 효율성이 존재한다. 하지만 이 둘은 항상 상충하는 개념이다. <그림 10-1>과 같이 추진 전략과 견인 전략 사이에 존재하는 고객주문 분리점의 좌측은 효율성을 지향하는 개념이고 우측은 유연성을 지향하는 개념이다. 따라서 분리점을 지연을 통해 상류로 이동시키면 유연성이 증가하고 불확실성이 감소하나 효율성이 떨어지게 된다. 결국, 이러한 상충관계를 최소화하면서 두 개념의 균형을 달성하는 것이 바람직하다.

린/비용/속도 지향적
예측 중심의 의사결정
불확실한 환경
추진 전략
표준화된 생산

분리점

민첩성/유연성 지향적
수요 중심의 의사결정
낮은 불확실성
견인 전략
고객화된 생산

4.3. 공급사슬 관계

구매자와 공급자 사이의 관계에서 다양한 유연성 측면을 고려해야 한다. 한 예로, 유연한 조달 계약은 공급자의 안정성과 수요 변동에 구매자가 대응하는 것을 지원한다. 예를 들어, 수량이 유연한 공급계약은 공급사슬에 걸쳐 주문 변동성의 효과를 경감시킬 수 있다. 또한 낮은 복잡성과 낮은 가치 품목일 경우에 유연한 공급계약이 필요한 반면에 높은 복잡성과 높은 가치를 갖는 품목의 경우에는 불확실성을 줄이기 위해 제한적 계약을 필요로 한다(Krajewski et al., 2005).

4.4. 정보공유와 조직 간 정보 시스템

정보공유는 유연성을 제공하고 공급사슬의 대응성을 향상시킬 수 있다. 정보공유는 투명성을 향상시키고, 판매기회 손실을 피하고, 지불 사이클을 가속화하고, 신뢰를 창출하고, 과잉생산을 줄이고, 재고를 피할 수 있기 때문이다. 이를 위해 EDI(Electronic Data Interchange), APS(Advanced Planning and Scheduling), CPFR(Collaborative Planning, Forecasting and Replenishment), CSRM(Customer And Supplier Relationship Management), VMI(Vendor Managed Inventory)와 같은 조직 간 정보 시스템이 활발히 사용될 필요가 있다.

4.5. 공급사슬 유연성 매트릭스 활용

유연성 매트릭스를 활용한 전략은 <그림 10-2>와 같다.

보수적 유연성 전략의 경우에 약한 경쟁강도와 낮은 불확실성하에서 유연한 자원과 전략적 옵션에 대한 투자는 덜 유용한 것으로 보인다. 이 기업들은 이용 가능한 자원에 친숙하고 자격을 갖춘 장기 공급자 및 고객들과 협력하는 것을 선호한다. 비용과 품질이 공급자를 선택하는 중요한 고려사항이고 최적의 용량 활용과 비용절감을 위해 비부가가치 활동을 제거하고 규모의 경제를 추구하는 것을 달성하기 위해 노력한다. 중요한 판매와 재고 데이터는 전략적 파트너들과 공유되고 이것은 린 공급사슬을 달성하고 불확실성을 줄이는 효과적 방법이 된다. 이들의 조직구조는 효율적이고 긴밀하게 통합되는 방식으로 설계되고 정보 시스템은 공급사슬에 걸쳐 가장 효율적이고, 정확하고, 비용효과적인 정보 전달을 위해 구축된다.

민첩한 유연성 전략은 높은 수준의 불확실한 상황에서 적절한 전략으로서 핵심 파트너와 전략적 협력관계를 유지하고 그들의 비즈니스를 확장하기 위해 잠재적 고객과 새로운 관계를 개발한다. 고객이 특별히 요구하는 작은 배치주문을 충족하기 위해 운영 시스템을 대량고객화 프로세스로 가져가고 중요한 정보는 공급사슬 파트너들과 밀접하게 소통된다. 조직은 개방형 시스템이고 이것은 수요의 변동에 대응하는 것을 가능하게 한다.

공격적 유연성 전략은 환경적 불확실성을 줄이고 기업의 공급사슬 유연성을 향상시키기 위해 새로운 기회를 창출함으로써 선행적으로 적용될 수 있다. 예를 들어, 다양한 고객 수요에 대응하기 위해 효율적이고 반응적 생산라인 최적화와 재구축 등의 생산 프로세스의 재구조화, 웹사이트 구축 등이 있다. 마지막으로, 느림보(laggard) 전략은 아무것도 하지 않고 수동적으로 남을 모방하는 전략이다.

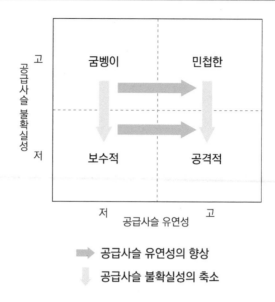

자료원: Yi, C.Y. Ngai, E.W.T. & Moon, K.L., (2011), "Supply chain flexibility in an uncertain environment: exploratory findings from five case studies", *Supply Chain Management: An International Journal, 16*(4), 271-283.

이러한 분류를 적용하여 공급사슬 대응성을 향상시키기 위해서는 <그림 10-2>에서 화살표 방향에 유념해야 한다. 화살표는 공급사슬에서 더 나은 대응성을 달성하는 데 요구되는 기업의 경쟁우위 활용의 다른 방향을 보여준다. 수직적 화살표는 어떤 기업을 위한 전술(예 공급사슬 불확실성을 축소)을 나타낸다. 반면에 수평적 화살표는 다른 어떤 기업의 전술(예 공급사슬 유연성을 향상)을 나타낸다. 예를 들어, 운영 시스템의 재구조화와 고객화되고 유연한 제품/서비스의 제공과 같은 공격적인 공급사슬 유연성 전략은 공격적으로 기대된 불확실성을 줄이고 새로운 기회를 창출하는 선행적 기능이다.

참고문헌

Yi, C.Y., Ngai, E.W.T. & Moon, K.L., (2011), "Supply chain flexibility in an uncertain environment: exploratory findings from five case studies", *Supply Chain Management: An International Journal, 16*(4), 271−283.

Narasimhan, R. & Das, J.(2000), "An empirical examination of sourcing's role in developing manufacturing flexibilities", *International Journal of Production Research, 38*(4), 875−893.

Tiwari, A.K., Tiwari, A., & Samuel, C.(2015), "Supply chain flexibility: a comprehensive review", *Management Research Review, 38*(7), 767−792.

Prater, E., Biehl, M. & Smith, M.A.(2001), "International supply chain agility: tradeoffs between flexibility and uncertainty", *International Journal of Operations and Production Management, 21*(5/6), 823−839.

Lee, H.L.(2004), "A triple: a supply chain", *Harvard Business Review, 82*(10), 102−112.

Das, S.K. & Abdel−Malek, L.(2003), "Modeling the flexibility of order quantity and lead−times in supply chains", *International Journal of Production Economics, 85* (2), 171−181.

Gosain, S., Malhotra, A. & Sawy, O.A.(2005), "Coordinating for flexibility in e−business supply chains", *Journal of Management Information Systems, 21*(3), 7−45.

Kumar, V., Fantazy, K.A. & Kumar, U.(2006), "Implementation and management framework for supply chain flexibility", *Journal of Enterprise Information Management, 19*(3), 303−319.

Stevenson, M. & Spring, M.(2007), "Flexibility from a supply chain perspective: definition and review", *International Journal of Operations & Production Management, 27*(7), 685−713.

Vickery, S.K., Calantone, R. & Droge, C.(1999), "Supply chain flexibility: an empirical study", *The Journal of Supply Chain Management: A Global Review of Purchasing and Supply, 35*(3), 16−23.

Liao, Y.(2020), "An integrative framework of supply chain flexibility", *International Journal of Productivity and Performance Management, 69*(6), 1321−1342.

추가 읽을거리

Luo, B.N. & Yu, K.(2016), "Fits and misfits of supply chain flexibility to environmental uncertainty: two types of asymmetric effects on performance", *The International Journal of Logistics Management, 27*(3), 862−885.

Manders, J.H.M., Caniëls, M.C.J. & Ghijsen, P.W.T.(2017), "Supply chain flexibility: a systematic literature review and identification of directions for future research", *The International Journal of Logistics Management, 28*(4), 964−1026.

Prater, E. Biehl, M. & Smith, M.A.(2001), "International supply chain agility−Tradeoffs between flexibility and uncertainty", *International Journal of Operations & Production Management, 21*(5/6), 823−839.

Sánchez, A.M. & Pérez, M.P.(2005), "Supply chain flexibility and firm performance: a conceptual model and empirical study in the automotive industry", *International Journal of Operations & Production Management, 25*(7), 681−700.

연습문제

1. 객관식 문제

1.1. 다음 문제의 참과 거짓을 구분하시오.

(1) 유연성은 불확실성에 대응하는 한 대응적 역량 혹은 전략으로서 고려될 수 있다.

(2) 고객 지향적 관점에서 공급사슬 유연성은 기업이 공급자, 시장, 기술의 동태성에 대응하는 것을 가능하게 하는 네트워크의 능력을 말한다.

(3) 공급사슬 유연성은 한 기업의 제조 기능을 넘어서 확장되고 프로세스 기반 관점을 포괄한다.

(4) 유연성은 운영적, 전술적, 전략적, 공급사슬 유연성으로 분류될 수 있다.

(5) 네트워크 지향적 유연성은 공급사슬을 구성하고 재료와 정보의 흐름을 조정함으로써 환경적 불확실성에 대응하는 기업의 능력을 의미한다.

(6) 납기 유연성은 계획된 납기일, 양, 목적지의 불확실성에 대응하여 고객에게 제품을 효과적으로 인도하는 기업의 능력을 말한다.

(7) 유연성을 강화하기 위해 제조 유연성의 여러 개념, 즉 기계, 자재 취급, 운영, 자동화, 노동, 프로세스, 정보, 제품, 신디자인, 인도, 양, 확장, 프로그램, 제조, 시장 유연성을 그대로 공급사슬로 확장해서는 안 된다.

(8) 추진 전략과 견인 전략 사이에 존재하는 고객주문 분리점의 좌측은 효율성을 지향하는 개념이고 우측은 유연성을 지향하는 개념이다.

(9) 공격적 유연성 전략은 비용과 품질이 공급자를 선택하는 중요한 고려사항이고 최선의 용량활용과 비용절감을 위해 비부가가치 활동을 제거하고 규모의 경제를 추구하는 것을 달성하기 위해 노력하는 전략이다.

(10) 느림보 전략과 보수적 전략의 민첩한 전략과 공격적 전략으로의 이동은 공급사슬 유연성 향상을 통해 달성된다.

1.2. 다음 문제의 정답을 찾아내시오.

(1) 다음 중 전통적인 유연성의 유형이 아닌 것은?
① 기계 유연성   ② 환경 유연성
③ 운영 유연성   ④ 시장 유연성

(2) 다음 중 공장수준의 유연성에 해당하지 않는 것은?
① 생산량 유연성   ② 제품배합 유연성
③ 자동화 유연성   ④ 확장 유연성

(3) 다음 중 전략적 사업단위 유연성에 해당하는 것은?
① 제조 유연성   ② 프로세스 유연성
③ 출시 유연성   ④ 노동 유연성

(4) 다음 중 운영적 유연성에 해당하는 것은?
① 기계 유연성   ② 수량 유연성
③ 신디자인 유연성   ④ 로지스틱스 유연성

(5) 다음 중 공급사슬 유연성에 해당하지 않는 것은?
① 강건성 유연성
② 조직적 유연성
③ 조직 간 정보 시스템 유연성
④ 배송 유연성

(6) 다음 중 시장 지향적 유연성에 해당하지 않는 것은?

① 확장 유연성　　　　　　② 수량 유연성

③ 제품배합 유연성　　　　④ 납기 유연성

(7) 다음 중 공급사슬 외부의 유연성 원천에 해당하지 않는 것은?

① 실시간 정보공유

② 공급사슬 내 타 기업과 시스템 통합

③ 복수 조달

④ 협력적 운송관리

(8) 다음 중 공급사슬 유연성 강화 전략에 해당하지 않는 것은?

① 분리점을 이용한 공급사슬 디자인

② 구매자와 공급자 사이의 관계에서 유연성 확보

③ 공급사슬의 효율성 최대화

④ 조직 간 정보 시스템을 이용한 정보공유

(9) 다음 중 공급사슬 유연성 매트릭스로 분류되지 않는 전략은?

① 민첩성 전략　　　　　　② 선구적 전략

③ 공격적 전략　　　　　　④ 보수적 전략

(10) 다음 중 공격적 유연성 전략에 해당하지 않는 것은?

① 핵심 파트너와 전략적 협력관계를 보유하고 그들의 비즈니스를 확장하기 위해 잠재 고객과 새로운 관계를 개발

② 환경적 불확실성을 줄이고 기업의 공급사슬 유연성을 향상시키기 위해 새로운 기회를 창출

③ 다양한 고객 수요에 대응하기 위한 효율적이고 반응적 생산라인 최적화와 재구축 등의 생산 프로세스의 재구조화, 웹사이트 구축

④ 선행적으로 적용

2.1. 사전 학습문제

(1) 생산운영관리 시간에 학습한 유연성의 개념, 유형, 전략을 다시 정리해 보시오.

2.2. 사후 학습문제

(1) 공급 리드타임과 불확실성 수준의 네 가지 차원(고와 저)하에서 유연한 공급사슬이 필요한 위치를 구분해 보시오.

(2) 다양한 자료의 검색을 통해 공급사슬 유연성의 차원(혹은 유형)을 모두 나열하고 자신만의 기준을 토대로 분류해 보시오.

(3) 공급사슬 유연성의 성과에 대한 자료를 조사해 정리해 보시오.

(4) 주변에서 쉽게 찾아볼 수 있는 다음의 서비스 중 가장 잘 아는 서비스 하나를 선택하시오.

> 치킨점, 교내식당, 편의점, 극장, 해물탕식당, 순두부식당, 항공사, 대학, 시장, 공연서비스

① 선택한 서비스 조직에 대해 공급사슬 유연성의 차원을 정의해 보시오.
② 선택한 서비스 조직에 대해 공급사슬 유연성 강화 전략을 수립해 보시오.

공급사슬 민첩성

01   개념

1990년대 초에 기업의 경쟁력을 향상시키는 새로운 패러다임으로 민첩성이라는 개념이 등장하였다. 공급사슬 민첩성은 고객의 니즈를 더 잘 충족시키기 위해 내부와 외부 역량을 활용함으로써 변화하는 기회를 감지, 포착, 대응하는 기업의 능력으로서 인식된다. 그 개념은 이제 한 기업의 경쟁력뿐만 아니라 공급사슬 및 공급 네트워크의 경쟁력을 강화하기 위해 점차 확장되고 있다.

민첩성은 고객 민첩성, 내부와 외부 민첩성, 파트너링 민첩성, 공급사슬 민첩성을 포괄하는 다차원적 개념이다. 이 중에서 공급사슬 민첩성은 공급사슬의 관점에서 예측하지 못한 환경에 내응하고 비즈니스 기회를 활용함으로써 성공하는 기업의 능력이다(Christopher et al., 2004). 본질적으로 공급사슬 민첩성은 기업이 수요의 붕괴에 직면할 때 기회를 활용하고 그럼으로써 올바른 방향으로 성장하는 고차원적인 동태적 역량이다(Eckstein et al., 2015).

다음은 공급사슬 민첩성에 대한 다양한 정의의 예이다.

- 공급사슬 민첩성은 적시에 시장에 대응하고 시장과 기업의 관계 정도를 나타내는 기업의 능력(Swafford et al., 2008)
- 핵심 공급사슬 파트너들과 결합하여 신속한 방식으로 기대하지 않은 시장 변화에 적응하거나 대응하는 기업의 능력(Braunscheidel & Suresh, 2009)
- 기대하지 않은 시장 기회와 위협에 대응하는 기업의 능력이고 경쟁우위를 달성하는 데 필수불가결(Chiang et al., 2012)
- 공급사슬의 단기적 변화를 감지하고 그 변화에 신속하게 대응하는 능력 (Eckstein et al., 2015)
- 혁신과 경쟁우위의 기회를 재빨리 감지하고 대응할 수 있는 기업의 수준 (Mikalef & Pateli, 2017)

이러한 정의에 공통적으로 포함된 의미는 환경변화에 대한 '속도'와 '적시'이다. 이처럼 민첩성과 타 용어와의 차별점이 이 두 가지 의미에 있다는 점은 민첩성이라는 단어 그 자체에도 내포되어 있다.

민첩성은 유연성과 유사한 개념이다. 공급자에서 최종 소비자까지 자재, 정보, 프로세스 흐름을 조율, 정제, 실행하는 것을 의미하는 공급사슬 협력은 공급사슬 유연성과 민첩성의 핵심요인이다. 따라서 유연성과 민첩성은 상호 연결된 개념으로서 보통 유연성은 민첩성의 선행요인으로서 받아들여진다. 즉, 민첩성은 고객 효과성을 통해 실현되고 고객 대응 프랙티스에 반영되는 반면에 유연성은 내부 운영의 효율성과 관련된다. 그 결과, 유연한 조직이 민첩하게 행동할 수 있는 것으로 해석될 수 있다.

02 공급사슬 민첩성 전략

2.1. 민첩성 역량의 향상

민첩한 기업은 비즈니스 환경 내에서 변화, 불확실성, 예측 불가능성을 다루기 위한 여러 가지 차별적 역량을 필요로 한다. 이 역량은 Giachetti et al.(2003)에 의하면 다음의 네 가지 요소들로 구성된다.

① 대응성

변화를 규명하고, 그들에 반응하거나, 선행적으로 신속하게 대응하고 변화로부터 복귀하는 능력

② 역량

기업의 목표에 효율적이고 효과적으로 접근하는 능력

③ 유연성/적응성

동일한 설비로 다른 프로세스를 처리하고 다른 목표를 달성하는 능력

④ 신속/속도

가능한 한 가장 짧은 시간에 활동을 수행하는 능력

한편, Christopher et al.(2004)은 공급사슬 민첩성이 갖는 다음의 특징을 민첩한 공급사슬 프레임워크로서 제안하였다.

① 시장민감

최종 사용자의 경향과 밀접하게 연결되는 의미로서 매일의 POS 피드백, 새

로운 추세 포착, 소비자의 소리 경청 등과 관련된다.

② 가상(virtual)

모든 공급사슬 파트너에게 공유된 정보에 의존한다는 의미로서 실시간 정보 공유, 협력적 계획, 전체 공급사슬 가시성이 요구된다.

③ 네트워크 기반

뛰어난 공급사슬 파트너의 강점을 사용함으로써 유연성을 획득한다는 의미로서 파트너의 역량을 활용, 핵심 역량에 초점, 네트워크 조율자로서 행동을 필요로 한다.

④ 프로세스 일치

네트워크 멤버들 간에 높은 수준의 프로세스 상호 연결성을 갖기 위해 CMI, 협력적 제품 디자인, 동기화된 공급이 필요하다.

2.2. 민첩성을 가능하게 하는 요인을 관리

시장의 급박한 경쟁과 급변하는 고객기대는 기업이 공급사슬 파트너와 적극적으로 협력적 관계관리에 투자하는 것을 필요로 한다. 지금까지 공급사슬 민첩성이 달성될 수 있는 근원적 메커니즘으로써 조정/협력/커뮤니케이션에 기반한 내부와 외부 통합, 시장 지향, 정보 시스템 통합, 조달 유연성, 기업가적 지향, 자원관리, 기술 활용, 공급자 관계관리가 제시되었다.

(1) Mehralian et al.(2013)의 연구

이들은 민첩성을 가능하게 하는 세 가지 요인을 다음과 같이 제안하였다.

① 민첩한 공급 요인

　가) 계획과 재주문

　　시장연구와 모니터링/대안적 공급자의 예측

나) 공급자의 평가와 우선선위 설정

공급자 선택을 위한 품질 및 비용 표준/자격을 갖춘 사전 공급자 리스트 유지

다) IT 도구 활용

E-commerce/전자 경매/RFID

라) 자재의 양 조정

주문 병합/공급자 다양성 확대

마) 프로세스 통합과 성과관리

CMI/협력적 제품 디자인과 개발/동기화된 공급

바) 비용절감

조달비용 절감/재고비용 절감

사) 납기 속도

대응성 비율 향상/신뢰성 높은 인도

아) 신뢰개발

공급자와 신뢰기반 관계/불확실성 최소화

자) 환경 압력

정치적 요인/경제적 요인/사회적 요인

② 민첩한 제조요인

가) 종입원 권한부여

교육과 훈련/혁신과 창출/인적 유연성

나) 정보기술과 시스템

IT 스킬/RFID/정보 교환/전략적 및 운영적 계획에 대한 협력/E-commerce

다) 시장 민감성 향상

고객 지향/신속한 피드백/고객관계 보유와 향상/시장 행태

라) 새로운 혁신적 제품

신제품의 신속한 도입/기술적 혁신

마) 제품품질

승인품질/성과품질

바) 납기 속도

납기 적시성/납기 신뢰성

사) 비용절감

페널티비용 절감/재고비용 절감/준비시간 감소

아) 유연성

공급 유연성/제조 유연성

자) 환경 압력

정치적 요인/경제적 요인/사회적 요인

③ 민첩한 유통요인

가) 정보기술 역량

정보공유를 위한 IT 활용/RFID/유통을 위한 IT 활용

나) 유연성

창고공간의 유연성/유연한 설비 활용/숙련된 종업원/운영과 납기의 유연성

다) 품질

서비스품질/경영품질

라) 시장조사와 모니터링

판매 피드백/고객 지향

마) 최적 비용

재고비용/운송과 납기 비용/페널티 비용

바) 고객만족

　제품 신뢰성/고객 불평

사) 납기 속도

　납기 속도/납기 신뢰성/감소된 생산 리드타임

아) 관계

　지리적 유통 범위/명성/장기 관계

자) 환경 압력

　정치적 요인/경제적 요인/사회적 요인

(2) Patel et al.(2017)의 연구

이들은 문헌연구를 통해 공급사슬에서 민첩성을 측정하는 데 필요한 역량 항목을 다음과 같이 정리하였다.

① 가상기업

- 파트너 선택: 공급자와 양립성, 장기 관계, 프로세스와 기술역량, 공급자의 위치, 품질/서비스/가격에 기초한 파트너 선택
- 아웃소싱: 외부에서 조달된 부품에 대한 통제, 아웃소싱에 대한 의존성, 아웃소싱에서 신뢰, 아웃소싱된 제품의 품질, 감소된 비용
- 로지스틱 관리: 적절한 자재취급, 운송을 위한 효율적 장비와 자원의 이용 가능성, 서비스의 규칙성, 최적화된 경로 스케줄링
- 내부 공급사슬관리: 주문량과 리드타임의 유연성, 선적과 납기 정확성, 사회적 및 환경적 책임성, 붕괴에 대한 대비, 조립라인 효율성
- 조직 구조: 팀 지향적 의사결정, 인력의 상호 교환 능력, 팀 형성과 관리, 인적 자원의 역량

② 협력적 관계

- 파트너 사이의 신뢰: 파트너 사이의 헌신적 대응, 혼란 대응 메커니즘, 파트너의 명성, 파트너의 투명성
- 공유된 비전: 공급사슬 활동의 동시적 관계, 팀으로서 활동, 공동 제품개발

과 출시, 지분에 다른 이익 공유

- 협상: 협상에 공급자 참여, 핵심 역량에 초점, 정보와 리스크 공유
- 파트너 사이의 상호 의존성: 선행적 접근법, 파트너들의 네트워킹, 계약적 관계, 서로를 지지하고 격려

③ 정보기술의 사용

- IT에 대한 투자: 조직 성과에 대한 영향, IT 비용 감소, IT 기술 발전
- IT의 운영적 영향: 비즈니스 프로세스의 대응성, IT에 대한 신뢰성, 생산성에 대한 영향, 높은 정보 이용가능성
- IT 운영: IT 주도의 커뮤니케이션, RFID 기술의 도입, 효율적 자금이체, 비즈니스 관리 소프트웨어(ERP, SAP 등)의 사용

④ 시장 민감성

- 시장 추세의 분석: 시장 규모, 정부 정책, 공급과 수요
- 효과적 예측: 가격 변화, 주문량 예측, 리드타임 예측, 소비자의 소득
- 생산: 생산 설비와 노동력의 접근성과 기능성, 비부가가치 활동의 최소화, 원재료의 지속적 공급, 외부요인(기후상황, 정치적 요인 등)
- 시장 조사: 표본과 데이터 수집 절차, 타당한 설문지 준비, 질문받는 사람의 태도, 시장 조사의 정확성

⑤ 고객만족

- 품질 보증: 제품 인증, 제품의 뛰어난 포장, 제품 매뉴얼 제공
- 품질 통제: 품질 검사, 통계적 프로세스 통제 차트의 사용, 제품 검사, 연속적 모니터링
- 고객 서비스: 제품의 보장과 보증, 고객과 계속 접촉, 필수적 지원 제공, 고객으로부터 피드백

⑥ 적응성

- 공급 수준에서 적응성: 공급자 부도/공급 붕괴에 적응성, 리드타임과 주문량의 예기치 않은 변화에 적응
- 생산단위에서 적응성: IT 적응성, 기계와 장비 오작동에 대한 적응성, 노동분쟁의 적응성, 고객에 대응 시간

- 유통수준에서 적응성: 예측오차/기대하지 않은 리드타임의 변화/무역장벽에 적응성, 브랜드 명성 하락에 대한 적응성

⑦ 유연성

- 공급사슬 유연성: 재구성 유연성, 관계 유연성, 로지스틱스 유연성
- 조직 유연성: 양 유연성, 납기 유연성, 생산 유연성, 제품 수정 유연성
- 운영적 유연성: 프로세스 유연성, 자재취급 유연성, 노동 유연성, 자동화 유연성, 기계 유연성

03 린과 민첩 공급사슬의 결합

3.1. 린과 민첩 공급사슬 전략

린(lean) 공급사슬 전략은 재고를 효과적으로 관리하고, 공급사슬에서 품질을 향상시키는 데 중점을 두고, 낭비를 줄임으로써 공급사슬에서 비용효율성을 창출하는 것에 초점을 둔다. 린 공급사슬 전략의 적용자들은 (1) 올바른 자재를, 올바른 시간에, 올바른 장소에 정확한 양을 전달함으로써 JIT(Just－In－Time) 원칙을 실행하고, (2) 낮은 비용전략을 달성하기 위해 품질에 기초한 공급자를 선택할 수 있다. 이에 비해 민첩한(agile) 공급사슬 전략은 빠르게 변화하는 고객니즈에 신속하고 효과적으로 적응함으로써 유연하게 되는 것을 지향한다. 민첩한 전략은 수요가 알려질 때까지 제품에 몰입하지 않고 수요에 대해 두고 보기(wait－and－see) 접근법을 사용한다. 따라서 그 전략은 공급사슬이 고객에게 고객화된 제품을 제공하도록 만든다.

3.2. 린과 민첩 공급의 특성

두 개념은 비록 기원이 유사할지라도 몇 가지 차이점을 보인다. 이러한 개념은 공급사슬에서도 적용되어 <표 11-1>과 같이 진화하였다.

▼ 〈표 11-1〉 민첩과 린 패러다임의 진화

공급사슬 진화 단계	1단계	2단계	3단계	4단계
공급사슬 시간	1980년대 초반	1980년대 후반	1990년대 초반	1990년대 후반
공급사슬 철학	제품 주도	시장 지향	시장 주도	고객 주도
공급사슬 유형	린 기능적 사일로(silo)	린 공급사슬	리애자일 (leagile) 공급사슬	고객화된 리애자일 공급사슬
시장 승자요인	품질	비용	이용가능성	리드타임
시장 자격요인	비용 이용가능성 리드타임	이용가능성 리드타임 품질	리드타임 품질 비용	품질 비용 이용가능성
성과지표	재고회전 생산비용	처리시간 물리적 비용	시장지분 총비용	고객만족 부가가치

자료원: Christopher, M. & Towill, D.R.(2000), "Supply chain migration from lean and functional to agile and customised", *International Journal of Supply Chain Management, 5*(4), 206-213.

나아가, <표 11-2.>와 같이 린과 민첩 공급은 몇 가지 특성에 기초하여 비교될 수 있다.

▼ 〈표 11-2〉 린 공급과 민첩 공급의 비교

차별적 특징	린 공급	민첩 공급
전형적 제품	상품	패션재화
시장 수요	예측가능	급변
제품 다양성	낮음	높음
제품 리이프사이클	징기	단기
고객 동인	비용	이용가능성
이익마진	낮음	높음
지배비용	물리적 비용	시장가능성 비용
재고부족 페널티	장기 계약	즉각적이고 급변
구매 정책	자재 구매	용량 할당
풍부한 정보	매우 바람직	의무
예측 메커니즘	알고리듬	컨설팅

자료원: Mason-Jones, R., Naylor, B. & Towill, D.R.(2000), "Engineering the leagile supply chain", *International Journal of Agile Management Systems, 2*(1), 54-61.

결국, 이러한 린과 민첩의 차별적 특성을 결합하기 위한 리애자일(leagile) 공급사슬의 개념이 <그림 11-1>과 같이 등장하였다.

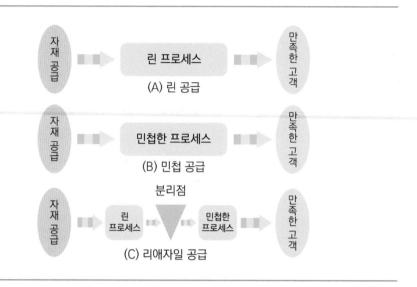

〈그림 11-1〉 리어자일 공급사슬

자료원: Mason-Jones, R., Naylor, B. & Towill, D.R.(2000), "Engineering the leagile supply chain", *International Journal of Agile Management Systems, 2*(1), 54-61.

또한 Mason-Jones et al.(2000)은 대표적인 경쟁 우선순위인 품질, 서비스 수준, 리드타임, 비용을 토대로 민첩 대 린의 차이를 설명하기 위해 <그림 11-2>와 같은 매트릭스를 구성하였다. 여기서, 자격요인은 시장에 진입하기 위해 최소한 필요한 요인들이고 승자요인은 시장에서 승자가 되기 위해 다른 기업과 차별화하는 요인들을 의미한다.

민첩과 린 모두가 높은 수준의 제품품질을 요구한다. 그들은 또한 총 리드타임의 최소화를 요구한다. 수요가 매우 급변하고 예측하기 어렵기 때문에 총 리드타임은 민첩성을 가능하게 하기 위해 최소화되어야 한다. 만약 공급사슬이 전체 리드타임이 길다면 시장 수요를 활용하는 데 충분히 신속하게 대응할 수 없을 것이다. 리드타임에서 초과시간은 낭비이기 때문에 린 제조에서 감소될 필요가 있고 린은 모든 낭비의 제거를 요구한다. 고객에 대한 총 가치의 관점에서 린과 민첩성 사이의 차이의 본질은 비용이 명백히 린과 연결되는 반면에 서비스 수준(이용가능성)은 민첩성을 요구하는 중요한 요인이라는 것이다. 그러나 총 사이클 타임 압박 패러다임은 린 생산을 얻는 데 충분조건인 반면에 민첩한 공급을 위한 유일한 필요조건이 된다.

⬡ 〈그림 11-2〉 민첩 대 린의 시장 승자요인과 자격요인

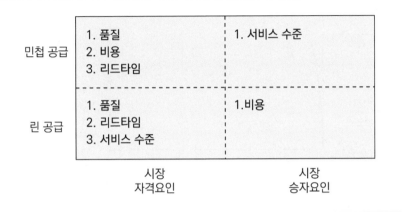

	시장 자격요인	시장 승자요인
민첩 공급	1. 품질 2. 비용 3. 리드타임	1. 서비스 수준
린 공급	1. 품질 2. 리드타임 3. 서비스 수준	1.비용

3.3. 린과 민첩 패러다임을 결합하는 전략

Christopher & Towill(2001)은 파레토 곡선 접근법과 분리점을 이용하여 민첩성을 위한 혼합 전략을 제시하였다.

(1) 파레토 곡선 접근법

다양한 제품을 제조하거나 유통하는 많은 기업은 실제 현상에서 파레토(Pareto) 법칙이 적용되고 있고 이것이 공급 전략을 결정하기 위해 활용될 수 있다고 믿는다. 전형적으로 비즈니스 분석에서 80/20 규칙이 유지된다. 즉, 총 매출의 80%는 단지 총 생산라인의 20%에서 발생한다는 것이다. 따라서 이 20%가 관리되는 방법은 나머지 80%가 관리되는 방법과는 매우 달라져야 한다. <그림 11-3>과 같이 매출의 20%에 해당하는 제품은 더욱 예측가능하기 때문에 그들은 린 원칙을 적용할 필요가 있다. 반면에 나머지 80%는 예측이 어렵기 때문에 더욱 민첩한 방식을 필요로 할 것이다.

〈그림 11-3〉 파레토 곡선 접근법

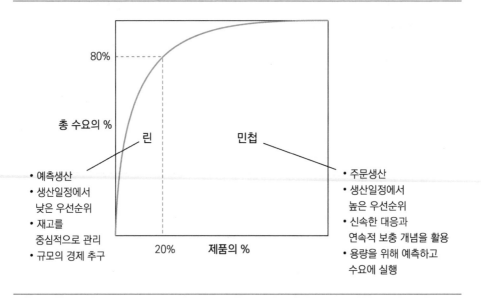

(2) 분리점 접근법

이미 여러 번 언급한 바와 같이 전략적 재고를 활용한 분리점(de-coupling point)을 창출하여 린과 민첩을 혼용할 수 있다. 기본 아이디어는 모듈 형태로 재고를 유지한 후에 고객 요구사항이 알려질 때에만 최종 결합 혹은 조립을 완성하는 것이다. <그림 11-4>와 같이 이러한 지연을 통해 기업은 분리점까지

 〈그림 11-4〉 분리점 접근법

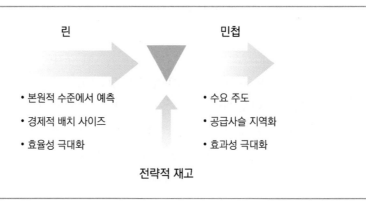

린 방법을 적용하고 그 이후에는 민첩 방법을 적용한다. 이러한 분리방법은 자재뿐만 아니라 정보와 로지스틱스에서도 활용될 수 있다. 정보 분리점은 실제 수요에 대한 정보(재주문점과 재주문량과 같은 재고정책에 의해 왜곡되지 않는 정보)가 흘러가는 가장 먼 포인트의 상류를 나타낸다.

(3) 기본과 급등 수요의 분리

한편 이러한 혼합 전략은 수요 패턴을 기본(base)과 급등(surge) 요소로 분리함으로써 성공적으로 활용된다. <그림 11-5>는 기본과 급등을 어떻게 배치하느냐에 따라 스케줄링이 균등해지는 것을 보여준다. 기본 수요는 규모의 경제를 달성하기 위해 고전적인 린 절차를 통해 충족되는 반면에 급등 수요는 더욱 유연하고 더 높은 비용을 갖는 프로세스를 통해서 충족된다. 기본과 급등 수요는 공간의 분리(다른 생산라인을 통해) 혹은 시간의 분리(기본 재고를 생산하기 위해 여유 기간을 사용)를 통해서 다루어질 수 있다.

〈그림 11-5〉 기본과 급등 수요의 결합

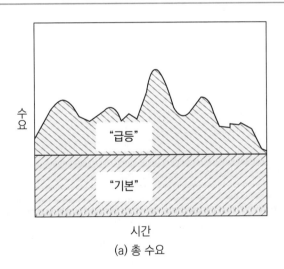

(a) 총 수요

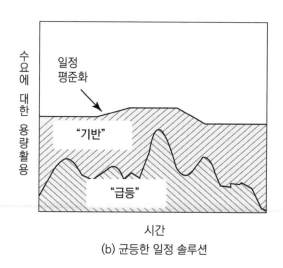

수요에 대한 용량활용

일정 평준화

"기반"

"급등"

시간

(b) 균등한 일정 솔루션

(4) 상황에 따른 공급사슬 전략 선택

지금까지의 논의를 종합하여, 상황에 따라 사용할 수 있는 전략을 정리하면 다음의 <표 11-3>과 같다.

▼ 〈표 11-3〉 상황에 따른 공급사슬 선택

적절한 시장 상황과 운영 환경	혼합 전략
높은 수준의 다양성 수요는 범위에 비례하지 않는 경우	• 파레토 80/20 • 대량생산을 위한 린 방법을 사용/신규 생산은 민첩 방법을 사용
모듈 생산 혹은 즉시 재고의 가능성 지연된 최종 조립 혹은 유통	• 분리점 • 분리점까지 린을 사용하고 그것을 넘어서면 민첩을 사용
수요의 기본 수준은 확실히 예측 소규모 배치 용량이 이용가능	• 급등/기본 수요 분리 • 린 원칙을 사용하여 예측가능한 수요를 관리하고 예측이 어려운 요소는 민첩 원칙을 적용

참고문헌

Braunscheidel, M.J. & Suresh, N.C.(2009), "The organizational antecedents of a firm's supply chain agility for risk mitigation and response", *Journal of Operations Management, 27*(2), 119-140.

Chiang, C., Kocabasoglu-Hillmer, C. & Suresh, N.(2012), "An empirical investigation of the impact of strategic sourcing and flexibility on firm's supply chain agility", *International Journal of Operations & Production Management, 32*(1), 49-78.

Christopher, M. & Towill, D.(2001), "An integrated model for the design of agile supply chains", *International Journal of Physical Distribution & Logistics Management, 31*(4), 235-246.

Christopher, M., Lowson, R. & Peck, H.(2004), "Creating agile supply chains in the fashion industry", *International Journal of Retail & Distribution Management, 32* (8), 367-376.

Eckstein, D., Goellner, M., Blome, C. & Henke, M.(2015), "The performance impact of supply chain agility and supply chain adaptability: the moderating effect of product complexity", *International Journal of Production Research, 53*(10), 3028-3046.

Mason-Jones, R., Naylor, B. & Towill, D.R.(2000), "Engineering the leagile supply chain", *International Journal of Agile Management Systems, 2*(1), 54-61.

Mehralian, G., Zarenezhad, F. & Ghatari, A.R.(2013), "Developing a model for an agile supply chain in pharmaceutical industry", *International Journal of Pharmaceutical and Healthcare Marketing, 9*(1), 74-91.

Mikalef, P. & Pateli, A.(2017), "Information technology-enabled dynamic capabilities and their indirect effect on competitive performance: findings from PLS-SEM and fsQCA", *Journal of Business Research, 70,* 1-16.

Patel, B.S., Samuel, C. & Sharma, S.K (2017), "Evaluation of agility in supply chains: A case study of an Indian manufacturing organization", *Journal of Manufacturing Technology Management, 28*(2), 212-231.

Swafford, P.M., Ghosh, S. & Murthy, N.(2008), "Achieving supply chain agility through IT integration and flexibility", *International Journal of Production Economics, 116* (2), 288-297.

추가 읽을거리

Kim, M. & Chai, S.(2017), "The impact of supplier innovativeness, information sharing and strategic sourcing on improving supply chain agility: global supply chain perspective", *International Journal of Production Economics, 187*(C), 42−52.

Charles, A., Lauras, M. & Van Wassenhove, L.(2010), "A model to define and assess the agility of supply chains: building on humanitarian experience", *International Journal of Physical Distribution and Logistics Management, 40*(8/9), 722−741.

Gligor, D.M. & Holcomb, M.C.(2012), "Antecedents and consequences of supply chain agility: establishing the link to firm performance", *Journal of Business Logistics, 33*(4), 295−308.

Gligor, D.M., Holcomb, M.C. & Stank, T.P.(2013), "A multidisciplinary approach to supply chain agility: conceptualization and scale development", *Journal of Business Logistics. 34*(2), 94−108.

Gligor, D.M. and Holcomb, M.C.(2012), "Understanding the role of logistics capabilities in achieving supply chain agility: a systematic literature review", *Supply Chain Management: An International Journal 17*(4), 438−453.

Gligor, D., Gligor, N., Holcomb, M. & Bozkurt, S.(2019), "Distinguishing between the concepts of supply chain agility and resilience: a multidisciplinary literature review", *The International Journal of Logistics Management, 30*(2), 467−487.

Fayezi, S., Zutshi, A. & O'Loughlin, A.(2017), "Understanding and development of supply chain agility and flexibility: a structured literature review", *International Journal of Management Reviews, 19*(4), 379−407.

연습문제

1. 객관식 문제

1.1. 다음 문제의 참과 거짓을 구분하시오.

(1) 공급사슬 민첩성은 고객의 니즈를 더 잘 충족시키기 위해 내부와 외부 역량을 활용함으로써 변화하는 기회를 감지, 포착, 대응하는 기업의 능력이다.

(2) 민첩성에 공통적으로 포함된 의미는 환경변화에 대한 '속도'와 '적시'이다.

(3) 유연성과 민첩성은 상호 연결된 개념으로서 보통 민첩성은 유연성의 선행요인으로서 받아들여진다.

(4) 공급사슬 민첩성을 접근성, 결단성, 신속성, 유연성으로 설명할 수 있다.

(5) 민첩한 공급사슬 전략은 재고를 효과적으로 관리하고, 공급사슬에서 품질을 향상시키는 데 중점을 두고, 낭비를 줄임으로써 공급사슬에서 비용효율성을 창출하는 것에 초점을 둔다.

(6) 민첩한 전략은 수요가 알려질 때까지 수요에 대해 두고 보기(wait-and-see) 접근법을 사용한다.

(7) 최근의 고객화된 리애자일 공급사슬 관점에서 최근의 공급사슬 절학은 고객 주도이고 고객만족과 부가가치라는 성과지표를 활용한다.

(8) 고객화된 리어자일 공급사슬의 승자요인은 이용가능성이다.

(9) 리애자일 공급사슬은 분리점 이전에는 민첩 프로세스 이후에는 린 프로세스를 가져가는 공급사슬을 말한다.

(10) 민첩과 린 모두가 높은 수준의 제품품질과 총 리드타임의 최소화를 요구한다.

1.2. 다음 문제의 정답을 찾아내시오.

(1) 다음 중 민첩성의 구성요소가 아닌 것은?
① 고객 민첩성　　　　　　② 기업 간 민첩성
③ 파트너링 민첩성　　　　④ 공급사슬 민첩성

(2) 다음 중 기업이 환경변화를 즉각적으로 다루기 위해 필요한 특징과 가장 거리가 먼 것은?
① 대응성　　　　　　　　② 리스크 예측
③ 유연성/적응성　　　　　④ 신속/속도

(3) 다음 중 민첩한 공급사슬의 편익과 가장 거리가 먼 것은?
① 대량생산을 통한 생산비용의 절감
② 고객만족의 향상
③ 비용효과적 방식으로 신제품을 생산하고 전달
④ 고객에게 제공된 제품과 서비스를 고객화

(4) 다음 중 민첩한 공급사슬과 가장 거리가 먼 것은?
① 유연성　　　　　　　　② 효율성
③ 속도　　　　　　　　　④ 신뢰성

(5) 다음 중 공급사슬 민첩성과 관련한 특징에 해당하지 않는 것은?
① 시장민감
② 가상
③ 네트워크 기반
④ 멤버들 간 개별 프로세스를 통한 풀링(pooling)

(6) 다음 중 민첩성을 가능하게 하는 요인이 아닌 것은?

① 민첩한 공급요인　　　② 민첩한 제조요인

③ 민첩한 유통요인　　　④ 민첩한 설계요인

(7) 다음 중 고객화된 리애자일(leagile) 공급사슬의 시장 자격요인에 해당하지 않는 것은?

① 리드타임　　　　　　② 품질

③ 비용　　　　　　　　④ 이용가능성

(8) 다음 중 린과 민첩 공급사슬의 연결이 잘못된 것은?

① 시장 수요: 예측가능 대 급변

② 제품 다양성: 낮음 대 높음

③ 고객 동인: 비용 대 이용가능성

④ 재고부족 비용: 시장가능성 비용 대 물리적 비용

(9) 다음 중 린과 민첩 패러다임을 결합하는 전략이 아닌 것은?

① 파레토 곡선 접근법

② 분리점 접근법

③ 생산과 유통의 분리

④ 기본과 급등 수요의 분리

(10) 다음 중 상황에 따른 공급사슬 전략 선택이 잘못된 것은?

① 높은 수준의 다양성: 파레토 곡선 접근법

② 소규모 배치 용량이 이용가능: 대량생산은 린, 신규생산은 민첩

③ 시연냐 최종 조립 혹은 유통: 분리점 접근법

④ 수요의 기본 수준은 확실히 예측: 급등/기본 수요 분리

2.1. 사전 학습문제

(1) 생산운영관리 과목에서 학습했던 애자일(agile)과 린(lean) 생산 시스템의 핵심 내용을 정리해 보시오.

(2) 리애자일(leagile)이 무엇인지 정리해 보시오.

2.2. 사후 학습문제

(1) 스마트폰, 가전, 자동차, 선박 제조산업에서 민첩한 공급사슬 전략 사례를 찾아 정리하시오.

(2) 주변에서 쉽게 찾아볼 수 있는 다음의 서비스 중 가장 잘 아는 서비스 하나를 선택하시오.

> 치킨점, 교내식당, 편의점, 극장, 해물탕식당, 순두부식당, 항공사, 대학, 시장, 공연서비스

① 선택한 서비스 조직의 시장과 운영환경의 특징을 설명하시오.
② 선택한 서비스의 공급사슬 민첩성을 가능하게 하는 동인들을 찾아내고 그것을 어떻게 관리해야 하는지 설명하시오.
③ 선택한 서비스 조직의 공급사슬에 대해 린과 민첩 전략을 결합하는 최적 전략 중 하나를 선택하여 설명하시오.

공급사슬 회복성

01 개념

1.1. 배경

오늘날의 급변하고 불확실한 환경에서 공급사슬 내 모든 기업은 공급사슬을 중단시키는 사건들에 민감하다. 공급사슬 붕괴는 공급사슬에서 재화 혹은 서비스의 흐름을 중단시키는 중대한 사건이다. 이 붕괴에 영향을 미치는 요인으로는 글로벌화된 공급사슬, 특화된 공장, 중심화된 유통, 증가된 아웃소싱, 감소된 공급자 기반, 증가된 수요 변동성, 기술적 혁신 등이 제안되고 있다. 그 붕괴는 결과적으로 기업의 재무, 시장, 운영적 성과에 심각한 부정적 영향을 미친다. World Economic Forum with Accenture의 보고서(2015)에 의하면 기업들의 80%는 공급사슬 붕괴에 대한 회복이 공급사슬관리의 최우선순위가 되었다고 보고하고 있다.

공급사슬의 붕괴가 부정적 영향을 미칠 수 있다는 점을 인식한 기업들은 그 붕괴의 영향을 완화하기 위한 회복능력을 구축하는 노력을 경주하고 있다. 회복적인 기업은 붕괴가 발생할 때 그것에 덜 영향을 받고, 공급사슬 붕괴를 잘 관리하고, 고객에게 그들의 제품 및 서비스를 계속 제공하도록 만든다. 결과적으로, 기업이 예측하지 못하고 정량화할 수 없는 리스크를 다루기 위해 회복에 탄력적인 역량을 구축하는 것은 매우 중요하다.

1.2. 정의

공급사슬 관리자에게 중요한 측면은 그들의 공급사슬이 대변동, 충격, 중단, 예기치 못한 사건들에 저항하는 역량이다. 그러한 상황하에서도 여전히 제품과 서비스를 지속적으로 생산하고 고객에게 전달할 수 있는 공급사슬은 회복적이라고 특징된다.

지금까지 공급사슬 회복에 대해 다음의 몇 가지 정의가 제시되었다.

- 급변하는 환경에 직면하여 생존, 적응, 성장하는 기업의 역량(Fiksel, 2006)
- 공급사슬 붕괴를 예상하고 극복하는 역량(Pettit et al., 2010)
- 공급사슬 붕괴로부터 복구하는 기업의 능력(Blackhurst et al., 2011)
- 기대하지 않은 위험이 발생한 후 그것을 다루는 조직의 역량(Weick et al., 1999)
- 붕괴에 대응하고 정상운영으로 복원하는 능력(Rice & Caniato, 2003)

이러한 정의를 종합하면 공급사슬 붕괴에 대한 기업의 회복은 그 붕괴에 의해 초래된 변화에 대해 경계하고, 적응하고, 재빨리 대응하는 기업의 능력으로서 정의된다. 따라서 회복은 공급사슬 리스크 통제보다 더 폭넓은 의미를 갖는다.

1.3. 강건성, 유연성, 민첩성, 회복성의 관계

공급사슬 회복성과 유사한 개념으로서 지금까지 강건성, 유연성, 민첩성의 개념을 소개하였다. 이 네 가지 용어는 공통 부분도 있지만 약간씩 차이가 나고 어떤 전략이 최선으로 작용하는지는 전체로서 관심 있는 특성뿐만 아니라 취약할 수 있는 공급사슬의 어떤 부분에 의존할 것이다. 하지만 최선의 공급사슬 프랙티스는 이 네 가지를 포괄하는 것, 즉 동시에 강건하게, 유연하게, 민첩하게, 회복적으로 만드는 것이다.

이들은 혼용되어 사용되기도 하지만 엄격히 정의하면 다소 차이가 존재한다. 공급사슬 특징의 차이는 공급사슬 붕괴가 다루어지는 방식의 차이로 결과될 것이다. 우선, Wieland & Wallenburg(2013)에 따르면 회복성은 강건성과 민첩성을 포함하는 광범위한 개념이다. 강건성은 발생가능한 미래의 변화에 대한 예측 (기대)과 예측된 변화에 대한 저항(준비)이 필요하고 민첩성은 현재의 변화에 대한 인식(가시성)과 인식된 변화에 대한 신속한 반응(속도)가 필요하다. 이 모두는 회복성을 구성하는 요소들이다.

나아가, 회복성은 강건성, 민첩성, 유연성과 공통점이 존재하지만 초점에 따라 약간 다른 차이점을 보인다(Husdal, 2008). 강건성은 미래의 작고 여러 번 발생하는 충격에 대해 안정성을 다시 얻는 것에 초점을 두고 있고 민첩성과 유연성은 발생가능한 여러 번의 큰 충격에 유연하게 대비해 다시 원래 상태로 돌아가는 것을 말한다. 이에 비해 회복성은 한 번의 큰 충격에 대비해 다시 원래 상태로 복귀하여 계속 생존하는 능력(반드시 붕괴 이전일 필요는 없다)이라는 특징을 갖는다. 따라서 비즈니스 상황에서는 회복성이 강건성보다 더 중요할 수 있다. 한편, Goranson(1999)은 적응에 대한 계획의 관점에서 민첩성과 유연성을 추가로 구분하였다. 유연성은 예측되지 못하나 기대된 외부의 상황에 대해 계획된 적응이고 민첩성은 예측되지 못하고 기대하지 못한 외부 상황에 대한 계획되지 않은 적응을 의미한다. 나아가, Sheffi(2005)는 유연성을 회복성을 달성하는 수단으로서 활용하여, 공급사슬 중복성에만 유일하게 의존하는 대신에 잘 관리된 기업은 붕괴로부터 되돌아가는 데 사용될 수 있는 유연성을 구축함으로써 회복성을 개발해야 한다고 제안하였다.

결과적으로, 회복성, 강건성, 민첩성, 유연성은 동일한 동전의 다른 면이다 (Asbjørnlett, 2008). 유연성 혹은 민첩성은 환경의 변화를 수용하고 성공적으로 적응하는 현재 방향을 수정하는 본원적 역량인 반면에 강건성은 적응 없이 그러한 변화에 인내하는 능력을 의미한다. 나아가, 강건성은 변화에 선행적(예방적)으로 대응하는 전략과 관련하고 민첩성은 변화에 반응적으로 대응하는 전략과 관련한다. 두 전략은 사전에 준비되고 투자되어야 한다. 그러나 선행적 도구(즉, 강건성)는 원인과 관련하고 직접적으로 관찰가능한 결과로 이어긴다. 이에 비해 반응적 도구(즉, 민첩성)는 결과 지향적이고 사후에 단지 그 영향을 보여주기만 할 수 있으며, 회복은 심각하고 지속적인 영향을 견뎌내고 생존하는 능력이다.

1.4. 전략유형에 기초한 회복성의 개념

공급사슬에서 새로운 붕괴사건에 직면한 경우에 공급사슬과 그 사슬 내 주체들이 대응할 수 있는 두 가지 전략으로는 대응적과 선행적 전략이 존재한다.

(1) 대응적 전략

대응적 전략은 공급사슬이 변화에 사후적으로 적응하는 것을 의미한다(Hoek et al., 2001). 이 전략을 적용하는 공급사슬은 보통 민첩한 공급사슬로서 언급된다. 이것은 일차적으로 유연하게 되는 것과 일치하고(Christopher & Towill, 2001) 전술과 운영에 재빨리 적응하는 것이다. 지연은 최종 고객화 단계가 발생하는 시점을 지연시키기 때문에 공급사슬 민첩성을 달성하기 위해 공통적으로 사용된 대응 방안이고 최종 제품을 조정함으로써 수요변화에 대응하는 시간을 축소시킨다.

대응적 전략을 위해서는 다음의 방법이 활용될 수 있다.

① 협력
조정, 협력, 공동의사결정, 지식공유, 공급자 인증, 공급자 개발 등

② 인적 자원 관리
종업원 훈련과 교육, 리스크에 민감한 문화와 사고방식, 교차기능 팀, 위기관리에 경험이 많은 종업원 등

③ 재고관리
붕괴에 대한 완충으로써 재고와 안전재고의 사용

④ 사전에 규정된 의사결정
비상계획, 커뮤니케이션 프로토콜 등

⑤ 가시성
초기경고 커뮤니케이션, 정보공유, 실시간 재무 모니터링 등

⑥ 중복
생산 여유, 운송 용량, 복수 조달원 및 생산 입지

(2) 선행적 전략

변화에 선행적으로 대응하는 전략은 공급사슬이 변화의 시기에 필요한 적응 없이 환경급변에 사전적으로 준비하는 방안을 실행한다. 이 전략을 적용하는 공급사슬은 보통 강건한 공급사슬로서 언급된다(Klibi et al., 2010). 강건성은 일차적으로 물리적으로 튼튼한 것과 관련되고 변화가 발생하기 전과 동일한 수준의 안정적 상황에 계속 공급사슬이 남아 있도록 만든다. 대안 후보를 사전에 결정하는 것과 비축을 하는 것처럼 중복을 도입하는 것은 변화에 대한 취약성을 줄여 공급사슬의 강건성을 증가시키는 공통적으로 사용된 방안이다(Azadegan et al., 2013).

선행적 전략은 반응, 회복, 성장에 초점을 두는 전략으로서 다음의 방법이 활용될 수 있다.

① 민첩성

커뮤니케이션, 정보공유(가시성), 신속한 공급사슬 재설계, 속도

② 유연성

백업 공급자, 손쉬운 공급자 전환, 유통 채널, 유연한 생산 시스템, 생산량 유연성, 다숙련 노동력 등

③ 인적 자원 관리

종업원 훈련과 교육, 리스크에 민감한 문화와 사고방식, 교차기능 팀, 위기관리에 경험이 많은 종업원 등

④ 협력

조정, 협력, 공동의사결정, 지식공유, 공급자 인증, 공급자 개발

⑤ 중복

생산 여유, 운송 용량, 복수 조달원 및 생산 입지

명백히, 공급사슬 회복성은 대응적과 선행적 전략 모두를 균형시키는 것과 관련된다(Melnyk et al., 2014). 회복적 공급사슬은 확실히 강건하고 또한 민첩하게 적응적이어야 한다. 즉, 강건성과 민첩성은 회복의 두 차원들이다. 나아가,

강건성은 기대와 준비성을 포함하고 민첩성은 가시성과 속도를 포함(Wieland & Wallenburg, 2013)하며, 회복적 공급사슬은 가시성, 유연성, 협력의 기반(Deloitte University Press)에 있어야 하기 때문에 회복성은 지금까지 붕괴에 대응하는 모든 공급사슬의 중요한 특징을 포함하고 있다고 볼 수 있다.

02 공급사슬 회복의 구성요소

2.1. 세 가지 차원

Ambulkar et al.(2015)에 의해 제안된 공급사슬 회복의 세 가지 구성요소는 다음과 같다.

(1) 자원 재구성

환경 상황에 따라 자원을 관리하고 재구성하는 능력은 기업 생존과 우월한 기업 성과에 중요하다. 공급사슬 붕괴는 높은 불확실성으로 특징된 사건들이고 공급사슬 내 재화와 서비스의 정상적 흐름을 붕괴시킨다. 공급사슬 붕괴를 둘러싼 높은 불확실성은 붕괴로부터 회복하는 데 도움을 주는 역량을 구성하는 기존 자원들의 가치와 효용에 대한 모호성을 창출한다. 붕괴에 직면하여 기업은 새로운 위협 혹은 기회를 감지할 수 있으며, 위협을 완화하고 기회를 활용하기 위해 리스크 관리 인프라를 재생, 재구성, 재배열할 필요가 있다.

신제품개발 혹은 신시장 진입과 같은 높은 불확실성의 상황에서 그 자원기반을 재구조화하고 재구성하는 기업의 능력은 기업 생존과 성장에 공헌하는 역량을 개발한다. 시장의 변화에 대응하기 위해 기업은 그들이 혁신역량을 향상시키기 위한 기존의 혁신 자원과 프로세스를 재구성하고 재배열해야 한다. 유사하게, 기업이 산업의 불연속성으로 인한 환경적 충격에 직면할 때 그들은 자신의 자원기반을 재구조화할 필요가 있다.

(2) 공급사슬 붕괴 지향

공급사슬 붕괴 지향적 기업은 더욱 자원 재구조화에 적극적으로 참여할 것이다. 공급사슬 붕괴 지향 문화를 갖는 기업은 붕괴 사건을 과거 경험에 기초하여 예상할 수 있고 붕괴로부터 학습하도록 동기부여된다. 그들은 공급사슬 붕괴에 대해 대응하는 자원을 선행적으로 구성하고 관리할 수 있다.

환경을 검색하고 학습하는 데 시간을 투자하는 기업은 대응성을 향상시키는 역량을 더 잘 개발할 수 있다(시장 지향적 기업이 변화하는 고객 수요에 대한 그들의 대응성을 증가시키는 시장기반 역량을 소유하는 것처럼). 또한 외부 환경에서 학습하는 기업은 지속가능한 우위를 제공하는 역량을 개발하기 위해 그들의 자원과 프로세스를 재구성하고 재배열할 수 있다.

이 공급사슬 붕괴 지향은 시장 지향 및 기업가적 지향과 유사한 개념이다. 공급사슬 붕괴 지향적 기업들은 과거의 공급사슬 붕괴 경험으로부터 학습하려 노력하고 공급사슬 붕괴에 효과적으로 대응하는 역량을 선행적으로 구축한다.

(3) 리스크 관리 인프라

리스크 관리 인프라는 기업이 공급사슬 리스크와 붕괴를 관리하기 위해 적절하게 갖는 자원 구조를 반영한다. 이 자원들은 공급사슬 리스크/붕괴를 관리하는 부서의 존재, 공급사슬 리스크/붕괴를 관리하는 정보 시스템의 존재, 공급사슬 리스크 관리/붕괴 관리 프로세스를 모니터하기 위한 핵심 성과지표의 사용을 포함한다. 리스크 관리 인프라는 또한 공급사슬 붕괴에 대한 기업의 회복을 향상시키기 위한 자산의 조직화를 포함한다. 적절한 자원 구조를 갖는 것은 기업이 공급사슬 리스크를 관리하는 체계적 접근법을 갖도록 한다.

리스크 관리 인프라는 기업에게 많은 편익을 제공할 수 있다. 예를 들어, 업무 모호성의 감축, 향상된 업무 전문화, 학습을 모방하는 능력, 향상된 정보교환이 있다. 적절한 자원구조를 갖는 기업들은 또한 미래의 유사한 붕괴를 효율적으로 관리하도록 이전의 붕괴 경험을 활용할 수 있다.

그러나 리스크 관리 인프라는 큰 영향을 미치는 붕괴에 직면할 때 몇 가지 단점을 가질 수 있다. 이 붕괴에 직면할 때 기업은 과거에 그들이 사용했던 리스크 완화 전략을 사용하여 붕괴에 대응할 수 있다. 하지만 그 경우에 그들은 붕괴와 관련된 어떤 상황요인들을 간과한다. 그 예로서, 붕괴를 관리하기 위한 리스크 관리 인프라는 어떤 대안적 방법론의 개발에 장애물로서 작용할 수 있다. 공급사슬 리스크를 평가하고 관리하는 데 올바른 사람, 정보 시스템, 평가지표를 갖는 것은 프로세스 공식화로 이어질 수 있고 이것은 선형적이고, 더욱 견고하고, 유연하지 못한 리스크 관리 프로세스로 이어질 수 있으며, 자원을 재구성하고 공급사슬 붕괴에서 신속하게 회복하는 능력을 제한할 수도 있기 때문이다.

2.2. 취약성과 역량에 의한 공급사슬 회복성 구성요소

Pettit et al.(2010)은 공급사슬 회복성을 보장하는 전략을 위해 취약성과 역량의 관계를 이용하였다. <그림 12−1>과 같이 취약성이 낮고 역량이 높은 경우에 회복성 수준이 높아질 수 있다. 이 개념을 이용하여 그들은 공급사슬 회복성을 평가하고 관리하는 도구를 개발하였다.

⬡ 〈그림 12-1〉 회복성의 측정

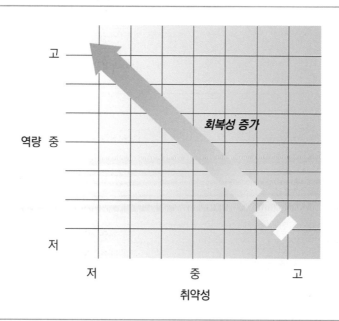

다시 <그림 12-2>와 같이 회복성 영역은 역량이 높지만 취약성이 낮을 경우에는 이익이 잠식되고 역량이 낮지만 취약성이 높을 경우에는 리스크에 대한 노출 수준이 커진다. 이에 비해 역량과 취약성이 매치되는 수준(대각선)은 회복성의 힘이 발휘되는 영역이 된다.

〈그림 12-2〉 회복성 영역

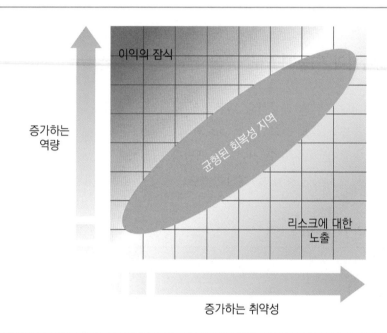

이때, 취약성 요인은 다음 <표 12-1>과 같다.

▼ 〈표 12-1〉 취약성 요인

취약성 요인	정의	하위요인
급변 환경	통제를 넘어선 외부요인들의 빈번한 변화로 특징된 환경	자연재해, 지정학적 붕괴, 수요의 예측 불가능성, 통화와 가격의 변동, 기술 실패, 팬데믹
의도적 위협	운영을 붕괴시키거나 인적/재정적 피해를 초래하는 의도적 공격	도난, 테러리즘/태업, 노동분쟁, 산업 스파이, 제품 채무, 특별 이익집단

외부 압력	(특히 기업을 직접 목표로 하지 않는) 비즈니스 제약 혹은 장애를 창출하는 영향	경쟁적 혁신, 사회적/문화적 변화, 정치적/규제적 변화, 가격압력, 기업 책임, 환경변화
자원제한	생산요인들의 이용가능성에 기반한 산출물에 대한 제약	공급자, 생산 및 유통 역량, 원재료와 유틸리티 이용가능성, 인적 자원
민감성	제품과 프로세스의 무결성을 위해 조심스럽게 통제된 상황의 중요성	복잡성, 제품 순도, 제한된 자재, 파손, 설비의 신뢰성, 안전상 위험, 이해관계자에 대한 가시성, 브랜드의 명성, 용량의 집중
연결성	외부 주체에 대한 상호 의존성 수준	네트워크 규모, 정보에 대한 의존, 아웃소싱 수준, 수입과 수출 채널, 특별 조달에 대한 의존성
공급자/고객 붕괴	외부요인 혹은 붕괴에 대한 공급자와 고객의 민감성	공급자 신뢰성, 고객 붕괴

또한 취약성을 해소하는 역량요인은 다음 <표 12-2>와 같다.

▼ 〈표 12-2〉 역량요인

역량요인	정의	하위요인
조달 유연성	투입물 혹은 투입물 유형을 재빨리 변화시키는 능력	부품 공통성, 모듈적 제품 디자인, 다중 활용, 공급자 계약 유연성, 다중 조달
주문충족 유연성	산출물 혹은 산출물 유형을 재빨리 변화시키는 능력	대안적 유통 채널, 리스크 풀링/공유, 다중 조달, 지연된 노력, 제품 지연, 재고관리, 요구사항의 재경로화
용량	지속된 생산 수준을 가능하게 하는 자산의 이용가능성	예비용량, 중복성, 보조 에너지 원천과 커뮤니케이션
효율성	최소의 자원요구로 산출물을 생산하는 역량	낭비 제거, 노동 생산성, 자산활용률, 제품 변동성 제거, 실패 예방
가시성	운영자산과 환경의 상태에 대한 지식	비즈니스 정보 수집, 정보 기술, 제품/자산/사람 가시성, 정보교환
적응성	도전 혹은 기회에 대응하여 운영을 수정하는 능력	요구의 신속한 재경로화, 리드타임 절감, 전략적 게임과 시뮬레이션, 붕괴로부터 기회 포착, 대안적 기술개발, 경험으로부터 학습

예측	잠재적 미래 사건 혹은 상황을 분별하는 능력	초기 경고신호를 모니터링, 예측, 긴급 계획, 준비성, 리스크 관리, 비즈니스 영속 계획, 기회의 인식
회복	정상적인 운영상태로 신속하게 돌아가는 능력	위기관리, 자원동원, 커뮤니케이션 전략, 결과 완화
분산	자산의 광범위한 유통 혹은 분산	분산된 의사결정, 분산된 용량과 자산, 핵심 자원의 분산, 입지에 따른 권한부여, 시장의 분산
협력	상호 이익을 위해 다른 주체들과 효과적으로 일하는 능력	협력적 예측, 고객관리, 커뮤니케이션, 주문의 지연, 제품 라이프사이클 관리, 파트너들과 리스크 공유
조직	인적 자원 구조, 정책, 스킬과 문화	학습, 책임성과 권한부여, 팀워크, 창의적 문제해결, 교차훈련, 대체 리더십, 돌봄 문화
시장 포지션	특정 시장에서 기업 혹은 제품의 상태	제품 차별화, 고객충성/보유, 시장지분, 브랜드 가치, 고객관계, 고객 커뮤니케이션
안전	의도적 공격에 대한 방어	계층화된 방어, 접근 제한, 종업원 참여, 정부와 협력, 사이버 보안, 인력 안전
재무적 강점	현금흐름의 변동을 흡수하는 역량	보험, 포트폴리오 다각화, 예비 재정과 유동성 확보, 가격이익

03 공급사슬 회복 전략

3.1. 기존 문헌의 공급사슬 회복 전략

(1) Tomlin(2006)

붕괴관리 완화 전략으로서 세 가지 항목으로 분류한 후 대응 전술을 제시하였다.

① 재무적 완화
사업중단에 관한 보험 가입

② 운영적 완화
붕괴 이전의 조달(복수 공급자와 복수 입지)과 재고(완충재고 투자)에 기초한 전술

③ 운영적 비상
붕괴 이후의 유연성에 기초한 전술로서 재경로와 수요관리를 활용

(2) Melnyk et al.(2014)

회복을 크게 회피, 방어, 인정화, 복귀의 네 가지 단계로 구분하였고 구체적으로 다음의 여덟 가지 전략을 고려하였다.

① 간접 투자
충격이 발생할 때 기업이 의지할 수 있는 다른 분야에 대한 투자를 말하며, 전형적으로 이 투자는 기업이 공급사슬 문제를 다루는 의지를 창출하는 것으로서 마케팅 포지션 및 브랜드 자산/공급사슬 자본/공급자 및 고객과 관계/공급자

충성/고객 충성/혁신을 위한 지원/동태적 파트너링을 위한 지원/수익관리를 포함한다.

② 발견

가능한 한 사건 발생에 가깝게 공급사슬에서 잠재적 문제를 규명하는 기업의 능력에 투자하는 것으로서 향상된 정보기술 혹은 정보공유/공급사슬 파트너에 의한 초기경고/예측/수요감지/공급사슬에서 성과 모니터링을 포함한다.

③ 정보

공급사슬 내에서 흘러가는 정보의 양, 속도, 품질을 향상시키는 데 투자하는 것으로서 향상된 정보기술/효과적 커뮤니케이션/정보 가시성을 포함한다.

④ 공급사슬 디자인

환경변화에 대응하여 재빨리 구성되고 재구성될 수 있는 공급사슬을 디자인하고 실행하는 것과 관련되며, 공급기반 관리/공급기반 구성/유연한 공급사슬 파트너의 선택을 포함한다.

⑤ 완충(buffer)

재고, 용량, 리드타임의 형태로 초과 완충을 창출하는 의미이며, 인적 자원 용량/인적 자원의 역량과 경험/재고/운영 유연성/초과 운영용량/중복/초과 및 안전 리드타임이 포함된다.

⑥ 운영적 유연성

공급사슬 문제에 대응하여 흐름 혹은 제품 규격 중 하나를 변화시키는 것으로서 운송 대안/변동 자재명세서(bill of material)가 포함된다.

⑦ 안전

도난, 피해, 위조 형태의 공급사슬 충격으로부터 시스템을 보호하는 것으로서 방화벽/검역/강화된 물리적 시스템이 그 예이다.

⑧ 준비성

여러 주체나 개인들이 해야 하는 것과 책임이 무엇인지를 알도록 잠재적인 공급사슬 충격을 위한 비상계획을 디자인하고 계획을 검증하는 것으로서 비상을 위한 계획/훈련 및 연습/리스크 평가/보험 등이 있다.

특히, 그들은 공급사슬 회복의 프레임워크를 <그림 12-3>과 같이 나무 형태로 분해하였다.

〈그림 12-3〉 공급사슬 회복 나무

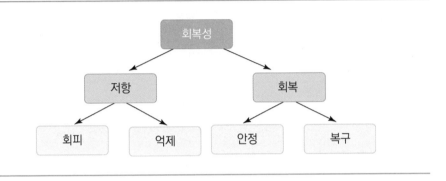

이를 바탕으로 <표 12-3>과 같은 저항과 회복 매트릭스가 구성된다.

▼ 〈표 12-3〉 저항과 회복 매트릭스

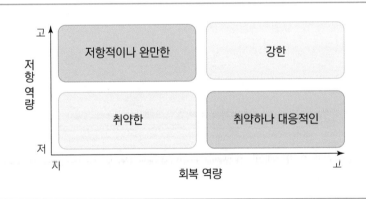

결과적으로, 지금까지의 내용을 종합하여 다음의 <표 12-4>와 같은 전략별 영향의 강도가 평가된다.

전략	회피	억제	안정	복구
간접적 투자	0	++	0	0
발견	++	0	0	0
정보	++	+	+	+
공급사슬 디자인	+	++	++	+
완충	+	++	++	0
운영적 유연성	0	++	++	++
보호	++	++	0	0
준비성	++	++	++	++

0은 무영향, +는 중간 영향, ++는 강한 영향

(3) Chopra & Sodhi(2014)

회복을 구축하기 위한 세 가지 솔루션을 제안하였다.
① 공급사슬을 분할하거나 지역화하기
② 너무 과다한 자원의 집중화를 회피함으로써 성과의 손실을 제한
③ 장기적으로 충분히 투자하지 않는 것보다 더욱 수익적으로 만들도록 회복
   에 집중 투자

(4) Chowdhury et al.(2015)

취약성을 완화하기 위한 가장 선호된 회복 전략을 다음과 같이 제안하였다.
① 백업 용량 보유
② 구매자와 공급자와 관계 구축
③ 품질 통제
④ 스킬과 효율성 개발
⑤ ICT 적용

⑥ 수요예측 강화

⑦ 고객에 대한 대응성 강화

⑧ 안전 시스템 향상

3.2. 회복적 공급사슬 원칙

Christopher & Peck(2004)는 회복적 공급사슬을 위한 초기 프레임워크를 개발하였다. 즉, 공급사슬 회복성은 네 가지 핵심 원칙을 통해 창출될 수 있다.

① 회복은 붕괴 이전에 시스템으로 구축될 수 있다(예 리엔지니어링).

② 높은 수준의 협력이 리스크를 규명하고 관리하는 데 요구된다.

③ 민첩성은 예측하지 못한 사건에 재빨리 반응하는 데 필수적이다.

④ 리스크 관리 문화가 필요하다.

여기에 이차적인 원칙으로서 민첩성, 이용가능성, 효율성, 유연성, 중복성, 속도, 가시성 등과 같은 특징이 다루어진다.

한편, Kamalahmadi & Parast(2016)에 의해 제안된 공급사슬 회복을 위한 3단계는 기대, 저항, 회복과 대응이 있고 <그림 12-4>와 같은 원칙이 제안되었다.

(1) 기대

공급사슬 운영 관리자들은 붕괴의 발생을 기대하고 기대된 그리고 기대하지 못한 환경변화에 대해 준비해야 한다. 환경급변의 영향이 완전히 이해되어야 하고, 그들의 발생 가능성이 최소화되어야 하고, 긴급에 대비해 비상계획이 준비되어 있어야 한다.

(2) 저항

기대되거나 기대하지 못한 급변상황이 공급사슬에서 감지되자마자 확대되기 전에 급변에 저항하거나 비활성화하는 공급사슬 능력은 운영의 영속을 보장하

는 데 중요한 역할을 한다. 잘 준비된 공급사슬은 이 단계에서 운영의 중단을
막는다.

(3) 회복과 대응

만약 급변상황이 공급사슬을 붕괴시킬 수 있다면 공급사슬에 대한 부정적 영
향을 최소화하기 위해 이용가능한 자원에 기초한 즉각적이고 효과적인 대응이
요구된다. 잘 준비된 대응은 기업을 붕괴 이전의 상태로 다시 돌리는 능력뿐만
아니라 급변상황을 초월하고 기업의 포지션을 더 높은 경쟁우위 수준으로 복원
시켜야 한다.

〈그림 12-4〉 공급사슬 회복의 원칙

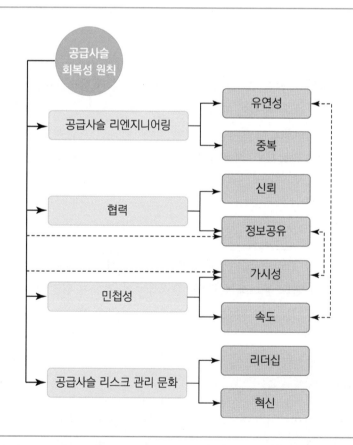

* 실선의 화살표는 다수 문헌에 기초한 핵심 변수들 사이의 관계를 나타낸다. 점선은 소수 연구에서 수행되
  어 더 많은 연구가 필요함을 나타낸다.

04 회복 역량 구축

공급사슬 회복성을 향상시키기 위해 필요한 역량이 여러 연구자에 의해 다양하게 제안되었다. 우선 기업이 기대되거나 기대하지 못한 변화를 관리하기 위해 Ali et al.(2017)은 <표 12-5>와 같이 공급사슬 파트너들과 일치되는 운영적 역량을 구축하는 것이 필수적이라고 한다. 여기서, 선행적 전략은 붕괴 이전에 필요한 전략을 위한 역량, 동시적 전략은 붕괴가 진행되는 동안에 필요한 전략을 위한 역량, 대응적 전략은 붕괴가 발생한 후에 필요한 전략을 위한 역량과 관련된다.

▼ 〈표 12-5〉 공급사슬 회복 역량

공급사슬 회복 역량	설명	전략 차원
예측 능력	잠재적 사건, 변화하는 환경, 공급사슬의 능력이 영향받기 전의 성과를 규정하고 모니터하는 데 필수적인 역량	선행적 전략
적응 능력	붕괴 동안 그리고 정상적 비즈니스 활동에서 지속적으로 중요한 공급사슬 자원을 관리하고 적응시키는 데 필요한 역량	동시적 전략
대응 능력	바람직한 성과를 보장하기 위해 붕괴의 영향을 줄이거나 그 영향을 변화시키기 위해 적시에 그리고 효율적으로 공급사슬 사건에 대응하는 데 필요한 역량	동시적 전략
회복 능력	정상적 운영으로 복원하고 돌아가기 위해 공급사슬 사건의 발생 후에 필수적인 역량	대응적 전략
학습 능력	공급사슬 사건 후에 무엇이 발생했는지를 이해하고 경험에 기반하여 미래 성과를 향상시키는 데 필요한 역량	대응적 전략

나아가, 그들은 이 역량의 통합적 관점에서 구성요소와 관행을 <표 12-6>과 같이 제시하였다.

전략	역량	요소	프랙티스
선행적	예측 능력	상황 인식	사건 감지와 해석, 연속성 계획, 공급사슬 취약성 매핑, 경고 전략, 리스크 회피와 전염, 리스크 통제/이전/공유
		강건성	공급사슬 네트워크 디자인, 공급사슬/인프라 구성, 분할, 분권화, 밀도, 복잡성, 노드/입지 중요성, 제품흐름, 제품 디자인, 공급기반 전략, 변화하기 위한 기대/준비성
		증가된 가시성	모니터링 성과(핵심성과지표와 측정), IT 역량, 정보공유, 통합 시스템을 통한 투명성, 연계
		안전 구축	화물/물리적 안전, 안전 문화, 위조물건에 대한 대응 방안, 사이버 안전, 계층적 방어, 공공-민간 파트너십 창출, 공급사슬 파트너 간 협력 전략
		지식경영 (붕괴 이전)	공급사슬 이해, 교육과 훈련, 공급사슬 연습, 시뮬레이션과 연습, 공급사슬 리스크 관리 문화, 리더십, 리스크 관리 부서, 리스크 인식, 조직 간 학습
동시적	적응 능력	증가된 유연성	복수 공급자를 통한 유연한 공급, 유연한 제조 프로세스 혹은 자원, 지연을 통한 유연한 제품, 대응적 가격책정을 통한 유연한 가격설정, 유연한 운송 유형, 유연한 주문 충족
		중복성 구축	생산/운송/자원에서 초과 용량 보유, 복수 공급자들, 안전 재고 확보, 전략적 재고 보유, 긴급 지원/저장 시설, 낮은 용량 활용 정책
	대응 능력	협력	협력적 계획 활용, 공급사슬 지능 활용, 정보 공유, 조정, 경쟁자들과 협력 및 경쟁
		민첩성	속도와 가속화, 대응성, 신속
대응적	회복 능력	긴급 계획	공급사슬 재구성, 자원 재구성, 회복 계획, 복원 계획, 시장 진입 속도, 시나리오 분석
		시장 포지션	재무 강점, 시장지분, 효율성, 전략적 배열, 적응성, 고객관계, 고객 커뮤니케이션
	학습 능력	지식경영 (붕괴 이후)	교육과 훈련, 붕괴 후 피드백, 비용/편익 지식, 학습 조직, 리스크를 넘어 기회 포착, 긴급 계획과 연속성 관리에서 혁신성 증가
		사회적 자본 구축	신뢰, 조직 간 관계, 관계적 역량, 공동창출 프로세스 활용

Johnson et al.(2013)은 공급사슬 회복을 촉진하는 데 필요한 역량으로서 유연성, 속도, 가시성, 협력을 들었고 이러한 역량의 선행요인으로서 사회적 자본이 필요하다고 하였다. 여기서, 사회적 자본은 다음의 차원으로 구성된다.

① 구조적 차원
네트워크 연결/네트워크 구성/적절한 조직

② 인지적 차원
공유된 강령과 언어/공유된 해석

③ 관계적 차원
신뢰/규범/의무/정체성

Naim et al.(2000)은 공급사슬 리엔지니어링(재설계) 역량을 들었다. 그것은 공급사슬의 개념화, 디자인, 실행, 운영, 리엔지니어링을 포함한다. 이 구성요소로서 효율성, 중복성, 강건성이 있고 그 개념은 다음과 같다.

① 효율성
최소의 자원 요구사항으로 산출물을 생산하는 능력

② 중복성
안전재고 보유, 복수 공급자 유지, 낮은 용량 활용률과 같이 자원을 저장함으로써 부정적 결과를 제한하거나 완화하는 것

③ 강건성
조기의 안정적 구성을 조정하지 않고 변화에 저항하는 공급사슬의 능력

한편, Brusset & Teller(2017)은 공급사슬 회복을 위한 역량으로서 외부 역량, 통합 역량, 유연성 역량을 제안하였다. 흔히, 조직 루틴에 의해 조율되고 조직 내와 조직 간에 전개되는 저차원 역량은 (1) 물리적 자원, (2) 재무적 자원, (3) 인적 자원, (4) 기술적 자원, (5) 조직적 자원 자원들의 집합으로 이루어진다. 그러나 운영적 역량에 대해 영향을 미치는 것은 다음의 외부, 통합, 유연성 역량으로 구성된다고 정의하였다.

① 외부 역량

Efficient Customer Response 정책/VMI 정책/유통 네트워크에서 재고를 정제화하고 규모 재설정

② 통합 역량

협력적 방식으로 공급자들의 성과를 관리/다른 공급사슬관리 도구들과 ERP를 통합/IT 기반 보고서 도구를 활용/추적 도구를 활용

③ 유연성 역량

대안적 생산 긴급계획 구축/생산공장의 유연성을 개발/기술 혹은 제품당 생산공장 전문화

Chowdhury & Quaddus(2017)은 공급사슬 회복 역량은 선행적 역량, 반응적 역량, 공급사슬 디자인 품질의 세 가지로 구분하였다.

① 선행적 역량

• 공급사슬 준비성
  붕괴 감지/준비성 훈련/준비성 자원/예측/안전

• 유연성
  유연한 생산량(다른 주문 크기, 유연한 생산 스케줄 등)/구매자 요구에 따라 광범위한 제품을 생산하는 능력(다양성/고객화에 기반한 배합 유연성)/다숙련 노동력/공급사슬 파트너들과 계약의 유연성(일부 주문과 지불, 일부 선적)/조달 유연성(공급자 리드타임, 공급자 주문 양의 변화 등)/유통 유연성(고객의 갑작스러운 주문을 충족, 유동적 납기 스케줄 등)/다른 고객그룹에 신제품을 생산하고 공급하는 능력

• 예비 용량
  대안적인 백업 용량(예 기계, 장비, 물류 옵션)/완충 재고/백업 에너지/유틸리티 조달

• 통합
  공급사슬 파트너들과 정보공유/조직 내 다른 부서들과 원활한 정보흐름 및

내부 통합/공동 혹은 협력적 계획(**예** 제품개발, 재고계획 등)/공급사슬 파트너들과 효과적 커뮤니케이션/ICT가 지원하는 계획과 통합

- 효율성

  효율적 자원 활용을 통한 낭비와 유휴용량 제거/생산적이고 열심히 일하는 종업원/품질 통제와 결함 감소

- 시장 강점

  구매자와 공급자 만족/구매자에 의해 선호된 브랜드 유지/구매자 – 공급자의 좋은 관계/제품 차별화

- 재무강점

  다각화된 비즈니스 포트폴리오/자금 이용가능성/일관성을 보이는 이익/보험

② 반응적 역량

- 대응

  신속한 대응/효과적이고 적절한 대응/대응시간

- 회복

  신속한 회복/손실 흡수/영향 감소/회복 비용

③ 공급사슬 디자인 품질

- 공급사슬 주체들의 밀도

  집중된 지역 대 다른 지역에서 조달/집중된 시장 대 다각화된(대안적) 시장/집중 생산 대 다각화된(대안적) 생산

- 복잡성

  전방과 후방 흐름에서 작은 계층과 구매자와 공급자와 직접 거래/전방과 후방 흐름의 수/단일 공급자가 아니라 복수의 공급자 사용/작은 대규모 구매자에 의존하지 않고 복수의 구매자 갖기

- 중요성

  중요한 공급자의 수/중요한 유통센터의 수/대안 운송 옵션/대안 주요 부품과 구성요소

붕괴회복 프로세스

Scholten, et al.(2014)는 <그림 12−5>와 같이 붕괴회복 프로세스로서 완화, 준비, 즉각 대응, 회복이라는 절차를 제시하였다.

〈그림 12-5〉 붕괴회복 프로세스

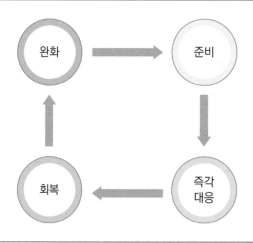

이러한 절차를 실행하는 데 필요한 구체적 활동은 다음과 같다.

(1) 완화

교차기능계획 팀 구성/공급사슬 역량과 위험 분석/준비, 대응, 회복을 위한 계획을 개발하고 소통/준비, 대응, 회복을 위한 측정과 지표에 동의/지속적 개선과 공급사슬 리스크 완화 계획을 개발

(2) 준비

준비성 계획을 실행(전략적 동의를 운영적 문제로 전환)/측정과 지표에 기반하여 평가/훈련과 시뮬레이션을 통해 루틴을 구축

(3) 대응

대응 계획, 측정, 지표를 실행/감독과 통제를 평가/전체 공급사슬에서 커뮤니케이션을 평가/공급사슬 붕괴 지원활동을 평가

(4) 회복

회복 계획을 검토하고 실행/리스크와 회복관리의 연속성을 보장/종업원 지원을 유지/운영을 재개

참고문헌

Ali, A., Mahfouz, A. & Arisha, A.(2017), "Analysing supply chain resilience: integrating the constructs in a concept mapping framework via a systematic literature review", *Supply Chain Management: An International Journal, 22*(1), 16−39.

Ambulkar, S., Blackhurst, J., & Grawe, S.(2015), "Firm's resilience to supply chain disruptions: scale development and empirical examination", *Journal of Operations Management, 33−34*, 111−122.

Asbjørnslett, B.(2008), "Assessing the Vulnerability of Supply Chains", In Zsidisin, G. A., & Ritchie, B.(Eds.), *Supply Chain Risk: A Handbook of Assessment, Management and Performance*, Springer, NY.

Azadegan, A., Patel, P.C., Zangoueinezhad, A. & Linderman, K.(2013), "The effect of environmental complexity and environmental dynamism on lean practices", *Journal of Operations Management, 31*(4), 193−212.

Blackhurst, J., Dunn, K.S. & Craighead, C.W.(2011), "An empirically derived framework of global supply resiliency", *Journal of Business Logistics, 32*(4), 374−391.

Brusset, X. & Teller, C.(2017), "Supply chain capabilities, risks, and resilience", *International Journal of Production Economics, 184*(3), 59−68.

Chowdhury, M.D., Maruf, H. & Mohammed, A.Q.(2015), "A multiple objective optimization based QFD approach for efficient resilient strategies to mitigate supply chain vulnerabilities: the case of garment industry of Bangladesh", *OMEGA: The International Journal of Management Science, 57*(A), 5−21.

Christopher, M. & Peck, H.(2004), "Building the resilient supply chain", *International Journal of Logistics Management, 15*(2), 1−13.

Chopra, S. & Sodhi, M.S.(2004), "Managing risk to avoid supply chain breakdown", *Sloan Management Review, 46*(1), 52−61.

Chopra, S. & Sodhi, M.S.(2014), "Reducing the risk of supply chain disruption", *Sloan Management Review, 55*(3), 73−80.

Christopher, M. & Towill, D.(2001), "An integrated model for the design of agile supply chains", *International Journal of Physical Distribution & Logistics Management, 31*(4), 235−246.

Deloitte University Press (2014), "From Risk to Resilience", https://www2.deloitte.com/content/dam/insights/us/articles/dr14−risk−to−resilience/DR14_From_Risk_to_Re silience.pdf.

Fiksel, J., (2006), "Sustainability and resilience: towards a systems approach, Sustainability: Science", *Practice and Policy, 2*(2), 1−8.

Goranson, T.(1999), *The Agile Virtual Enterprise*, Westport, Quorum Books, CT.

Hoek, R.I., van Harrison, A. & Christopher, M.(2001), "Measuring agile capabilities in the supply chain", *International Journal of Operations & Production Management, 21*(1/2), 126−148.

Husdal, J.(2008), "Does location matter?", *Paper presented at the International Conference on Flexible Supply Chains in a Global Economy*, Molde, Norway.

Jüttner, U. & Maklan, S.(2011), "Supply chain resilience in the global financial crisis: an empirical study", *Supply Chain Management: An International Journal, 16*(4), 246−259.

Kamalahmadi, M. & Parast, M.M.(2016), "A review of the literature on the principles of enterprise and supply chain resilience: major findings and directions for future research", *International Journal of Production Economics, 171*(1), 116−133.

Klibi, W., Martel, A. & Guitouni, A.(2010), "The design of robust value−creating supply chain networks: a critical review", *European Journal of Operational Research, 203*(2), 283−293.

Melnyk, S.A., Closs, D.J., Griffis, S.E. Zobel, C.E. & Macdonald, J.R.(2014), "Understanding Supply Chain Resilience", *Supply Chain Management Review,* 34−41.

Naim, M., Lalwani, C., Fortuin, L., Schmidt, T., Taylor, J. & Aronsson, H.(2000), "A model for logistics systems engineering management education in Europe", *European Journal of Engineering Education, 25*(1), 65−82.

Pettit, T.J., Croxton, K.L. & Fiksel, J.(2013), "Ensuring Supply Chain Resilience: development and Implementation of an Assessment Tool", *Journal of Business Logistics, 34*(1), 46−76.

Pettit, T.J., Fiksel, J. & Croxton, K.L.(2010), "Ensuring supply chain resilience: development of a conceptual framework", *Journal of Business Logistics, 31*(1), 1−21.

Rice, J.B. & Caniato, F.(2003), "Building a secure and resilient supply network",

Supply Chain Management Review, 7(5), 22－30.

Sheffi, Y.(2005), *The Resilient Enterprise－Overcoming Vulnerability for Competitive Advantage*, MIT Press, MA.

Scholten, K., Schott, P.S. & Fynes, B.(2014), "Mitigation processes: antecedents for building supply chain resilience", *Supply Chain Management: An International Journal, 19*(2), 211－228.

Tomlin, B.(2006), "On the value of mitigation and contingency strategies for managing supply chain disruption risks", *Management Science, 52*(5), 639－657.

Wieland, A. & Wallenburg, C.M.(2012), "Dealing with supply chain risks: linking risk management practices and strategies to performance", *International Journal of Physical Distribution & Logistics Management, 42*(10), 887－905.

Wieland, A. & Wallenburg, C.M.(2013), "The influence of relational competencies on supply chain resilience: a relational view", *International Journal of Physical Distribution & Logistics Management, 43*(4), 300－320.

World Economic Forum (2015), "Beyond Supply Chains: Empowering Responsible Value Chains", Prepared in collaboration with accenture, http://www3.weforum. org/docs/WEFUSA_BeyondSupplyChains_Report2015.pdf.

추가 읽을거리

Bhamra, R., Dani, S. & Burnard, K.(2011), "Resilience: the concept, a literature review and future directions", *International Journal of Production Research, 49*(18), 5375－5393.

Chowdhury, M.M.H. & Quaddus, M.(2016), "Supply chain readiness, response and recovery for resilience", *Supply Chain Management: An International Journal, 21*(6), 709－731.

Dubey, R., Gunasekaran, A., Childe, S.J., Papadopoulos, T., Blome, C. & Luo, Z.(2019), "Antecedents of Resilient Supply Chains: an Empirical Study", *IEEE Transactions on Engineering Management, 66*(1), 8－19.

Elleuch, H., Dafaoui, E., Elmhamedi, A. & Chabchoub, H.(2016), "Resilience and Vulnerability in Supply Chain: literature review", *International Federation of*

Automatic Control — PapersOnLine 49 − 12, 1448 − 1453.

Gunasekaran, A., Subramanian, N. & Rahman, S.(2015), "Supply chain resilience: role of complexities and strategies", *International Journal of Production Research, 53* (22), 6809 − 6819.

Pettit, T.J., Fiksel, J. & Croxton, K.L.(2010), "Ensuring supply chain resilience: development of a conceptual framework", *Journal of Business Logistics, 31*(1), 1 − 21.

Ponomarov, S.Y. & Holcomb, M.C.(2009), "Understanding the concept of supply chain resilience", *The International Journal of Logistics Management, 20* (1), 124 − 143.

연습문제

1. 객관식 문제

1.1. 다음 문제의 참과 거짓을 구분하시오.

(1) 공급사슬 붕괴에 대한 기업의 회복성은 공급사슬 붕괴에 의해 초래된 변화에 대해 경계를 하고, 적응하고, 재빨리 대응하는 기업의 능력으로서 정의된다.

(2) 대응적 전략은 공급사슬이 변화에 사후적으로 적응하는 것을 의미하고 이 전략을 적용하는 공급사슬은 보통 민첩한 공급사슬로서 언급된다.

(3) 뛰어난 리스크 관리 인프라는 특히 높은 영향을 갖는 붕괴에 직면할 때에도 항상 회복성을 강화시킨다.

(4) 공급사슬 회복 역량으로서 공급사슬 사건 후에 무엇이 발생했는지를 이해하고 경험에 기반하여 미래 성과를 향상시키는 데 필요한 역량은 학습 능력이다.

(5) 사건 감지와 해석, 연속성 계획, 공급사슬 취약성 매핑, 경고 전략, 리스크 회피와 전염, 리스크 통제/이전/공유라는 프랙티스는 대응적 회복 능력과 관련한다.

(6) 공급사슬 회복을 촉진하는 데 필요한 역량으로서 유연성, 속도, 가시성, 협력이 있고 이러한 역량의 선행요인으로서 사회적 자본이 필요하다.

(7) 붕괴 회복 프로세스로서 완화, 준비, 대응, 회복이라는 절차가 자주 사용된다.

(8) 사회적 자본은 구조적, 인지적, 관계적 차원이 존재하며, 공급사슬 회복을 위해 필요한 역량의 선행요인이다.

(9) 공급사슬 회복을 위한 대응 능력으로는 협력과 민첩성이 있으며, 이는 대응적 전략에서 활용된다.

(10) 공급사슬 리엔지니어링 역량으로서 필요한 구성요소는 효율성, 중복성, 강건성이 있다.

1.2. 다음 문제의 정답을 찾아내시오.

(1) 다음 중 옳지 않은 설명은?

① 최선의 공급사슬 프랙티스는 동시에 강건하게, 유연하게, 민첩하게, 회복적으로 만드는 것이다.

② 회복성은 강건성과 민첩성을 포함하는 광범위한 개념이다.

③ 유연성은 예측되지 못하고 기대하지 못한 외부 상황에 대한 계획되지 않은 적응을 의미한다.

④ 민첩성은 현재의 변화에 대한 인식(가시성)과 인식된 변화에 대한 신속한 반응(속도)가 필요하다.

(2) 다음 중 선행적 전략의 방법이 아닌 것은?

① 유연성   ② 가시성

③ 중복   ④ 민첩성

(3) 다음 중 공급사슬 취약성 요인에 해당하지 않는 것은?

① 급변 환경   ② 의도적 위협

③ 연결성   ④ 공급사슬 붕괴 지향

(4) 다음 중 공급사슬 회복성의 역량요인에 해당하지 않는 것은?

① 산출물 혹은 산출물 유형을 재빨리 변화시키는 능력

② 생산요인들의 이용가능성에 기반한 산출물에 대한 제약

③ 도전 혹은 기회에 대응하여 운영을 수정하는 능력

④ 잠재적 미래 사건 혹은 상황을 분별하는 능력

(5) 다음 중 공급사슬 회복성을 위한 완충의 대상에 해당하지 않는 방법은?

① 자본　　　　　　　② 재고

③ 용량　　　　　　　④ 인적 자원

(6) 다음 중 공급사슬 회복성을 위한 방법에 가장 적절하지 않은 것은?

① 공급사슬을 분할하거나 지역화하기

② 잠재적인 공급사슬 충격을 위한 비상계획을 디자인

③ 특화된 분야에 초점

④ 백업 용량

(7) 다음 중 취약성을 완화하기 위한 가장 선호된 회복 전략 중 가장 거리가 먼 것은?

① 백업 용량

② 구매자와 공급자 관계 구축

③ 충분한 자본 투자

④ ICT 적용

(8) 다음 중 회복적 공급사슬의 원칙에 가장 거리가 먼 것은?

① 리스크 관리 문화가 필요하다.

② 회복은 붕괴가 감지된 후부터 시스템으로 구축될 수 있다.

③ 민첩성은 예측하지 못한 사건들에 재빨리 반응하는 데 필수적이다.

④ 높은 수준의 협력이 리스크를 규명하고 관리하는 데 요구된다.

(9) 다음 중 붕괴가 진행되는 동안에 필요한 회복 역량은?

① 학습 능력　　　　　② 회복 능력

③ 예측 능력　　　　　④ 적응 능력

(10) 다음 중 인생에 있어서 회복력을 높이기 위한 활동과 가장 거리가 먼 것은?

① 어떠한 환경변화에도 불구하고 처음 계획된 내용을 반드시 실행하겠다는 굳은 의지

② 사전에 준비를 위한 계획을 잘 수립하고 학습에 기반한 꾸준한 대응

③ 자신의 역량을 이해하고 다가올 환경의 위험 분석

④ 유연하면서도 신속하고 적절한 환경 대응을 위한 종합적 방안 수립

2.1. 사전 학습문제

(1) 지금까지 학습한 강건성, 민첩성, 유연성의 개념을 정리해 보고 그들 간의 공통점과 차이점을 명확히 제시해 보시오.

(2) 주변에서 쉽게 찾아볼 수 있는 다음의 서비스 중 가장 잘 아는 서비스 하나를 선택하시오.

> 분식집, 편의점, 극장, 아이스크림점포, 해물탕식당, 호텔 혹은 모텔, 항공사, 대학

선택한 서비스 조직에서 발생가능한 리스크 유형을 모두 찾아 정리하시오.

2.2. 사후 학습문제

(1) 스마트폰, 자동차 산업의 공급사슬 회복 전략과 관련된 사례를 찾아 정리하시오.

(2) 주변에서 쉽게 찾아볼 수 있는 다음의 서비스 중 가장 잘 아는 서비스 하나를 선택하시오.

> 분식집, 편의점, 극장, 아이스크림점포, 해물탕식당, 순두부식당, 호텔 혹은 모텔, 항공사, 치과병원

① 선택한 서비스 조직의 공급사슬 회복 역량을 강화하는 방안을 정리해 보시오.
② 선택한 서비스 조직의 공급사슬 회복 전략을 정리해 보시오.

(3) 제안된 공급사슬 회복성 전략의 구성요소들을 자신만의 방식으로 다시 재분류해 보시오.

최근 기술과
공급사슬

01 공급사슬관리와 기술의 진화

　이미 기술이 공급사슬 협력의 중요한 도구가 되고 있는 것처럼 기술은 공급사슬관리에서 매우 중요한 역할을 한다. 공급사슬 내 전통적 주문 프로세스에서 시작하여 1990년대 VMI, 2000년대 CPFR, 2010년대 RFID로 진화한 기술은 이제 공급사슬 협력을 위한 필수 도구가 되고 있다. 특히, 이러한 기술의 지원기술로서 기존에는 EDI가 적용되었으나 이제는 기술, 프로세스, 비용우위의 관점에서 웹기반 중개로 전환되고 있다. 결국, 기술과 공급사슬관리가 수레의 양바퀴처럼 작동하기 때문에 이들은 서로 영향을 주고받고 있고 관심도 항상 병행될 수밖에 없다.

　새로운 기술의 적용으로 인해서 공급사슬관리의 중요한 변화가 급속도로 진행되고 있다. 이미 디지털화는 공급사슬이 운영되는 방식을 바꾸고 있다. 예를 들어, 사물인터넷(Internet of Things: IoT), 인공지능(Artificial Intelligence: AI), 로보틱스(robotics), 자율주행차(autonomous vehicle), 3D 프린팅을 이용한 적층제조(additive manufacturing) 등은 공급사슬의 모든 단계와 절차를 변화시키고 있다. 특히, 최근의 4차 산업혁명 패러다임의 등장은 공급사슬 이슈에 중요한 영향을 미치는 중이다. 4차 산업혁명의 핵심은 자동화된 방식으로 대량의 데이터를 수집하고 분석하여 이 데이터를 실시간으로 의사결정과 실행에 적용하는 능력에 있다. 그 결과, 산업 4.0은 생산 시스템의 자율성, 유연성, 동태성, 정확성을 가능하게 하는 많은 기술, 개념, 방법을 도입하고 있다.

　특히, 디지털 네트워킹의 발전을 통해 사이버물리시스템(Cyber Physical System: CPS)이 커뮤니케이션과 의사결정을 담당한다. 그 결과, 기업 내부뿐만 아니라 전체 공급사슬에 걸친 자율적인 정보와 자재흐름의 비율은 다양한 기술의 잠재력으로 인해서 급격히 증가할 것이다. 공급사슬의 디지털화는 대표적으로 유연성, 품질표준, 효율성, 생산성에 많은 장점을 가져온다. 신기술은 기업이 필요로 하는 강건한, 안전한, 지속가능한 공급사슬을 창출할 수 있기 때문이다. 반면에, 이러한 기술은 조직에 위협이 될 수도 있다. 기술에 대한 높은 투자비와 보안문제는 영원히 해결해야 할 문제이다.

특히, 디지털 기술은 사회가 정보를 교환하고 서로 상호작용하는 방식을 심도 있게 변화시켰다. 이 기술은 사람들이 소통하고 정보를 공유하는 방식을 변화시켰고 로지스틱스, 공급사슬, 제조와 운송 산업에 영향을 미칠 것이다. 이와 관련하여 공급사슬 4.0, 스마트(smart) 공급사슬, 디지털(digital) 공급사슬, 지능형(intelligent) 공급사슬, 자율사고(autonomous thinking) 공급사슬이라는 용어가 사용되고 있다.

02 스마트 팩토리의 등장

2.1. 특징

스마트 팩토리(smart factory)는 전체 네트워크에 걸쳐 성과를 스스로 최적화하고, 거의 실시간으로 새로운 상황으로부터 스스로 적응하고 학습하고, 자율적으로 전체 생산 시스템을 운영할 수 있는 유연한 시스템이다. 이러한 특징은 제조업체들이 디지털 트윈(현실세계에 존재하는 사물, 시스템, 환경 등을 가상공간에 동일하게 구현함으로써 가치를 제공하는 기술), 디지털 디자인, 적층생산 기계(3D 프린터), 자율적 로봇을 활용하여 자산과 시스템에서 매우 큰 가시성을 갖도록 만들고 높은 생산성과 공급자와 고객의 변동에 대한 대응성이라는 우월한 성과를 창출하도록 한다. 이 스마트 팩토리의 특징은 다섯 가지로 요약된다.

(1) 연결

전통적 데이터 셋을 새로운 센서 및 위치기반 데이터 셋과 함께 활용/공급자와 고객과 협력을 가능하게 하는 실시간 데이터 셋/부서 간 협력(예 생산에서 제품개발까지 피드백)

(2) 최적화

신뢰할 수 있고 예측할 수 있는 생산 용량/증가된 자산 가동시간과 생산 효율성/최소의 인간 상호작용을 갖는 고도로 자동화된 생산과 자재취급/최소화된 품질 및 생산비용

(3) 투명성

빠르고 일관적인 의사결정을 지원하기 위한 생생한 지표와 도구/고객수요 예측과 실시간 연결/투명한 고객주문 추적

(4) 선행성

예측가능한 비정상 규명과 해결/자동화된 재입고와 보충/공급자 품질 이슈의 초기 규명/실시간 안전 모니터링

(5) 민첩성

유연하고 적응가능한 스케줄링과 변경/실시간으로 영향을 보기 위한 제품 변화의 실행/변경가능한 공장 레이아웃과 설비

2.2. 스마트 팩토리의 동인

그렇다면 왜 지금 이러한 스마트 팩토리가 필요한가? 사실 자동화와 통제는 수십 년 동안 존재했던 문제이다. 그럼에도 불구하고 최근 들어 이 주제가 부각되는 이유는 다음의 다섯 가지 중요한 추세가 동인으로서 작용했기 때문이다.

(1) 빠르게 진화하는 기술적 역량

최근의 컴퓨터 저장용량의 제한, 대역폭(특정 시간대에 보낼 수 있는 정보량) 비용과 같은 장애물이 사라지고 AI, 인지 컴퓨팅, 기계학습과 같은 기술이 연결된 기계에서 수집된 데이터를 통해 해석, 적응, 학습하는 것을 용이하게 만들고 있다.

(2) 증가된 공급사슬 복잡성과 글로벌 생산 및 수요의 파편화

제조가 점점 글로벌화함에 따라 생산은 전 세계에 존재하는 복수의 시설과 공급자 사이에 제조의 각 단계가 분산된 채 더욱 파편화되고 있다. 지역적 소비, 개인적 고객화에 대한 요구의 증가에 더해 급격한 수요 변동과 증가하는 자원

제약 등은 공급사슬을 더욱 복잡하게 만들고 있다. 이러한 변화에 대응하기 위해 제조업체는 더욱 민첩, 연결, 선행적이 되고 있다.

(3) 기대하지 않은 원천으로부터 증가하는 경쟁 압력

스마트한 디지털 기술은 새로운 시장 혹은 산업에서 디지털화와 낮은 진입비용을 활용할 수 있는 완전히 새로운 경쟁자의 등장이라는 위협을 발생시킨다.

(4) IT와 OT의 결합으로 결과되는 조직 재배치

정보기술(information technology)과 운영기술(operations technology)의 결합은 조직에게 이전의 공장 수준의 의사결정을 사업단위 혹은 기업 수준의 의사결정으로 변화시키고 있다. 그 결과, 한 공장의 변화는 다른 공장의 복잡성으로 결과된다. 이러한 디지털과 물리적 기술의 연결은 데이터의 수집과 분석뿐만 아니라 물리적 세계에서 데이터에 기초하여 행동하는 역량이 더욱 중요하다는 명제를 만들고 있다.

(5) 지속적인 인력 문제

고령화된 노동력, 경쟁적인 취업시장, 제조부문에 관심 있는 젊은 층의 부족을 포함한 여러 인력과 관련한 문제는 많은 전통 제조업체들이 그들의 운영을 계속할 수 있도록 하기 위해서는 숙련되거나 숙련되지 않은 노동인력을 어렵게 찾아야 한다는 것을 의미한다. 많은 기업들이 이러한 노동력 부족과 관련된 리스크를 줄이기 위해 스마트 팩토리 역량에 투자하고 있다.

2.3. 편익

(1) 자산 효율성

스마트 팩토리는 전통적 자동화와는 달리 연속적인 분석으로 자산이 지속적인 조정을 통해 최적화되도록 만들기 때문에 이를 통한 자산 정지시간 최소화,

공급용량의 최적화, 작업 전환시간의 감소 등에 기초하여 전반적인 자산 효율성을 높인다.

(2) 품질

스마트 팩토리의 특징인 자기 최적화는 더 빨리 품질결함 추세를 예측하고, 감지할 수 있고, 빈약한 품질의 인적/기계적/환경적 원인을 규명하는 것을 지원한다. 그 결과, 낮은 스크랩 비율, 절감된 리드타임, 향상된 주문 충족률과 수익을 지원한다.

(3) 비용

최적화된 프로세스는 재고 요구의 예측 가능성 향상, 효과적인 채용과 인력 의사결정, 감소된 프로세스와 운영 변동성을 포함하여 더욱 비용효율적인 프로세스로 이어진다. 개선된 품질 프로세스는 낮아진 품질 보장과 유지비용을 의미한다.

(4) 안전과 지속가능성

스마트 팩토리는 노동 행복과 환경적 지속가능성이라는 편익도 제공한다. 스마트 팩토리는 반복적이고 피로를 초래하는 업무를 대체하여 인간의 실수 가능성을 줄이고 산업재해를 감소시켜 직무만족 향상과 이직율 감소로 이어질 수 있다. 또한 향상된 운영 효율성으로 인해 환경 문제를 감소시키는 결과가 나타난다.

03   최근의 유망기술

공급사슬에 적용할 수 있는 기술은 구체적으로 CPS, IoT, 클라우드 컴퓨팅, 블록체인, 빅데이터, AR, AI 등이 있다. 이 기술들의 역할을 요약하면 <표 13-1>과 같다.

▼ 〈표 13-1〉 공급사슬에서 주요 기술의 역할

기술	공급사슬에서 역할
빅데이터	• 공급사슬 관리자는 고객과 공급자와 자사의 관계를 향상시키고, 재고관리를 발전시켜 보충을 개선할 수 있고, 생산 및 통제에 빈번히 활용할 수 있다. • 빅데이터는 더 나은 수요예측, 향상된 공급사슬 가시성, 강한 공급사슬 관계에 도움이 된다.
IoT	• 공급사슬에서 IoT는 생산, 서비스, 고객경험, 안전의 향상에 참여할 수 있고 비용절감, 재고 정확성, 제품 추적을 가능하게 한다.
클라우드 컴퓨팅	• 클라우드 컴퓨팅의 효율적 사용은 로지스틱스 관리, 데이터베이스 관리, 수요예측 및 계획분만 아니라 공급사슬 멤버 간의 협력을 고무하는 데도 도움을 준다.
CPS	• CPS는 물리적 프로세스를 모니터하고 통제하기 위해 통합된 컴퓨터와 네트워크를 사용하여 물리적 프로세스를 니지블로 통합하는 것을 가능하게 한다. 이러한 시스템을 통해 재고와 생산 통제가 최적화되고 관리되는 지능형 산업이 창출된다.
블록체인	• 공급사슬의 전체 단계에서 자료를 공유하는 것이 더 빨라지고 적응성이 즉시 보장된다. 블록체인이 적용된 재고 네트워크를 통해 기업은 실시간 교환을 달성할 수 있다.
3D 프린팅	• 공학적 프로토타입을 만드는 데 사용되는 재고를 줄이고, 공급자의 수를 감소시키고, 대량고객화를 달성하는 것을 쉽게 해 준다. 제품 다양성, 단축된 리드타임, 효율성, 재고통제의 증가가 달성된다.
AR	• 현재 공급사슬 프로세스의 효과성을 향상시킨다.

RFID	• 데이터 품질 증가, 실시간 인식, 실시간 재료흐름과 추적을 가능하게 하고 고객수요에 대응하는 것을 도와 정보의 비용을 줄이고 높은 품질을 보장한다.
AI	• 다양한 기술을 통해서 획득한 데이터를 기계가 자율적으로 분석, 이해, 학습함으로써 새로운 지식을 창출하고 인간의 의사결정을 모방하여 최적화된 의사결정을 실행한다.

한편, SCOR 모델에 기초하여 분류된 각 기술의 영향은 <표 13-2>와 같이 참고될 수 있다.

▼ 〈표 13-2〉 공급사슬에 대한 기술적 영향

		Big data	IoT	Cloud technology	Block chain	3D printing	Augmented Reality	CPS	RFID	Cybersecurity	Artificial intelligence
계획	수요예측	●	●								
	용량계획	◔									
조달	구매	◑								●	
	조달	●	●		●						
제조	생산통제		◑	●		◑		◔	◔		◑
	inventory	●			◔	◑			◑		●
배송	로지스틱스와 운송	◑	●			◑					
	창고관리							◑	●		
반품	현장서비스							◑	◑		
	보증관리	◑									◑
	리버스 로지스틱스	●									

◔ 낮은 영향   ◑ 중간 영향   ● 높은 영향

자료원: Zekhnini, K., Cherrafi, A., Bouhaddou, I., Benghabrit, U. & Garza-Reyes, J.A.(2020), "Supply chain management 4.0: a literature review and research framework", *Benchmarking: An International Journal*, forthcoming.

04　유망기술과 공급사슬관리

4.1. 사물인터넷

(1) 의미

공급사슬관리에서 RFID 기술의 궁극적 목적은 일상의 물리적 개체들이 함께 네트워크화되는 사물의 인터넷을 창출하는 것에 있다. 이를 위해 1990년대 후반 RFID를 통해 독특하게 인식가능한 개체(사물)와 인터넷과 같은 구조에서 그들의 가상적 표현으로서 IoT라는 이름이 붙여졌다. IoT가 정의되기 위해서는 다음의 기술과 관련한 세 가지 요소를 포함해야 한다.

① 데이터 수집을 위한 기술
② 데이터 전환을 위한 기술
③ 데이터 분석을 위한 기술

IoT에 부가된 기술은 센서, 데이터 전환과 저장, 수집된 데이터의 사용자에 대한 이용가능성의 통합이나. IoT는 감시, 인식, 처리, 커뮤니케이션, 네트워킹 역량을 갖춘 다양한 장치들의 통합으로서 정의된다. 또한 네트워킹에 초점을 둔 IoT의 정의는 물리적이고 가상석인 사물이 정체성, 물리직 특성, 가상의 특성을 지닌 채 지능적인 인터페이스를 사용하고 정보 네트워크로 끊임없이 통합되는 표준적이고 상호 운용가능한 커뮤니케이션 프로토콜에 기초하는 동태적인 글로벌 네트워크 인프라를 의미한다.

더욱 포괄적인 정의로서 IoT는 기술의 목적을 포함한다. 그 예로, IoT는 유선, 무선, 혹은 이들의 혼합을 통해 개체들이 연결되고, 모니터되고, 최적화된 세상을 연결하는 장치 혹은 센서들로서 정의된다. 결국, IoT는 인터넷을 통해 개체들을 함께 연결하는 것을 지향하는 컴퓨터 기술과 커뮤니케이션의 발전이다. 따라서 이 개체들의 상호 연결로 창출한 정보와 일련의 사건흐름은 그들의 추적, 관리, 통제, 조정을 촉진하는 데 활용된다. 공급사슬관리에 대한 IoT의 영향을 고려하면 IoT는 공급사슬 프로세스의 적시 계획, 통제, 조정을 촉진하기 위해 민첩성, 정보공유를 가능하게 하며, 기업 내 그리고 기업과 공급사슬 사이에서 감지, 모니터, 상호작용하도록 디지털적으로 연결된 물리적 개체들의 네트워크이다.

(2) 관련 기술

시스템과 목표 사이의 기계적 혹은 광학적 접촉 없이 라디오 신호를 사용하여 특정 목표를 규명하고 관련 데이터를 읽고 쓸 수 있는 무선의 커뮤니케이션 기술을 의미하는 RFID는 IoT를 가능하게 하는 핵심 기술이다. 이 기술을 위해 정보를 저장할 수 있는 안테나 혹은 태그(tag)를 갖는 통합 서킷이 필요하다. 이 태그는 그들의 특징을 감지하기 위해 전체 공급사슬 내 다른 개체들에 부착될 수 있다. 어떤 태그는 공급사슬의 다른 부분을 통해 지나갈 때 부가적 정보가 그 태그 위에 기록되는 것을 허용한다. 최종적으로 태그 정보는 리더와 무선 기술을 통해 회수된다. 여기서, 바코드(barcode)와 달리 리더는 태그 정보를 불러들이기 위해 접촉 혹은 가시거리를 필요로 하지 않는다. 따라서 리더의 위치/지향은 태그가 리더의 신호 범위 내에 있기만 하면 중요하지 않다는 특징이 있다.

IoT를 가능하게 하는 가장 중요한 기술은 RFID 기술인 반면에 데이터 수집, 전환, 처리를 가능하게 하는 다른 폭넓은 기술들이 존재한다. RFID를 넘어서 IoT 시스템은 기계와 장비, 네트워크, 클라우드, 터미널을 포함한 산업무선네트워크(Industrial Wireless Neworks: IWN)로 구성된다. IoT 시스템 기술에 와이파이(Wi-Fi), 블루투스(Bluetooth), 직비(ZigBee), 임베디드 장치(embedded devices), 애플리케이션(application) 등이 필요한 부분이 된다.

(3) 공급사슬에 대한 영향

IoT는 협력적 전자 연결을 통해 공급사슬의 연결성을 향상시킬 수 있다. 이 연결성은 공급사슬 가시성을 촉진시키는 중요한 요인이고 공급사슬 멤버 사이의 기술적 장애물을 제거하여 더욱 효과적인 공급사슬 운영관리를 가능하게 한다. 이미 지적한 바와 같이 높은 가시성은 공급사슬 통합을 향상시킨다. 이러한 향상된 연결성, 가시성, 통합으로 더 나은 공급사슬 성과가 달성되는 것은 당연하다. 그 결과, 효과적 재고통제, 단축된 주문충족 리드타임과 제품개발 사이클, 향상된 디자인 용량, 개선된 물류 계획의 모니터와 실행, 증가된 물류 유연성, 향상된 납기, 증가된 로지스틱의 자산성과, 개선된 리스크 관리가 달성된다.

(4) 공급사슬에서 응용

IoT는 다양한 측면에서 공급사슬관리에 적용되고 있다.

① 상호 연결된 개체의 네트워크로서 IoT

RFID, 무선 센서 네트워크(wireless sensor network), 공급사슬의 로보틱스/새로운 데이터 보호와 프라이버시 문제/소매에서 판촉관리와 동태적 가격책정

② 역량으로서 IoT

재고관리 최적화/개인화된 마케팅/공급용량과 고객수요의 최적 균형 유지/공급사슬의 환경적 및 사회적 지속가능성을 실현/공급사슬 리스크 규명, 완화, 대응, 회복

③ 기술을 넘어 외부 환경과 상호작용하는 IoT

IoT 기술과 역할 고려한 제품 디자인/관련 서비스 차별화/고객수요와 유통채널 관리/새로운 공급사슬 전략이 필요/기업과 고객을 위해 지속가능한 가치와 파괴적 가치창출

4.2. 블록체인

(1) 의미

블록체인은 암호에 의해 보호되고 동의라는 메커니즘에 의해 지배되는 거래 데이터 혹은 다른 정보를 기록한 분산된 데이터베이스 시스템이다. 그것은 체인

에서 블록이라고 부르는 데이터 기록을 결합한 데이터 구조를 나타낸다. 여기서, 체인은 사용자 혹은 참가자들이 컴퓨터의 네트워크를 통해 유지하는 전자적으로 분산된 원장 혹은 기입장부이고 블록체인은 장부에서 거래를 처리하고 입증하기 위해 암호를 사용한다.

상업적 상황에서 이 분산 시스템의 근본적 장점은 양 당사자의 관심이 반드시 일치되지 않는 개인과 기관 사이의 공시와 책임의 문제를 해결한다는 것이다. 따라서 블록체인은 빅데이터의 원천자료일 수 있으며, 네트워크 각 멤버에게 훨씬 뛰어나고 적시적인 활동의 가시성을 제공한다. 블록체인에서 데이터 암호화는 정보공유에서 투명성, 효율성, 신뢰를 향상시키기 때문이다.

(2) 공급사슬에 대한 영향

블록체인은 운영과 공급사슬에도 효과적으로 활용될 수 있다. 첫째, 네트워크에 걸쳐 분산되지만 동기화된 특징은 투명성과 민첩성을 증가시켜 복잡한 글로벌 공급사슬이 유지되고, 공급사슬 내 멤버들이 접근할 수 있는 실시간 데이터로부터 편익을 얻는다. 둘째, 스마트 계약의 특징으로 인해 데이터가 일치할 때 점검, 수작업, 사람의 실수를 줄이면서 어떤 결제가 자동적으로 이루어진다. 셋째, P2P 네트워크에 기반하기 때문에 지배구조의 필요성과 단일 주체에 대한 의존을 줄이는 동시에 중앙정부의 프로세스 관리가 필요없다. 넷째, 데이터의 불변성으로 인해 위조 서류작업이 더 이상 리스크가 되지 않아 감사가 효과적으로 이루어진다.

이러한 블록체인은 다음과 같이 구체적으로 공급사슬에 활용될 수 있다.

① 안전검사의 기록을 제공함으로써 제품 안전과 보안을 향상

제약 공급사슬의 보안은 블록체인과 스마트 계약의 적용을 통해 향상될 수 있다. 예를 들어, 제조업체, 도매업체, 제약사, 병원, 환자 사이에 불변 데이터 원장을 제공할 수 있다. 블록체인은 RFID 역량을 보완하기 위해 사용될 수 있으나 RFID가 없는 곳에서도 성공할 것으로 기대된다.

② 리콜을 지원하고 서비스를 향상시키면서 가시적이고 쉽게 접근가능한 정보를 제공함으로써 품질관리를 향상

종이기반의 화물 문서에서 분실, 변조, 사기가 자주 발생한다. 블록체인은 전체 공급사슬에 걸쳐 데이터의 품질과 가시성을 향상시키는 잠재력을 갖는다. 그러나 표준 결여와 네트워크 속도는 앞으로 해결해야 할 문제이다.

③ 제품과 부품의 기원에 대한 정보를 제공함으로써 불법적 위조의 축소

블록체인은 공급 네트워크에서 재화(특히, 부품)의 투명성과 추적가능성을 강화시키고 종업원의 업무조건과 안전에 대한 위협을 해결할 수 있다. 그러나 모든 소규모 공급자들이 이것을 할 여유가 있을 거라고 기대하는 것은 어렵기 때문에 향후에 전체 네트워크에 걸쳐 블록체인을 활용할 수 있도록 확장 투자가 이루어져야 한다.

④ 계약을 향상시키고 자동화하며, 신뢰할 만한 공급사슬 관계를 개발

블록체인은 군이 신뢰할 만한 참가자들을 규명할 필요없이 전체 네트워크에서 공유할 수 있는 분산된 거래 데이터에 기반한다. 가령, 음식료 공급사슬에서 음식 안전을 관리하기 위한 새로운 기술로서 이 기술을 활용할 수 있다. 결국, 제조 생태계의 복잡성과 여러 계층에 걸친 활동의 가시성 결여는 블록체인과 스마트 계약을 통한 방식을 통해 신뢰가 확보되어 이 문제를 어느 정도 보완할 수 있다.

⑤ 재고관리 향상

선적에서 재고관리의 어려움은 선적된 화물의 고객 '노쇼' 혹은 컨테이너의 초과예약으로 나타난다. 이 관행은 스마트 계약을 사용하여 제거될 수 있다.

⑥ 공급사슬의 복잡성을 줄이기 위해 중개 니즈를 축소

스마트 계약이 신뢰할 수 있고 그 역할을 수행할 수 있을 때 국제구매사무소(international purchasing office)/국제 조달 조직과 같은 기능은 더 이상 필요하지 않다.

⑦ 팀 간 효율성을 향상시키고 투명성을 제공함으로써 디자인과 신제품개발 가속화

신제품개발에 필요한 여러 단계의 stage-gate® 모델 적용 시 각 단계별 의사결정을 효율화시키고 공급사슬 멤버 간의 협업을 통한 신제품개발 시에도 고객의 니즈와 원츠, 수요 데이터, 디자인 요구사항 등에 관한 정확한 자료 공유를 통해 의사결정과 개발과정의 투명성을 증가시킨다.

⑧ 스마트 제조와 같은 도구와 새로운 프랙티스에 접근을 확대함으로써 운영관
리에서 IT를 혁신

블록체인은 ERP를 넘어서 공급사슬 내 다른 기업들 사이에 공유된 정보를
다루는 방법에 대해 고객과 정보를 공유하는 개방형 제조 시스템의 기반을 제공
한다. 블록체인과 IoT 생태계는 신뢰할 수 있고 추적이 가능한 공유 데이터 서
비스를 제공한다.

⑨ 자동화를 통해 거래비용을 절감

디지털화를 통한 많은 유형의 거래비용은 거의 0에 가깝게 낮아진다. 블록체
인의 도입은 비용이 들지 않는 검증을 통해 디지털화를 지원한다.

4.3. 빅데이터

(1) 의미

빅데이터는 1997년 NASA에서 대규모 데이터 셋을 조작하고 처리하는 컴퓨
터 시스템에 대한 중요한 난관에 직면했을 때 처음 지적된 문제이다. 이제 컴퓨
팅 역량의 향상으로 대용량의 데이터를 적극 활용할 수 있게 되어 빅데이터를
활발히 활용할 수 있게 되었다. 빅데이터를 정의하는 방법은 5V로서 그 일반적
특징이 논의된다.

① Volume(양)

많은 양이 만들어지고 저장된 데이터로서 데이터의 규모가 가치를 결정한다.

② Variety(다양성)

데이터는 수치 데이터와 문자, 비디오, 오디오와 같은 비구조화된 데이터를
포함한 매우 다양한 형태로 나온다. 데이터는 또한 여러 시스템에 걸쳐 데이터
를 전환하고 통합하는 것을 어렵게 만드는 복수의 원천에서 발생한다.

③ Velocity(속도)

데이터 스트림은 적시에 발생되고 다루어져야 한다. 데이터가 수요를 충족시키기 위해 발생되고 처리되는 속도는 매우 변동적이다. 하지만, 일상의, 계절적인, 사건이 촉발한 데이터 급증은 관리하기 어려운 문제이다.

④ Veracity(정확성)

어떤 데이터의 본원적인 예측 불가능성은 신뢰할 만한 예측을 얻기 위한 빅데이터 분석을 필요로 한다.

⑤ Value(가치)

빅데이터가 추출과 전환을 통해 경제적으로 가치 있는 통찰과 편익을 발생시키는 수준을 의미한다.

(2) 공급사슬에 대한 영향

비록 데이터가 기술을 전략적 도구로 전환시키는 데 핵심 요소일지라도 중요한 것은 데이터의 양이 아니라 재화를 제조하고 이동시키는 방법의 변화를 추진하는 조직이 그 데이터로 수행하는 내용에 있다. 빅데이터 분석의 가치는 다양한 산업과 비즈니스 기능분야에서 자주 인식되어 왔다. 생산과 마케팅은 다양한 공정과 채널에서 홍수처럼 밀려오는 데이터에 직면하고 있다. 의료산업에서 빅데이터의 잠재력은 신제품개발뿐만 아니라 생산성과 효율성 절감에 지대한 공헌을 한다. 공급사슬 전문가들은 빅데이터로부터 중요한 가치를 갖는 제품과 서비스 혹은 유용한 통찰을 제공하는 새로운 방법을 추구하고 있다. 1990년대 이후에 많은 소매업체들은 예측과 제품계획을 최적화하고 유통과 물류 효율성을 증가시키기 위해 POS 데이터를 사용하고 있다. 그 예로, Walmart는 비즈니스 의사결정에 내부와 외부 데이터를 이용하고 시각화하고 있다. 그 결과, 데이터의 파워는 수요를 정확히 예측하기 위해, 재고 수준을 추적하고 예측하기 위해, 효율적인 자원배분을 창출하기 위해, 서비스 대응 로지스틱스를 관리하기 위해, 의사결정을 향상시키기 위해 효과적으로 활용된다.

소매업체에서 데이터의 역할은 다음과 같다.

① POS(Point-Of-Sale)

다른 입지와 시간대에 어떤 제품이 팔리는 것을 추적할 뿐만 아니라 누가 이 품목을 구매하는지까지 발전하고 있다.

② RFID

의류점에서 구매 전에 고객이 어떤 제품을 훑어보고 피팅룸에서 입어보는지를 데이터로 저장하고 분석하는 것이 가능해지고 있다. 또한 슈퍼마켓에서 RFID를 통해 쇼핑카트(즉, 고객)의 경로를 추적하고, 비디오 분석과 안면인식 기술은 개별 고객이 점포에 입장하는 시간을 추적하고, 어떤 고객들이 점포에 함께 방문하는지를 파악함으로써 고객 사이에 존재하는 사회적 네트워크를 규명할 수 있다.

③ Amazon(Amazon.com)

함께 빈번하게 구매되는 품목 발견에 빅데이터를 활용하여 새로운 서비스 제공과 새로운 비즈니스 모델 개발을 시도한다. 특히, 'Amazon Go'는 점포의 접점인력이 없는 아마존의 미래점포 개념으로서 고객을 추적하기 위해 휴대전화와 비디오 인식을 사용하고 제품을 추적하기 위해 RFID 태그를 사용한다.

④ 점포 배열 최적화

소매업체들은 주기적으로 제품의 배열을 업데이트(제품의 퇴출과 추가)해야 한다. 이를 위해, 카테고리에서 제품들의 특성을 규명하고 그 특성에 대한 수요를 추정하기 이해 기존 제품의 매출 데이터를 활용한 후 배열 특성에 기초하여 잠재적인 신제품 수요를 추정할 수 있다.

⑤ 온라인 동태적 가격책정

자신의 가격과 경쟁자 가격에 기초하여 각 점포에서 판매될 각 제품의 수요를 추정하고 최고의 대응 가격책정 알고리듬을 소비자 선택 행동, 경쟁자의 행동, 공급 촉진비용, 마진 목표, 제조업체 가격 제한 등을 고려하여 책정할 수 있다.

(3) 빅데이터를 위한 기법

① 통계분석

통계는 데이터 수집(예 표본추출), 분석, 추론과 결론 도출(예 통계적 검증)을 하는 과학적 프레임워크를 제공한다. 많은 통계적 기법은 연관성(예 상관관계)을, 통계적 회귀와 실험계획법 등은 인과성(예 인과관계)을 강조하면서 실무에서 자주 사용되고 있다. 특히, 다변량 통계 분석은 비즈니스 애널리틱스(business analytics)에 강력한 도구이다. 그러나 표준적 통계방법은 이질적이고 비구조화된 데이터 집합을 다루는 니즈와 같은 빅데이터 애널리틱스의 요구사항을 충족시키는 데 아직은 충분하지 않다.

② 인공지능

인공지능(artificial intelligence)에서 인공신경망(neural networks), support vector machines, 통계적 기계학습은 모두 기계학습(machine learning)으로 분류된다. 기계학습은 컴퓨터가 주어진 데이터로부터 학습함으로써 지식을 발견하고 의사결정하는 알고리듬을 제공하는 특징을 갖는다. 빅데이터 애널리틱스에서 기계학습 방법은 감독된 그리고 비감독된 학습 스킴에 대해 향상되어야 한다. 이를 위해 Deep machine learning, parallel support vector machines, fast learning, distributed machine learning, ontology learning, models like MapReduce가 사용된다.

③ 데이터 마이닝

데이터 마이닝(data mining)은 주어진 데이터 셋에서 통찰을 추출하는 프로세스로서 비즈니스 인텔리전스와 빅데이터 애널리틱스의 주춧돌 역할을 한다. 시장 세분화, 협력적 프로세스, 분류, 군집화, 회귀에서 사용되나 다른 기능 분야와 방법론으로 매우 전문화되는 추세에 있다. 이를 위해 sequential and temporal mining, spatial mining, process mining, privacy-preserving mining, network mining, web mining, text mining 등이 사용되고 있다.

④ 최적화

최적화(optimization)는 계량적 의사결정 문제에서 최적(혹은 근사해) 솔루션을 발견하는 수학적 모형 접근법이다. 선형계획법, 정수계획법, 목표계획법, 동적계획법, 확률과정모형뿐만 아니라 genetic algorithms, simulated annealing, particle filters, 기타 다른 진화적 알고리즘은 비즈니스 응용에서 합리적으로 짧은 시간에 솔루션을 발견하는 방법이다. 또한 빅데이터 애널리틱스에서 계산적 최적화(computational optimization) 방법은 컴퓨터 메모리와 분석 시간, 글로벌한 최적 솔루션의 수렴과 규명, 실시간 최적화 니즈에 대한 도전에 직면하고 있다.

⑤ 기타

최근, social network analysis, clustering algorithm analysis, data envelopment analysis, visualization analysis가 빅데이터 분석에 중요한 주제로 등장하고 있으며, 활발히 적용되고 있다.

4.4. 인공지능

(1) 의미

1950년대에 도입된 후로 이 분야는 성장과 쇠락이 교차하면서 점차 성장하고 있는 분야이다. 최근에 컴퓨터 분석능력 증가 및 빅데이터의 이용가능성과 같은 요인으로 인해서 이 분야의 관심이 다시 부활하고 있다.

AI는 인간 혹은 기계의 지능을 고려하기 위해 다음의 두 가지 선제적인 특징을 갖는다. 첫째, 어떤 목적 혹은 목표의 관점에서 성공 혹은 이익으로 연결되도록 하기 위해 지능을 서로 연결하는 방식을 선택하는 능력이다. 둘째, 완전히 알려진 환경을 다루지 않으나 학습과 적응을 통해 완전히 예상할 수 없는 다양한 가능성을 다루는 능력이다. AI를 더욱 구체적으로 정의하면 인간과 소통하고 인간의 역량을 모방하는 기계의 역량이다. 결과적으로, AI를 활용하는 것은 더 높은 정확성, 더 높은 속도, 더 큰 데이터로 문제해결을 이끌도록 도움을 준다.

(2) 공급사슬에서 역할

AI와 관련된 다양한 알고리듬이 여러 개체에 의해 발생된 어마어마한 양의 데이터를 분석하고, 리스크를 예측 및 규명하고, 리스크를 예방하기 위해 자동으로 대응을 취함으로써 공급사슬 성과를 계속 모니터하기 위해 사용될 것이다. IoT에 의해 발생된 많은 양의 데이터와 함께 강력한 분석적 및 시뮬레이션 모델의 사용은 공급사슬이 최소의 오차로 미래를 예측하고 기대된 성과로부터 이탈을 다루기 위한 조치를 자율사고 방식으로 찾아낼 것이다.

이러한 AI를 위한 다양한 기법이 존재한다. 이 기법은 알고리듬, 아키텍처,

데이터, 지식, 방법론적 기법을 포함한다. 공급사슬 분야에서 주로 사용하는 AI 기법은 인공신경망(artificial neural network), 퍼지논리/모델, 행위자기반 복잡계 모델(agent-based complex system model), 베이지안 네트워크(Bayesian network), 군집지능(swarm intelligence), 데이터마이닝(data mining), 서포트벡터머신(support vector machine), 확률적 시뮬레이션(stochastic simulation) 등이 있다. 이 기법들이 주로 사용되는 분야는 공급사슬에서 수요예측, 시설 입지, 공급자 선택, 공급사슬 네트워크 디자인, 공급사슬 리스크 관리, 재고보충, 위기관리, 생산예측, 수요관리, 가격책정과 고객세분화, 판매예측, 공급사슬 프로세스 관리, 공급사슬 통합, 공급사슬 계획, 유지 시스템, 지속가능성 등이 있다.

4.5. 3D 프린팅

(1) 의미

3D 프린팅(적층, 디지털, 신속한 제조로도 알려진)은 하나가 아니라 여러 기술과 제조 프로세스를 언급한다. 이 기술과 제조 프로세스는 사용자들이 디지털 3차원 모델을 이용하여 어떤 유형의 개체를 창출하도록 한다. 전통적(즉, 절삭 혹은 차감적) 제조 프로세스와 달리, 3D 프린팅 기술은 사용자들이 매우 다양한 재료(예 플라스틱, 금속, 세라믹, 모래, 레진, 바이오소재, 음식물질)를 사용하여 업무순서와 제품에 따라 설비를 재정비하지 않고 매우 복잡한 제품을 제조하는 것을 가능하게 한다. 이 유연성은 각 프린트된 단위가 완전히 새로운 제품(즉, 세상에 유일한 제품)일 수 있는 포인트까지 고객화의 수준(즉, 완전 고객화)을 확대한다.

결과적으로 3D 프린팅은 작은 배치(batch)의 제품을 주로 생산하는 산업에서 폭넓게 적용될 수 있고 제약, 우주항공, 고객맞춤형 소비재와 같은 분야에서 고객화를 달성하는 데 큰 역할을 할 수 있다. 비록 3D 프린팅이 잠재적으로 공급사슬을 더 린(lean)하게, 더 대응적으로, 더 비용효과적으로, 더 지속가능하게, 전체적인 낭비를 줄이게 할 수 있을지라도 다수의 제조업체는 그것이 대량생산과 같은 전통적 제조 프로세스를 완전히 대체할 것으로 확신하지 못하고 있다. 고객화가 좀처럼 요구되지 않고 비용이 핵심 성과지표인 이러한 산업에서 전통적 대량생산 방식의 제조 기술은 계속 시장을 지배할 것이다. 실제로 3D 프린팅에 기초한 적층제조는 최소한 단기와 중기에 전통적 제조 프로세스를 대체하지 않을 것이며, 대신 기존의 생산 프로세스를 보완하는 데 그칠 것이다. 또한 3D 프린팅의 폭넓은 적용은 높은 프린터 획득비용, 기술에 대한 경험의 결여, 3D 프린터의 기술적 제한과 같은 많은 중요한 요인들에 의해 도입이 지연되고 있다. 게다가 3D 프린팅 프로세스의 성공적 실행은 두 공급사슬의 교집합에 의존한다. 기계와 자재 공급자의 공급사슬과 그 도구를 구매하려는 기업의 공급사슬이 바로 두 공급사슬이다. 이러한 이유로 온디맨드(on-demand) 3D 프린팅 서비스가 등장하고 있고 시장 성장의 주요 동인으로 예상된다.

(2) 공급사슬에서 역할

제조기술인 3D 프린팅의 도입을 확장하여 공급사슬에 적용하였을 경우에 중요한 성과는 운송비용, 리드타임, 제품품질과 신뢰성, 제조 유연성, 생산성과 규모의 경제, 공급사슬 지속가능성, 새로운 비즈니스 모델, 새로운 공급자를 위한 기회를 포함하는 것으로 잘 알려져 있다. 그중에서도 가장 부각되는 장점은 향상된 제품 고객화를 지원하는 능력이고 이것은 다시 고객이 그들의 제품에 대한 정의에 적극적으로 관여하도록 요구한다.

온디맨드 3D 프린팅 서비스를 이용하였을 경우에 제조업체의 공급사슬에 미치는 영향은 다음과 같다.

① 공급사슬 비용

- 준비비용: 공장 내 제조시설 대신에 이 서비스를 사용하는 것은 설비와 훈련된 인력과 관련한 비용뿐만 아니라 프린터와 관련된 시설의 유지와 재정비와 연관된 비용을 줄인다.
- 단위비용: 적층제조는 전통적 제조 방법과 비교하여 고객화된 생산이나 복잡한 제품의 작은 배치 생산에서 단위당 비용을 줄인다. 나아가 이 서비스는 제한된 인력과 프린팅 재료의 리사이클링을 통해 프린터의 활용을 극대화하여 추가적으로 비용을 줄일 수 있다.
- 실수비용: 프린팅에서 실수 혹은 중단으로부터 결과되는 추가 비용과 상응하는 리스크는 사용자가 아니라 서비스 제공자에게 이전된다.
- 재고와 로지스틱스 비용: 제조를 아웃소싱함으로써 기업은 재고를 최소로

줄일 수 있고 오직 고객의 요구에 의해서만 제품과 부품을 프린트한다. 나아가, 인근 지역의 프린팅 설비를 사용하는 것은 운송과 제품 취급과 관련된 비용을 줄일 수 있다.

② 공급사슬 유연성

- 양 유연성: 3D 프린팅 서비스 네트워크는 기업의 요구에 따라 적거나 많은 양의 생산을 쉽게 전환하도록 한다.
- 용량 유연성: 프린터를 소유하는 것은 기업이 장치의 규격(예 프린팅 속도, 프린터 크기 등)에 제한되도록 하는 반면에 적절한 서비스를 이용하는 것은 기술적으로 실행가능한 경계 내에서 다양한 규격으로 만들어질 수 있도록 만든다.
- 전문화: 기업은 매우 전문화된 서비스를 활용하는 것을 선택할 수 있다.
- 입지: 인근 지역의 서비스 제공자들은 판매 혹은 소비 포인트와 더 가까운 곳에서 제품을 제조할 수 있도록 만든다.

③ 공급사슬 산출물

- 제품 고객화: 고객화된 제품을 프린트하는 것과 더불어 서비스 제공자들은 고객에게 추가적인 고객화 옵션을 제공할 수 있다.
- 제품 복잡성: 3D 프린팅은 재료비용을 넘는 추가적인 복잡성 관련 비용이 들지 않고 기업이 제품을 더 복잡하게 만드는 것을 가능하게 한다.
- 제품 민첩성: 기업은 제품 포트폴리오를 동태적으로 변환시키고 서비스 제공자를 전환함으로써 시장 변화에 재빨리 대응할 수 있다.
- 지속가능성: 적층제조 기술의 자원효율적인 특성과 JIT와 고객 인근에서 생산하는 서비스의 능력을 결합하는 깃은 환경 문제에 긍징직 영향을 미친다.

4.6. 클라우드 컴퓨팅

(1) 의미

소프트웨어를 구매하는 것이 아닌 서비스로 전환시키며, IT 하드웨어가 디자인되고 구매되는 방식을 취하는 클라우드 비즈니스 모델은 기업이 컴퓨팅 요구를 관리하는 방식을 재형성하는 잠재력을 증가시켰다. 공유된 서비스의 관점에서 클라우드 컴퓨팅(cloud computing)은 적용기업에게 가치를 창출하는 IT 아웃소싱의 혁신 모델로서 간주된다. 기업이 그들의 핵심 비즈니스 활동에 초점을 둘 수 있으면 생산성이 증가될 수 있고 추가적인 편익으로서 적용기업에 확장성, 유연성, 민첩성, 단순성을 제공할 수 있다. 클라우드 컴퓨팅은 빠르게 제공되고 사용자의 최소한의 관리 노력 혹은 서비스 제공자와의 상호작용으로 보급될 수 있는 구성가능한 컴퓨팅 자원(예 네트워크, 서버, 저장, 애플리케이션, 서비스)의 공유된 풀(pool)에 편리한 온디맨드 네트워크 접근을 가능하게 하는 모델로서 정의된다.

이 정의는 클라우드 상황에서 두 가지 주요 주체들을 고려한다. 그것은 클라우드 서비스 제공자와 클라우드 서비스 소비자이다. 여기에 간혹 클라우드 서비스 중개자가 포함될 수 있다. 클라우드 서비스 제공자는 기업의 요구에 따라 다양한 서비스 모델을 제공하는 반면에 기본적 서비스 모델은 세 가지 층으로 이루어진 유형의 서비스를 제공한다. 그것은 인터넷을 통해 사용한 만큼 지불(pay-as-you-go)하는 방식으로 인프라, 플랫폼, 소프트웨어 서비스를 제공한다. 각 층은 상위의 층에 대응하기 위한 서비스를 포함한다.

① Software as a Service(SaaS)

온디맨드 방식으로 인터넷을 통해 호스트된 애플리케이션을 제공한다. SaaS을 통해 그들의 컴퓨터에 애플리케이션 혹은 서비스를 설치할 필요가 없고 온라인상에서 그들을 직접 사용할 수 있다.

② Platform as a Service(PaaS)

제공자에 의해 지원된 프로그래밍 언어, 라이브러리, 서비스, 도구들을 사용하여 소비자가 창출하거나 획득한 애플리케이션상에서 소비자가 활용하는 역량을 제공한다. 이것은 소비자 혹은 제3자에게 그들 자신의 애플리케이션을 디자인, 개발, 전개하도록 한다. 최종 사용자 대신에 제3의 IT 인력과 개발자들은 전형적인 PaaS 서비스의 소비자들이다.

③ Infrastructure as a Service(Iaas)

소비자가 인프라를 전개하고 애플리케이션을 실행할 수 있는 저장, 처리 역량, 네트워크 연결성, 가상의 기계, 다른 관련 서비스의 형태로 컴퓨팅 서비스를 제공한다.

공급사슬에서 클라우드 기반 접근법을 활용할 경우에 얻을 수 있는 최대 장점은 대응성에 있다. 클라우드의 산업 응용은 제조 문헌에서 '클라우드 제조'로서 이름이 붙여진다. 이 클라우드 제조는 구성가능한 제조 자원의 공유된 풀에 편재하고, 편리하고, 온디맨드 방식의 네트워크 접근을 가능하게 하는 모델로서 정의된다. 결과적으로, 클라우드 서비스 모델은 다른 컴퓨팅 기술과 클라우드를 구분하는 온디맨드 셀프 서비스, 광범위 네트워크 접근, 자원 풀링, 신속한 탄력성, 측정된 서비스라는 5개의 필수적인 특징을 공유한다.

(2) 공급사슬에서 역할

클라우드 서비스는 전체 공급사슬에서 생산 최적화, 의사결정, 정보와 데이터 흐름에 초점을 둔다. 클라우드 접근법은 전체 제조 라이프사이클에 많은 장점과 편익을 제공한다. 그들은 물리적 자원운영을 민첩성 향상, 유연성 향상, 비용절감을 위해 사이버 공간으로 전환한다. 이와 더불어 효율성 향상, 라이프사이클 비용 감소, 최적 자원배분 제공 등의 효과가 존재한다.

클라우드 서비스는 공급사슬관리가 동태적 프로세스 규모와 거래 파트너의 수와 일치하도록 재빨리 그리고 비용효과적으로 규모를 축소하고 확장할 수 있도록 하는 가상의 무한 컴퓨팅 확장성을 제공할 수 있다. 어떤 업그레이드는 클라우드 내에서 수행되고 어떤 애플리케이션의 개선은 사용자가 즉시 이용할 수 있다. 서비스가 효용으로서 전달되기 때문에 전 세계의 어디에 있거나 조직은 쉽게 그들에게 접근할 수 있고 공급사슬 파트너에게 글로벌하게 제조 서비스 모델을 제공할 수 있다. 이러한 신속한 전개와 유연한 정보공유는 공급사슬 파트너들이 비즈니스 프로세스의 연속적 변화와 일치를 위해 조정하고 협력하도록 만든다.

05 기술기반 공급사슬의 특징

5.1. 디지털 공급사슬

(1) 개념

디지털 공급사슬은 투명한 시스템을 창출하기 위해 커뮤니케이션을 향상시키고 다양한 제조 프로세스를 통합하기 위한 공급사슬 이해관계자들 사이의 정보의 교환을 의미한다. 이 공급사슬은 기업이 전체 공급사슬에 걸쳐 완전히 디지털 기술을 실행하는 것을 추구하는 산업 4.0의 개념에 기반한다. 현재 공급사슬을 디지털화하는 것은 산업에서 가장 뜨거운 주제 중 하나이고 소매업체, 제조업체, 유통업체, 로지스틱스 제공자들이 어떻게 그들의 운영 특히 재고를 관리하는지에 직접 영향을 미친다.

Meier(2016)는 <그림 13-1>과 같이 공급사슬관리에서 적용될 수 있는 7개의 디지털 기술 추세를 규정하였다. 이들은 모바일 기술, 빅데이터, 클라우드 컴퓨팅, 소셜미디어, 예측적 애널리틱스, 사물인터넷, 3D 프린팅이다.

이처럼 공급사슬을 디지털화하는 것은 비용효율적인 생태계를 제공하고 초점기업, 공급자, 종업원, 고객을 포함한 생태계 내 많은 주체들에게 가치를 창출하도록 한다. 디지털 공급사슬의 편익은 뛰어난 투명성, 감소된 재고수준, 명백한 재고 가시성, 분산된 창고, 배송시간 절감, 개선된 고객 요구사항에 대한 이해, 판매와 이익 마진 제고, 향상된 공급사슬 유연성, 개선된 의사결정 프로세스, 경쟁우위 유지로 나타난다(Agrawal & Narain, 2018).

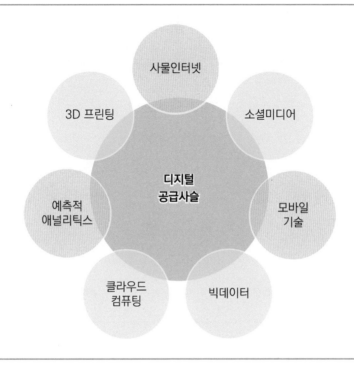

(2) 전통적 공급사슬과 디지털 공급사슬의 차이

디지털 공급사슬(digital supply chain)은 다양한 원천에서 나오는 실시간 정보를 활용하고 극대화하는 새로운 형태의 수익과 비즈니스 가치를 창출하기 위해서 여러 기술과 분석을 활용하는 지능적이고 가치 중심적인 네트워크이다. 이러한 디지털 공급사슬은 산업 4.0의 동인과 특징에 의해서 나타나게 된다. 스마트 제조, 산업 인터넷, 통합된 산업으로서도 알려진 4차 산업혁명에 기반한 산업 4.0은 이질적 데이터와 지시 통합에 기초한 CPS 생산의 특징을 갖는다. 이 생산은 지능형(스마트) 제품, 3D 프린터, 자율주행차에 의해 지배되기 시작하였다.

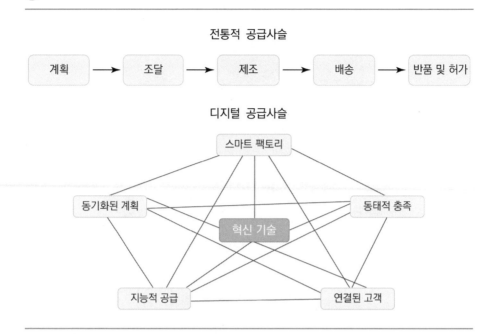

전통적 공급사슬

| 계획 | → | 조달 | → | 제조 | → | 배송 | → | 반품 및 허가 |

디지털 공급사슬

스마트 팩토리

동기화된 계획   동태적 충족

혁신 기술

지능적 공급   연결된 고객

자료원: Zekhnini, K., Cherrafi, A., Bouhaddou, I., Benghabrit, U. & Garza-Reyes, J.A.(2020), "Supply chain management 4.0: a literature review and research framework", *Benchmarking: An International Journal*, forthcoming.

<그림 13-2>와 같이 기존의 전통적 공급사슬은 선형모델의 형태를 갖으나 디지털 공급사슬은 자원과 데이터의 흐름이 다수 방향을 갖는 네트워크화된 통합 모델로 나타난다. 기술의 발전은 선형의 공급사슬을 동태적으로 연결하고, 지속적인 디지털 공급 네트워크로 전환시키고, 공급사슬 멤버 사이의 데이터와 자재의 교환과 공유를 변환시킨다. 이러한 특징을 반영하여 디지털 공급 네트워크는 동태적이고 상호 연결된 시스템으로서 생산과 유통의 물리적 실행을 선도해 가기 위해 다양한 원천과 위치로부터 발생하는 많은 정보를 통합한다.

5.2. 자율사고 기반 공급사슬

새로운 디지털 기술로 인해서 미래의 공급사슬은 점점 자율인식, 스스로 사고, 자동화된 리스크 관리가 이루어지고 여기에 인간의 개입은 최소가 될 것이다. 결과적으로, 자율사고(self-thinking) 공급사슬은 다양한 개체에 의해 발생된 엄청난 데이터를 분석, 리스크의 예측과 규명, 자동으로 리스크를 예방하기 위한 행동을 연속적으로 취한다. 따라서 이 공급사슬은 공급사슬 유연성과 민첩성을 아직 발견하지 못한 수준까지 확대할 것이다.

자율사고 공급사슬의 핵심 기술은 사물인터넷과 인공지능이다. 자율사고 공급사슬에서 사물인터넷의 사용을 통해 사이버 시스템과 물리적 개체 사이에 높은 수준의 연결성이 존재한다. 그러한 사물인터넷 기술은 센서, 장단거리 네트워크, 인터넷 가능 애플리케이션을 통해 모든 곳에 존재한다. 나아가, 어마어마한 데이터가 실시간으로 사물인터넷과 인공지능을 통해 창출/저장/분석된다. 이것은 공급사슬 성과의 지속적 모니터링과 잠재적 리스크의 초기 규명과 관리를 가능하게 한다. 인공지능과 더불어 사물인터넷에 의해 가능해진 공급사슬 파트너 사이의 확장된 연결성은 더욱 정교한 수요예측, 예측 유지 및 변경, 지속적 최적화를 가능하게 한다.

또한 이러한 자율사고 공급사슬은 민첩성을 향상시킨다. 민첩성은 시장 수요에 더욱 재빨리 대응하도록 만드는 대량고객화 프랙티스의 핵심 요소이다. 또한 린과 민첩한 공급사슬 철학이 적절한 자율사고 공급사슬하에서 용이하게 적용된다. 자율사고 공급사슬이 신속하고 자율적으로 행동하는 능력을 통해 더 큰 민첩성, 적응성, 유연성, 대응성을 허용하기 때문이다. 나아가 자율사고 공급사슬은 공급사슬 리스크 관리를 향상시킬 수 있다. 모든 상황변화에 실시간으로 감지하고 대응할 수 있기 때문에 이것이 가능하다. 한편, 자율사고 공급사슬은 직접 디지털 제조(Direct Digital Manufacturing: DDM)를 가능하게 하고 3D와 4D 프린팅과 같은 적층제조 역량을 향상시킬 것이다.

5.3. 공급사슬관리 4.0의 실행 동인과 장애물

4차 산업혁명과 관현하여 산업 4.0의 개념이 도입되었고 이를 반영하여 공급사슬관리 4.0이라는 개념도 등장하였다.

(1) 실행동인

실행동인으로는 제조개선 니즈/자율적이고 자기조직화된 생산 활용/전체 연결성 향상/더 많은 양의 정보확보 가능/실시간 이용가능성/공급사슬 성과의 향상 추구/실시간의 기록 중심의 생산 가시성 확보/기계의 실시간 상황 모니터링과 유지를 위한 경고 및 알림/인간 실수와 재작업 감소 니즈/종업원 생산성 향상/제품과 서비스의 안전 향상/고객만족 제고/뛰어난 경쟁력 확보/높은 품질 추구/다양한 리스크 감소/투명성과 유연성 보증 등이 있다.

(2) 장애물

장애물로는 시스템 기술 및 프로세스에 대한 내부 지식의 결여/제한된 재무 자원/기술적 미성숙/성급한 기술도입/제한된 인적 자원/프라이버시와 데이터의 보안/데이터와 알고리듬에 대한 이해 부족/공급사슬의 복잡성/불충분한 커뮤니케이션/조직 준비성 혹은 기술적 숙련성의 결여 등이 있다.

참고문헌

Agrawal, P. & Narain, R.(2018), "Digital supply chain management: an overview", in *IOP Conference Series: Materials Science and Engineering, IOP Publishing*, 455(1), 12−74.

Giannakis, M., Spanaki, K. & Dubey, R.(2019), "A cloud−based supply chain management system: effects on supply chain responsiveness", *Journal of Enterprise Information Management, 32*(4), 585−607.

Meier, C.(2016), "Digital supply chain management", in Uhl, A. & Gollenia, L.A., *Digital Enterprise Transformation: A Business Driven Approach to Leveraging Innovative IT*, p. 231.

Zekhnini, K., Cherrafi, A., Bouhaddou, I., Benghabrit, U. & Garza−Reyes, J.A.(2020), "Supply chain management 4.0: a literature review and research framework", *Benchmarking: An International Journal*, forthcoming.

추가 읽을거리

Ageron, B., Bentahar, O. & Gunasekaran, A.(2020), "Digital supply chain: challenges and future directions", *Supply Chain Forum: An International Journal, 21*(3), 133−138.

Aryal, A., Liao, Y., Nattuthurai, P. & Li, B.(2020), "The emerging big data analytics and IoT in supply chain management: a systematic review", *Supply Chain Management: An International Journal, 25*(2), 141−156.

Baryannis, G., Validi, S., Dani, S. & Antoniou, G.(2019), "Supply chain risk management and artificial intelligence: state of the art and future research directions", *International Journal of Production Research, 57*(7), 2179−2202.

Calatayud, A., Mangan, J. & Christopher, M.(2019), "The self−thinking supply chain", *Supply Chain Management: An International Journal, 24*(1), 22−38.

Claassen, M.J.T., van Weele, A.J. & van Raaij, E.M.(2008), "Performance outcomes and success factors of vendor managed inventory (VMI)", *Supply Chain Management:*

An *International Journal,* *13*(6), 406−414.

Cole, R., Stevenson, M. & Aitken, J.(2019), "Blockchain technology: implications for operations and supply chain management", *Supply Chain Management: An International Journal,* *24*(4), 469−483.

Garay−Rondero, C.L., Martinez−Flores, J.L., Smith, N.R., Morales, S.O.C. & Aldrette−Malacara, A.(forthcoming), "Digital supply chain model in Industry 4.0", *Journal of Manufacturing Technology Management.*

Hollmann, R.L., Scavarda, L.F. & Thomé, A.M.T.(2015), "Collaborative planning, forecasting and replenishment: a literature review", *International Journal of Productivity and Performance Management,* *64*(7), 971−993.

Ryan, M.J., Eyers, D.R., Potter, A.T., Purvis, L. & Gosling, J.(2017), "3D printing the future: scenarios for supply chains reviewed", *International Journal of Physical Distribution & Logistics Management,* *47*(10), 992−1014.

Sander, N.R.(2016), "How to use big data to drive your supply chain", *California Management Review,* *58*(3), 26−48.

Toorajipour, R., Sohrabpour, V., Nazarpour, A., Oghazi, P. & Fischl, M.(2021), "Artificial intelligence in supply chain management: a systematic literature review", *Journal of Business Research,* *122,* 502−517.

van Hoek, R.(2019), "Exploring blockchain implementation in the supply chain: learning from pioneers and RFID research", *International Journal of Operations & Production Management,* *39*(6/7/8), 829−859.

연습문제

1. 객관식 문제

1.1. 다음 문제의 참과 거짓을 구분하시오.

(1) 4차 산업혁명의 핵심은 자동화된 방식으로 대량의 데이터를 수집하고 분석하여 전략적 의사결정과 실행 의사결정에 이 데이터를 실시간으로 사용하는 능력에 있다.

(2) 신기술은 공급사슬에 많은 장점을 가져다주지만 기술에 대한 높은 투자비와 보안문제는 해결해야 할 문제이다.

(3) 스마트 팩토리의 편익으로는 자산 효율성 향상, 품질 향상, 비용절감, 안전과 지속가능성 향상 등이 있다.

(4) 생산, 서비스, 고객경험, 안전의 향상에 참여할 수 있고 비용절감, 재고 정확성, 제품 추적을 가능하게 하는 기술은 블록체인이다.

(5) 공학적 프로토타입을 만드는 데 사용되고 재고를 줄이고, 공급자의 수를 감소시키고, 대량고객화를 달성하는 것을 쉽게 해 주는 역할을 하는 기술은 빅데이터이다.

(6) 사물인터넷이 정의되기 위해서는 데이터 수집, 전환, 분석, 학습, 동화를 위한 기술이 필요하다.

(7) 무선의 커뮤니케이션 기술을 의미하는 RFID는 IoT를 가능하게 하는 핵심 기술이다.

(8) 공급사슬에서 클라우드 기반 접근법을 활용할 경우에 얻을 수 있는 최대 장점은 강건성에 있다.

(9) 기존의 전통적 공급사슬은 선형모델의 형태를 가지나 디지털 공급사슬은 자원과 데이터의 흐름이 다수 방향을 갖는 통합된 모델로 나타난다.

(10) 자율사고 공급사슬의 핵심 기술은 사물인터넷과 인공지능이며, 공급사슬 유연성과 민첩성을 극대화할 것이다.

1.2. 다음 문제의 정답을 찾아내시오.

(1) 다음 중 산업 4.0의 특성과 가장 거리가 먼 것은?
① 자율성   ② 절삭제조
③ 정확성   ④ 유연성

(2) 다음 중 최근의 기술을 적용한 공급사슬과 관련한 용어와 거리가 먼 것은?
① 자율사고 공급사슬   ② 스마트 공급사슬
③ 회복적 공급사슬   ④ 지능형 공급사슬

(3) 다음 중 스마트 팩토리에 관한 설명 중 가장 거리가 먼 것은?
① 실시간으로 새로운 상황으로부터 스스로 적응하고 학습
② 전체 네트워크에 걸쳐 성과를 스스로 최적화
③ 자율적으로 전체 생산 시스템을 운영
④ 대량고객화 생산 체제를 위한 무인로봇 활용

(4) 다음 중 스마트 팩토리의 동인과 가장 거리가 먼 것은?
① 빠르게 진화하는 기술적 역량
② 중앙집중적인 생산운영의 효율성 증대
③ 지속적인 인력 부족 문제
④ 증가된 공급사슬 복잡성과 글로벌 생산과 수요의 파편화

(5) 다음 중 IoT가 공급사슬에 미치는 영향에서 가장 거리가 먼 것은?
   ① 공급사슬 멤버 사이의 데이터 신뢰성이 향상된다.
   ② 공급사슬 멤버 사이의 가시성을 향상시킨다.
   ③ 공급사슬 멤버 사이의 연결성을 향상시킨다.
   ④ 공급사슬 사이의 통합을 통해 다양한 운영 및 재고성과를 창출한다.

(6) 다음 중 블록체인의 활용이 공급사슬관리에 미치는 영향이 아닌 것은?
   ① 제품의 안전과 보안을 향상
   ② 품질관리를 향상
   ③ 데이터 검증 시 비용 상승
   ④ 재고관리 향상

(7) 다음 중 빅데이터의 5V가 아닌 것은?
   ① 타당성(validation)   ② 정확성(veracity)
   ③ 다양성(variety)   ④ 속도(velocity)

(8) 다음 중 3D 프린팅과 가장 거리가 먼 것은?
   ① 적층제조   ② 디지털제조
   ③ 신속한 제조   ④ 지능형제조

(9) 다음 중 디지털 공급사슬의 편익과 거리가 가장 먼 것은?
   ① 뛰어난 공급사슬 가시성
   ② 공급사슬 내 감소된 재고
   ③ 붕괴사건의 예방
   ④ 향상된 공급사슬 유연성

(10) 다음 중 자율사고 공급사슬에 가장 적절하지 않은 설명은?

① 자율사고 공급사슬에서 IoT의 사용을 통해 사이버 시스템과 물리적 개체 사이에 높은 수준의 연결성이 존재한다.

② 자율사고 공급사슬의 핵심은 클라우드 시스템과 블록체인에 있다.

③ 자율사고 공급사슬은 민첩성을 향상시킨다.

④ 자율사고 공급사슬은 또한 공급사슬 리스크 관리를 향상시킬 수 있다.

2.1. 사전 학습문제

(1) 1차부터 4차 산업혁명의 흐름을 그 특징에 기초하여 정리하시오.

(2) 사물인터넷, 블록체인, 빅데이터, 인공지능, 클라우드 컴퓨팅, 3D 프린팅 기술의 주요 특징과 활용분야를 정리하시오.

(3) Cyber – Physical system의 개념을 정리하시오.

(4) 비즈니스 분야에서 디지털화와 자동화의 실제 사례를 찾고 그 운영특징을 정리하시오.

(5) Amazon의 Amzon Robotics, Amazon Dash, Amazon Echo, Amazon Go의 기능과 역할을 정리하시오.

2.2. 사후 학습문제

(1) 교재에서 소개된 6개 주요 기술이 공급사슬의 강건성, 유연성, 민첩성, 가시성, 회복성에 어떤 영향을 미치는지를 높은 영향, 중간 영향, 낮은 영향의 척도를 사용하여 판단해 보시오.

(2) 교재에서 소개된 6개 기술이 공급사슬과 로지스틱스 분야에서 적용된 사례를 조사해 보시오.

(3) 스마트 팩토리의 주요 특징과 국내 기업의 적용 사례를 조사해 보시오.

(4) 교재에서 소개된 6개 주요 기술을 공급사슬에 활용함에 따라 공급사슬의 역사를 노동력, 고객화 수준, 생산성 수준, 의사결정, 기업 전략, 요구되는 정보의 관점에서 과거, 현재, 미래로 구분하여 논리적으로 정리해 보시오.

(5) 커피숍, 식당 등의 서비스 공급사슬 분야에서 교재에서 소개된 6개 주요 기술을 적용할 수 있는 기회를 논의하시오.

공급사슬 기타 주제

이 장에서는 공급사슬과 관련한 중요한 주제 중에서 지금까지 구체적으로 다루어지지 않은 나머지 주제를 모아서 정리한다. 최근 들어 공급사슬의 중요성이 증가하는 만큼 다양한 주제들이 다루어지고 있고 그 개념 사이의 연관성이 자주 논의되고 있다.

물론 이러한 개념들이 논의되고 제시된 이유는 기업 또는 공급사슬의 성과에 긍정적인 영향을 미치는 것에 그 최종 목표가 있다. 일반적으로 공급사슬의 성과로 제시된 것은 다음이 있다.

- 재무성과: 자산/자본활용, ROA(순이익/자산), ROE(순이익/자본), ROI(순이익/투자)
- 수익성: ROS(순이익/수익), 제조원가, EVA
- 현금흐름: 운영현금흐름/순매출
- 종합: 자기보고 혹은 계산방식(매출성장, 이익성장, 시장지분성장, ROI 성장, ROS 성장 등)
- 균형성과표(Balanced ScoreCard: BSC): 고객/내부 프로세스/학습/혁신차원
- 기타: 유연성/신뢰성, 대응성, 품질, 자산관리, 자원, 산출물, 정보, 시간, 환경, 효율성, 인저 자원, 통합, 리스크, 시스 시그마 지표 등

참고로 중요한 해외 학술지에서 자주 연구된 개념들과 그 구성요소 간의 연관성이 <그림 14-1>에 정리되었다.

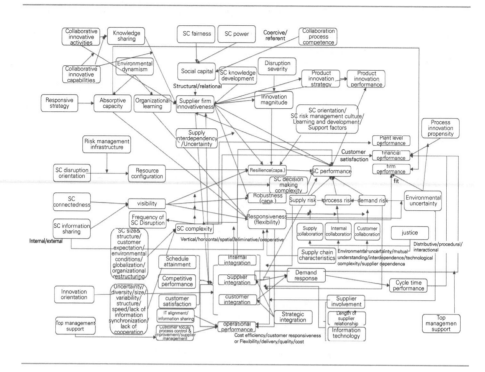

출처: 저자 정리.

나아가, 몇 가지 핵심 주제에 대한 개념과 그 개념들 간의 연관성은 다음의 <그림 14-2>와 같은 개념도로도 정리될 수 있다.

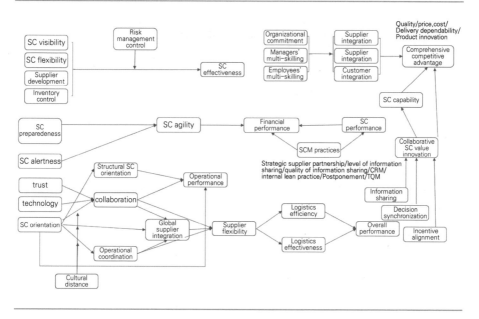

〈그림 14-2〉 몇 가지 핵심 주제와 연관성

자료원: 저자 정리.

지금부터는 여러 주제 중에서 저자가 중요하다고 생각하는 몇 가지를 중심으로 간략히 언급하도록 한다.

01 공급사슬 프랙티스

공급사슬 프랙티스(practices/routines)는 조직에서 공급사슬의 효과적 관리를 촉진하기 위해 수행된 실무 활동들을 의미한다. 다시 말해, 조직의 성과를 향상시키는 공급사슬과 관련한 활동들이 공급사슬 프랙티스로서 논의될 수 있다. 다양한 학자들이 몇 가지 대표적인 프랙티스를 제시한 바 있다.

1.1. Tan et al.(1998, 2001, 2002)의 연구

구매, 품질, 고객관계, 자재흐름, 정보공유, 지연 전략, 대량고객화, 공급자 고객관리, 지리적 인접성, JIT, 제품과 납기 평가

1.2. Sahay & Mohan(2003)의 연구

공급사슬 전략, 공급사슬 통합, 재고관리, IT

1.3. Chin et al.(2004)의 연구

고객-공급자 관계 구축, ICT 실행, 자재흐름의 리엔지니어링, 기업문화 창출, 성과측정 규정

1.4. Li et al.(2006)의 연구

전략적 공급자 파트너십, 고객관계, 정보공유 수준, 정보공유 품질, 지연

1.5. Koh et al.(2007)의 연구

아웃소싱과 복수 공급자(아웃소싱, e-조달, 3자로지스틱스(3PL), 하청, 다수 공급자), 전략적 협력과 린 프랙티스(공급자와 밀접한 파트너십, 고객과 밀접한 파트너십, JIT 공급, 공급사슬 벤치마킹, 전략적 계획, 안전재고 보유, 소수 공급자)

1.6. Sundram et al.(2011)의 연구

공급자 파트너십, 정보공유, 리스크와 보상 공유, 정보품질, 지연, 고객관계와 파트너십, 고객관계, IT, 훈련

1.7. Gorane & Kant(2016)의 연구

- 민첩성: 어떤 한 제품에서 다른 제품으로 생산라인이 신속하게 변화하는 능력
- 벤치마킹과 성과측정: 고객 기대와 전략적 목표 충족과 관련한 활동에 대한 피드백 혹은 정보로서 정의된 성과측정
- 고객관계: 고객과 상호작용을 극대화하기 위해 그들의 니즈를 이해하는 관리 철학
- 그린 공급사슬관리: 환경우호적인 투입물을 사용하고, 그 투입물을 라이프 사이클 마지막에 재활용하고 재사용할 수 있는 투입물과 산출물로 변화시키고, 지속가능한 공급사슬을 창출하는 프로세스
- ICT: 공급자, 고객, 기업 내부, 유통센터, 소매업체, 도매업체 등과 정보와 커뮤니케이션 시스템을 향상시키는 공급사슬 도구

- 정보공유: 완전한, 정확한, 고품질의, 적절한, 접근이 용이한 정보와 데이터를 공급사슬 파트너들과 최소한의 왜곡으로 공유
- JIT 제조: 필요한 시점에 필요한 양만큼 필요한 품목을 생산하는 방식
- 린 제조: 제품 및 서비스에 가치를 더하지 않는 모든 것(준비시간, 자재흐름, 재고, 재작업 등)을 제거하는 생산 방식
- 조직문화: 조직구성원들이 적절한 행동을 위해 공유하는 윤리, 태도, 신념, 기본적 전제
- 아웃소싱: 부품과 다른 부가가치 활동에 대해 외부 원천에 의존
- 지연: 고객 주문이 도착할 때까지 최종 제조/조립을 지연
- 리버스 로지스틱스(reverse logistics): 가치를 다시 포착하거나 적절한 처리를 할 목적으로 처음부터 소비까지 원재료, 재공품 재고, 최종 재화, 관련된 정보의 효율적이고 비용효과적인 흐름을 계획, 실행, 통제하는 프로세스
- 공급자 관계: 가치창출을 극대화하기 위해 공급자들과 협력적으로 일하는 관리 철학
- RFID: 라디오 전파의 사용에 의해 개체를 규명하는 auto-ID 기술
- VMI: 제조업체/유통업체/소매업체에서 공급자에 의해 재고가 모니터되고 관리되는 통합된 접근법

공급사슬과 혁신

2.1. 혁신을 위한 일반적 관행

조직은 차별적 활동을 수행하기 위해 조직 내부의 자원뿐만 아니라 조직 외부의 자원을 결합함으로써 개발된 프랙티스의 집합을 통해 공급사슬에서 재료의 흐름을 혁신적으로 향상시키려고 노력하였다. 더불어 여러 학자와 실무자들은 효율적이고 효과적인 공급사슬관리를 통해서 혁신을 향상시키는 데도 높은 관심을 갖고 있다.

이것은 상류 공급사슬의 상황에서 사용하는 관행들이 JIT, 공급자 개발, 관계적 구매와 같은 프랙티스를 실행함으로써 내부와 공급 측면의 재료흐름을 향상시키는 노력을 의미한다. 그러한 관행으로는 밀접한 커뮤니케이션, 정보공유, 공동 문제해결 등을 포함한다. 이러한 관행은 조직이 공급사슬 파트너와 갖는 직접적 및 간접적 상호작용을 증가시킨다. 결과적으로, 이러한 관행은 기업을 다른 접근법과 관점을 결합시키며, 다른 대안을 발생시키고, 유연한 사고를 촉진하는 능력에 영향을 미치며, 이러한 모든 활동은 전통적으로 혁신의 달성에 매우 중요하다.

효율적 공급사슬관리는 공급사슬 파트너들과 많은 조정의 결과이다. 이 조정 노력은 기업에게 기업과 조직 간 경계에 걸쳐 복수의 인터페이스를 제공한다. 가치사슬에 걸쳐 여러 주체들과의 적절한 인터페이스는 조직에게 넓은 지식의 폭에 접근할 수 있도록 더욱 다양한 혁신을 위해 지식 통합을 허용한다.

2.2. 공급사슬에서 학습

혁신을 달성하기 위한 중요한 역량이자 프랙티스 중 하나는 학습이다. Lane et al.(2006)은 세 단계의 학습이 공급사슬에서 혁신을 촉진하기 위해 필요하다고 하였다.

(1) 탐구 단계

첫 단계는 탐구로서 탐구적 학습(예 다양성 추구 프로세스)을 통해 기업 외부의 가치 있는 새로운 지식을 인식하고 이해하는 것을 의미한다. 공급사슬 상황에서 외부 지식은 다른 주체와 깊은 관계를 구축하는 것을 통해 획득할 수 있으며, 주로 핵심 공급자 혹은 고객으로부터 나온다. 이러한 학습 프로세스에 공급사슬 멤버의 밀접한 관여는 탐구를 배양하는 잠재적 저장소를 증가시킬 수 있다 (March, 1991).

(2) 동화 단계

두 번째 단계는 동화 단계로서 전환적 학습(예 기존 지식이 새로운 방식으로 사용되도록 기존 지식에 새로운 지식의 결합)을 통한 가치 있는 새로운 지식의 가공을 포함한다. 이 단계는 이전 단계(탐구)인 '깔때기'에 뒤이은 '파이프라인'을 반영한다. 이 단계는 외부 지식의 기업 내 이전을 의미한다. 모든 새로운 지식이 즉각적으로 활용될 수 없기 때문에 이 단계는 중요한 중간 기능과 역할을 갖는다.

(3) 활용 단계

마지막 단계는 활용적 학습(예 신뢰성 추구 프로세스)에 기초하여 새로운 지식과 상업적 산출물을 창출하기 위해 동화된 지식을 사용하는 것을 의미한다. 활용은 생산성, 개선, 루틴화, 기존 역량의 창출과 동화, 흡수를 의미한다. 공급사슬관리가 가져다주는 당연한 변화로서 기업의 경계를 확장할 때 공급사슬 멤버는 이 변화를 실행하는 데 깊숙이 관여할 수 있다. 결과적으로, 적절한 파트너는 지식의 활용을 촉진하는 지식 제도화의 가능성을 높일 수 있다.

나아가, 조직이 동시에 탐구하고 활용한다는 양면성(ambidexterity) 개념은 탐구, 동화, 활용이라는 단계별 학습 프로세스를 동시에 추구하는 것을 의미한다. 양면성의 개념은 양손을 사용하는 개인의 능력에서 나온 개념(Duncan, 1976)으로서 우월한 성과를 위한 탐구와 활용의 상충관계를 해결하는 방법과 관련된다.

2.3. 혁신 지향과 공급사슬 통합

혁신 지향은 경쟁자들보다 빨리 시장에 혁신적 신제품을 출시하는 것을 포함하는 기본적인 조직관리 전략이다. 새로운 스킬, 자원, 기법, 관리의 적용과 관련한 문화를 포함하는 혁신 지향은 조직에게 새로운 경로, 신선한 창의성, 변화의 성향을 제공한다.

혁신 지향적이고 고객 지향적인 관계는 더욱 효과적으로 고객의 니즈를 충족시키고 더 높은 이익을 창출하는 공통의 목표를 갖는다. 고객과 긴밀한 관계 개발을 하는 이유는 현재 상황과 잠재적 수요를 이해하는 것을 수반하고 기업의 혁신 역량을 향상시킬 수 있기 때문이다. 혁신 지향적 기업들은 현재 고객의 니즈를 충족시킬 뿐만 아니라 가치를 창출하고, 고객기대를 초과하고, 새로운 고객을 유인하기 위해 지속적으로 기술적 대변혁을 추구한다.

혁신 지향적 기업들은 핵심 기술역량을 얻고 기술적 우월성과 리더십을 달성하기 위해 상류의 공급자로부터 새로운 기술을 적극적으로 흡수하고 새로운 지식을 빨리 학습한다. 고객 니즈를 이해하기 위한 뛰어난 기법의 적용은 운영을 통합하는 동기를 초점기업과 공급자들에게 부여할 수 있다.

2.4. 개방형 혁신 지향과 공급사슬 역량

혁신에 초점을 둔 공급사슬관리의 역량 개발은 주요 경쟁 무기이다. 개방형 혁신 패러다임은 조직과 개방형 혁신 파트너들 사이의 광범위한 지식교환을 포함한다(Muceli & Marinoni, 2011). 이 맥락하에서, Malhotra et al.(2007)은 외부 파트너의 지식에 접근하는 것은 환경에 대한 더 나은 적응으로 이어지고 기존 역량의 향상으로 이어진다고 하였다. 초점조직이 소유한 역량은 소속한 공급사슬에서 수월성을 얻는 것뿐만 아니라 어떤 상황에서도 수요에 관심을 두는 역량을 포함한다. Liu et al.(2012)은 외부와의 지식교환은 조직이 자신의 제품, 프로세스, 직면한 경쟁, 시장을 이해하도록 하고 그들의 문제해결 역량과 통찰과 생산의 조정, 납기 활동, 재고관련 활동의 향상을 가능하게 한다고 지적하였다. 따라서 개방형 혁신 지향과 그것이 수반하는 지식교환은 조직에게 더욱 완벽한 비전을 제공하고 시장을 변화시키는 수요를 충족시키도록 더욱 유연하게 만든다.

2.5. 공급사슬 자체의 혁신

증가하는 신제품 복잡성, 단축된 제품 라이프사이클, 신제품개발 계획과 실행 속도의 중요성은 전문화된 지식과 스킬을 갖는 외부 파트너들의 통합을 필요로 한다. 따라서 혁신의 발상지는 공급사슬 내 공급기반에서 자주 발견된다. 조직의 경계를 넘어 외부와의 상호작용을 더 잘 관리하고 촉진하기 위해 기업들은 혁신 제휴와 개방형 혁신 네트워크의 형태로 더 친밀한 공급자 협력에 참여하려 노력한다. 이것은 특히 신기술과 혁신의 조달 관점으로도 공급사슬관리 기능을 확장시킨다.

혁신은 고객 요구뿐만 아니라 제품과 서비스의 급격한 변화에 대응하려는 기업에게 필수적이다. 일반적으로 혁신은 프로세스, 기술, 서비스, 전략, 조직구조 내에서 발생한다. 이에 비해 공급사슬 혁신은 최종 고객의 만족을 향상시키거나 효율성을 향상시키는 제품, 프로세스, 서비스의 변화뿐만 아니라 외향(outbound) 공급사슬에서 향상된 기술의 적용과 향상된 프로세스와 절차를 포함한다. 또한 공급사슬 혁신은 하류 고객에게 가치 명제의 향상으로 이어질 수 있는 시장의 요구를 강조한다. 공급사슬 당사자들이 새로운 프로세스, 운영 루틴을 적용하고 새로운 기술적 시스템에 투자하는 관점에서 더욱 혁신적이 되면 약속되고, 표준을 충족하고, 문제 해결을 이행하는 능력의 관점에서 공급사슬 효과성은 향상될 것이다. 공급사슬 혁신은 기술 혁신과 프로세스 혁신으로 항목화할 수 있는 다차원적 개념이다(Paton & McLaughlin, 2008). 한 예로, 기술과 프로세스 혁신을 관리하는 능력은 제조업체의 물류 부서와 물류 조직 모두에게 중요한 역량이 되고 있다(Hazen et al., 2012).

2.6. 신제품개발과 공급사슬관리에서 모듈성

공급사슬이 개발 프로세스의 산출물인 제품을 만들고 유통하기 때문에 신제품개발(New Product Development: NPD)과 공급사슬관리는 서로 관련될 수밖에 없다. 이미 여러 번 언급한 바와 같이 공급사슬관리는 공급자, 제조업체, 유통업체의 네트워크를 포함하여 전체 가치사슬을 따라 계획부터 유통까지 모든 활동을 디자인, 조직화, 실행하는 접근법이다. 그러나 대부분의 공급사슬관리 모델과 방법은 제품 디자인 의사결정이 이미 수행되었다고 가정한다. 이를 반영하여 최근에는 신제품개발 지향적과 공급사슬관리 지향적으로 분류하여 공급사슬관리와 신제품개발의 조율을 강조하는 경향이 확대되고 있다.

(1) 제품 모듈성의 개념

여러 문헌에 의하면 제품 모듈성(product modularity)은 다음과 같이 정의된다.
- 물리적 구성요소와 물리적 및 기능적 제품 아키텍처의 유사성 수준 간에 부수적인 상호작용의 최소화의 수준에 의존하는 상대적 특성(Ulrich & Tung, 1991)
- 독립성 혹은 제품 구성요소의 느슨한 결합(Sanchez & Mahoney, 1996)
- 제품 구성요소의 특이성, 분리성, 분리, 재결합을 설명하는 연속선(Schilling, 2000)
- 구성요소의 분리성과 결합성(Salvador, 2007)
- 제품 시스템에서 구성요소의 분리성, 특이성, 이전가능성을 설명하는 연속선(Lau et al., 2010)

여기서, 분리성은 제품이 기능의 손실 없이 새로운 구성으로 재결합될 수 있는 수준을 의미하고 특이성은 구성요소가 그 시스템 인터페이스와 함께 명백한, 독특한, 분명한 기능을 갖는 수준을 나타낸다. 또한 이전가능성은 시스템 구성요소들이 이전될 수 있고 다른 시스템에 의해 재사용될 수 있는 수준을 의미한다. 대부분의 제품 구성요소들이 제품 시스템에서 어느 정도 분리될 수 있고, 명시될 수 있고, 이전될 수 있기 때문에 모든 제품은 어느 정도의 제품 모듈성을 가질 수 있다. 나아가 모듈 제품을 갖는 제품(높은 제품 모듈성)은 독립적 하위 시스템들의 집합이다. 그 하위 시스템의 물리적 요소들에 대한 제품 기능의 인터페이스가 잘 표현되어야 모듈성이 강조된다. 제품 구성요소들은 또한 기존의 제품라인 혹은 혁신적인 제품개발 프로젝트로 이전되거나 그것들에 의해 재사용될 수 있다. 반대로, 통합적 디자인(낮은 제품 모듈성)을 갖는 제품에서 구성요소들은 잘 명시된 인터페이스 없이 고도로 상호 연결되는 특징을 보인다.

(2) 제품 모듈성과 공급사슬 통합

일반적으로, 핵심 비즈니스에 집중하기 위해 제조업체는 비핵심 부가가치 활동을 공급자에게 이전할 것이다. 이 가치이전 활동은 부가가치 활동을 사슬과 같은 형태로 묶으면서 이전하는 것을 나타낸다. 따라서 핵심 모듈이 기술적으로 역량 있는 모듈 공급자로부터 아웃소싱될 수 있기 때문에 모듈 제품 디자인과 같은 부가가치 활동은 어떤 한 조직에서 전체 공급사슬로 이전될 수 있다.

모듈 디자인은 커뮤니케이션과 정보공유를 단순화하고 공급사슬 파트너 사이의 신뢰를 구축함으로써 경쟁적 성과를 직접적으로 향상시킬 뿐만 아니라 공급자, 제조, 디자인 통합을 촉진한다(Jacobs et al., 2007). 그러한 통합 활동은 또한 모듈 디자인과 유연한 성과 사이의 관계를 매개한다. 일반적으로, 제품 모듈성은 디자인 활동을 단순화하고, 생산/판매/엔지니어링에 걸쳐 조정과 정보공유를 향상시킴으로써 개발 시 너무 많은 다양성을 줄일 수 있게 된다. Ulrich & Ellison(1999)은 전체적인 고객 요구사항하에서 구성요소들이 특정 제품을 위해 디자인될 때 내부와 외부 통합이 요구된다고 하였다.

제품 모듈성과 아웃소싱을 통합하여 세 가지 전략이 규정될 수 있다(Sako, 2002). 첫째, 제조업체는 아웃소싱 이전에 모듈 디자인을 내부에 적용하고 그 모듈의 첫 번째 배치(batch)를 생산할 수 있다. 이것은 사내에서 제품성과를 향상시키고 아키텍처 지식을 유지하도록 한다. 둘째, 제조업체는 블랙박스 전략을 사용하여 전체 모듈을 아웃소싱할 수 있다. 이것은 기술 디자인과 생산용량에서 공급자 역량을 극대화함으로써 아웃소싱의 편익을 가져오나 아키텍처 지식의 통제와 관련해서는 큰 불확실성으로 결과된다. 마지막으로, 제조업체는 아웃소싱과 모듈 디자인을 동시에 실행할 수 있다. 이것은 제품혁신을 가속화하도록 하나 모듈 공급자가 제품 아키텍처의 통제를 잃게 되는 리스크를 갖게 된다. 세 가지 모든 경우에 모듈 디자인에 대한 의사결정은 공급사슬 환경에 상당한 영향을 미친다.

지금까지 연구를 종합하면 모듈이 공급자에 의해 아웃소싱될 때 공급사슬 상의 폭넓은 통합은 공급자들이 협력을 통해 혁신적 신제품을 개발하는 것을 도울 수 있다. 이것은 특히 신제품개발 분야에서 초기공급자참여(early supplier involvement), 동시공학(concurrent engineering) 등의 개념으로도 설명되었다. 신제품개발에서 밀접한 공급사슬 디자인은 정보공유 특히 암묵적 지식공유(예 물리적 공동입지와 대면 커뮤니케이션)를 향상시킨다. 이러한 암묵적 지식의 보유는 다시 경쟁우위로 이어지는 혁신을 촉진한다. 만약 제조업체가 모듈 제품 디자인을 위해 여러 기능적 단위들을 조정하지 않는다면 그들은 늘어난 제조시간, 하위 최적화된 제품성과, 추가 테스트 시간과 시스템 통합, 빈약한 제품혁신에 직면할 수 있다. 결국, 모듈 디자인은 그것이 관계 특유의 투자와 공통 모듈의 디자인에 대한 동의를 필요로 하는 공급자의 니즈를 증가시키기 때문에 더 많은 공급사슬 협력으로 이어질 수도 있다.

(3) 모듈성의 일반적 영향

모듈성의 역할 혹은 영향에 대한 논의가 빈번하게 이루어지고 있다. 모듈성은 운영성과에 대한 부정적 영향을 피하고 더 나은 규모와 범위의 경제를 달성하면서 다양한 생산을 가능하게 하는 개념으로 폭넓게 인식되고 있다. 모듈성은 모듈을 배합하고 일치시킴으로써 제품 다양성을 창출한다. 일반적으로 공급사슬에서 모듈성은 다음의 명제로 나타난다.

① 모듈성은 고객에게 제공된 다양성 수준을 증가시킨다.
② 모듈성은 공급사슬 구성 복잡성의 수준을 감소시킨다.
③ 모듈성은 공급사슬 협력 복잡성의 수준을 감소시킨다.
④ 혁신성은 공급사슬 구성과 협력 복잡성의 수준을 증가시킨다.
⑤ 혁신성은 공급사슬 조정 복잡성의 수준을 증가시킨다.
⑥ 다양성은 공급사슬 구성, 협력, 조정 복잡성의 수준을 증가시킨다.
⑦ 공급사슬 구성과 협력 복잡성은 공급사슬 조정 복잡성의 수준을 증가시킨다.
⑧ 공급사슬 성과는 공급사슬 디자인 의사결정, 제품 모듈성, 제품 다양성, 혁신성에 의존한다.

⑨ 제품 모듈성, 제품 다양성, 혁신성을 공급사슬 디자인 계획 및 관리와 일치시킴으로써 공급사슬 성과가 향상된다.

2.7. 공급자 혁신성

앞서 논의한 이슈들과 유사하지만 특히, 공급자의 혁신에 대한 중요성을 강조한 주제가 공급자 혁신성이다. 공급자 혁신성은 새로운 프로세스를 개발하거나 새로운 제품을 도입하는 공급자의 능력으로서 정의된다. 공급자는 제품에 관한 그들의 지식과 역량뿐만 아니라 공급사슬 멤버들의 핵심역량에 대한 그들의 초점으로 인해 공급사슬 전체의 혁신에서 핵심적 역할을 한다. 따라서 공급자는 그들의 혁신 프로세스를 조직화하는 데 고객(구매자)과 관계를 고려해야 한다.

공급자 혁신성은 구매자 혁신성에 영향을 미친다. 즉, 공급자 혁신은 제조업체에게 잠재적인 가치 원천으로서 규정되어 왔다. 제조업체는 혁신적 공급자의 역량을 활용하고 그것으로 인해 환경적 변화에 더 잘 대응하는 것이 가능하다. 결국, 혁신적 공급자와 업무를 공유하는 것은 공급자의 전문성으로부터 제조업체가 학습하는 것을 허용하기 때문에 기업 간 노동분업을 통해서 향상된 학습을 위한 기회를 제공한다. 나아가, 공급자 혁신성은 비용, 품질, 제품개발, 납기 신뢰성, 유연성 성과 차원에서도 제조업체의 성과에 긍정적으로 영향을 미친다.

단축된 제품 라이프 사이클, 제품과 공정기술에서 빠른 변화, 공급과 수요에서 증가된 불확실성에 직면한 기업들은 수많은 전략적 도전에 대응하여 공급사슬 파트너들과 협력을 통해 산출물을 극대화하는 방법을 탐색한다. 실제로, 기업들은 혁신, 품질, 비용, 전달 경쟁력을 얻고 유지하기 위해 공급자에 의지한다(Hahn et al., 1990). 구매기업은 더 잘 혁신하기 위해 그들의 공급자의 역량과 자원에 의존한다. 공급자는 고객의 니즈를 만족시키는 창의적 솔루션을 제공하거나 아이디어를 창출함으로써 고객을 위해 가치를 창출할 수 있다.

이러한 차원에서 수행되는 공급자 개발은 구매자와 공급자의 경영성과를 향상시킬 뿐만 아니라 기술혁신에 기반한 산업의 리더십을 유인하는 중요한 선행요인으로서도 알려져 있다. 또한 신제품개발 역량의 향상을 위한 초기공급자 참여, 기술혁신 추구 등의 혁신역량을 제고하는 목적에서도 공급자 개발 활동이 이루어지고 있다. 결국, 강한 상호작용과 신뢰라는 장기 기반 관계에 기반하여 구매자−공급자 관계가 구축될 때, 공급자들은 복잡한 문제를 해결하고 혁신성과를 향상시키기 위해 새로운 아이디어를 발생시키고, 새로운 솔루션을 발견하고, 함께 일하도록 동기부여될 것이다. 나아가, 기술 및 정보교류와 같은 사회적 상호작용은 공급사슬 혁신성과를 향상시키는 것을 도울 것이다.

03 공급사슬과 품질

3.1. 공급자 품질관리

공급자의 품질에 대한 적극적 참여는 구매자─공급자 관계의 역할을 매개하여 공급자의 성과에도 큰 영향을 미친다. 공급사슬 품질관리의 핵심은 공급자에 초점을 둔 품질관리 접근법에 있다고 할 수 있다. 실제로, 빈약한 공급품질 결과가 높은 수준의 재고와 수주잔고, 나아가 공급사슬 붕괴로 이어지기 때문에 공급자 품질관리 혹은 공급관리는 공급사슬 품질관리에서 필수적이다. 여기서, 공급 품질관리는 전반적인 조직의 품질 성과를 향상시키기 위해 밀접하고 장기적인 구매자─공급자 관계를 구축함으로써 공급 기능을 관리하기 위한 다양한 관리 노력들로 정의한다.

실제로 품질 향상을 위한 공급자 관리 노력은 매우 중요하다. Carter & Ellram(1994)은 공급자 품질 향상이 구매자의 디자인 단계에서부터 이루어지지 않으면 구매자의 품질 향상은 달성되기 어렵다고 주장하였고 Carter & Narasimhan(1996)은 전사적 품질경영(Total Quality Management: TQM)에서 선도자가 되고자 하는 구매기업에게 필수적 이슈는 향상을 위한 팀워크, 신뢰, 장기 헌신을 구축하면서 공급자들의 영역에서 운영해야 한다고 강조하였다.

이러한 상황에서 최근의 흥미로운 공급자 품질관리 추세는 전략적 공급자 관리 접근법을 적용한 품질관리이다. 소수의 높은 품질을 제공하는 공급자들과 함께 일하고 밀접한 전략적 계획 프로세스를 개발하는 것은 전략적 공급사슬의 주요 특징 중 하나이다. 또한 품질과 프로세스 향상을 위해 전략적 공급사슬 시스템을 개발하는 조직들은 공급사슬 품질을 강조함으로써 그들의 경쟁력을 유지할 수 있다.

Victor et al.(2006)은 이전의 연구들을 종합하여 공급자 품질관리의 세 가지 요소를 공급자 선택, 공급자 개발, 공급자 통합으로 규정하였다. 여기서, 공급자 선택은 고품질 제품을 제공하기 위한 공급자의 능력을 평가하여 한 공급자를 선택, 공급자 개발은 공급 측면에서 공급 품질을 규정, 측정, 향상시키고 운영에 대한 지속적 향상을 지원하기 위해 취해진 프로세스, 공급자 통합은 지속적으로 품질을 향상시키기 위해 구매자와 공급자에 의해 수행된 공동 노력들을 의미한다.

3.2. 공급사슬 품질관리

공급사슬관리 이슈들이 점점 공급사슬 네트워크 관리로 확장됨에 따라 품질과 같은 기업의 경쟁력 향상과 유지를 위한 중요한 이슈도 네트워크 차원으로 그 범위를 넓혀가고 있는 중이다.

이미 공급사슬에서 품질 이슈를 이해하는 것이 기업과 공급사슬 성과에 결정적이라는 주장은 오래전부터 강조되어 왔다. 그러나 조직의 경쟁우위를 향상시키기 위한 공급사슬과 그 역할의 중요성에도 불구하고, 공급사슬에서 품질 이슈에 대해 많은 구체적이고 실무적인 관심이 주어지지는 않았다. 이처럼 공급사슬 수준에서 품질 이슈에 대한 이해는 공급 네트워크 내 여러 조직들에 걸쳐 조정과 협력의 도전으로 인해 더 복잡해졌기 때문에 단일 기업 수준의 리더십 헌신, 고객 만족, 종업원 참여와 같은 전통적인 프랙티스는 공급사슬 수준에서 더 복잡해지고 정교하게 다듬어질 필요가 있다.

지금까지 품질 관련 도구와 프랙티스는 여러 공급사슬 활동과 상호 양립가능한 것으로 나타났다. 예를 들어, 고장유형 및 영향분석(Failure Mode and Effect Analysis: FMEA) 혹은 식스 시그마(Six Sigma)와 같은 품질통제 기법은 공급사슬에 걸쳐 효과적으로 사용되기 위해 확장되고 재디자인될 수 있다. 그 반대로, 공급자 관계와 정보공유와 같은 프랙티스들은 품질관리와 공급사슬관리의 통합을 촉진한다. 또한 효과적인 품질관리의 실행은 기업 간 신뢰의 형성과 개발을 지원하고 기업 간 신뢰는 다시 공급사슬과 같은 기업 간 네트워크의 시작, 발전, 성공에서 가장 중요한 요소이다.

품질과 공급사슬 사이의 상호작용에 대한 이러한 초점은 공급사슬 품질관리

(Supply Chain Quality Management: SCQM)라는 이슈로 Ross(1998)에 의해 제시된 후 그 논의가 활발히 진행되고 있다. 이 이슈에 대한 종합적 정의로서 Robinson & Malhotra(2005)는 공급사슬 품질관리는 시장에서 중개자와 최종 고객들의 가치를 창출하고 만족을 얻기 위해 제품, 서비스, 프로세스를 측정, 분석, 지속적으로 향상시키며, 공급사슬 내 모든 파트너들을 포함하는 비즈니스 프로세스들의 공식적 조정과 통합이라고 정의하였다. 이후, 이러한 공급사슬 품질관리를 위한 실무적인 프랙티스들이 다양한 학자들에 의해 논의되어 왔다. 그 예로서, Lin et al.(2005)은 최고경영층 리더십, 훈련, 제품/서비스 디자인, 공급자 품질관리, 프로세스 관리, 품질 데이터 보고, 종업원 관계, 고객 관계, 벤치마킹 학습을, Fynes et al.(2005)은 커뮤니케이션, 신뢰, 조정, 헌신, 협력을, Kaynak & Hartley(2008)은 경영자 리더십, 훈련, 종업원 관계, 고객초점, 품질 데이터와 보고서, 공급자 품질관리, 제품/서비스 디자인, 프로세스 디자인으로, Soares et al.(2017)은 품질 리더십, 고객초점, 공급자초점, IT 지원조직, 통합을 제시하였다.

04 사회 네트워크에 기반한 공급 네트워크 분석

4.1. 공급 네트워크의 등장

전통적 공급사슬관리는 구매자들과 공급자들의 선형관계에 초점을 두어왔는데, 산업이 발전하면서 아웃소싱과 글로벌 소싱의 추세에 따라 오늘날의 글로벌 공급사슬들은 비선형적이고 다층적인 형태가 많다. 이런 변화에 따라 공급사슬의 성과는 공급사슬의 구조와 기능의 복잡한 상호작용에 의해 나타난다.

글로벌 다층 공급사슬의 중요성이 커짐에도 불구하고 그동안 공급사슬에 대한 선통석인 연구는 양자관계(dyad) 및 선형적(linear)인 관점에서 이루어졌으며 이는 네트워크의 복잡성을 전혀 반영하지 못한다(Choi & Wu, 2009). 이제 공급사슬은 개별 기업 간, 사업 간의 관계를 잇는 선형의 연결고리가 아니라 다양한 기업들과 관계들의 네트워크이기 때문에, 이를 보완하기 위해 다층 공급사슬의 가장 단순한 형태인 구매자-공급자-공급자 관계의 공급 네트워크에 있는 삼자관계를 포함하여 다양하게 확장된 형태의 관계가 논의되었다(Peng et al, 2010). 나아가, 이러한 삼자관계는 더욱 확대되어 네트워크 형태의 관계로 확장되어야 한다. 과거에는 이러한 네트워크 관계의 복잡성 때문에 많은 분석이 시도되지 않았지만 이제는 컴퓨터의 발전과 사회 네트워크 분석(Social Network Analysis: SNA) 도구의 지원을 받아 용이하게 분석이 가능해졌다.

4.2. 사회 네트워크 분석

사회 네트워크 분석은 네트워크 내 주체들과 그들의 관계에 대한 유용한 지표들을 제공해 준다. SNA는 노드(node), 연결(linking), 네트워크 크기라는 세 가지 지표를 기반으로 하며, 노드 간 연결을 기본 측정 단위로 한다. 공급 네트워크에서 노드는 기업, 공급자, 고객, 협회, 연구기관 등 다양한 협력관계를 맺을 수 있는 주체를 의미한다. 연결은 원부자재 거래흐름, 금융거래, 인력파견, 계약, 기술교류 등의 형태로 나타나는 관계를 의미하는 것으로서 방향성 및 강도(strength)를 갖는다. 특히 연결에는 원자재 구매나 제품 판매와 같이 어느 한쪽으로 방향성이 있는 경우와 양자 간 계약과 같이 방향성이 없는 경우가 있다. 또한 연결 정도(degree)는 노드의 총 연결 개수를 의미하며, 연결 정도에 따라 거래량, 계약횟수, 연결 여부 등을 측정값으로 활용할 수 있다. 마지막으로 네트워크 크기는 네트워크에 포함된 노드의 수를 의미한다.

이런 지표들을 기반으로 공급 네트워크의 가치를 측정하려면 관계적 특징들(관계 강도, 기간, 품질 등)은 밀도로서 측정하고 구조적 구성요소들(상대적 사회적 위치, 다른 관계사와의 거리, 기존 연결 등)은 구조적 공백으로 측정할 수 있다. 이상에서 언급한 다양한 SNA 지표들을 활용하여 네트워크 밀도(density), 중심성(centralization), 복잡성(complexity), 호혜성 및 이행성, 컴포넌트(component), 클릭(clique) 등과 같은 다양한 네트워크 특성을 나타내는 지표가 분석으로 도출될 수 있다.

4.3. 공급 네트워크의 활용

SNA를 적용하면 실제 공급 네트워크 데이터를 이용하여 구체적으로 네트워크의 특성을 확인할 수 있다. 그 예로 <그림 14-3>과 같이 국내 전자산업의 공급 네트워크를 표현할 수 있다.

⬡ 〈그림 14-3〉 국내 전자산업의 공급 네트워크

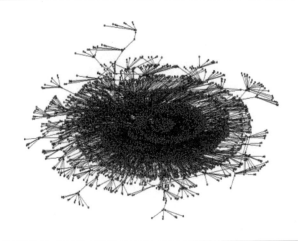

자료원: 김사홍(2016), "사회적 네트워크 분석을 통한 공급 네트워크 구조분석: 전자·금속산업을 중심으로", 「금오공과대학교 컨설팅대학원」, 박사학위논문.

또한 다음의 <그림 14-4>는 국내 S전자와 P철강사 공급 네트워크의 일부분에 해당되는 그림이다.

⬡ 〈그림 14-4〉 사회 네트워크 분석에 기초한 특정 기업의 공급 네트워크 사례

S전자   P철강

이처럼, 공급 네트워크 분석의 사례는 다양한 분야에 활발하게 적용되고 있다. 주요 분야는 다음과 같다.
① 산업 클러스터에 대한 적용
② 공급 네트워크에서 혁신과 모듈성
③ 산업 간 네트워크 특성 비교

④ 네트워크 구조와 복잡성과 가시성
⑤ 공급 네트워크 내 정보의 흐름과 파워

05 지속가능한 공급사슬

5.1. 지속가능한 공급사슬의 경쟁력

공급사슬의 역량이 향상됨에 따라 경쟁우위는 점차 <그림 14−5>와 같이 공급사슬 가시성에서 지속가능성으로 변화되고 있다.

〈그림 14-5〉 지속가능한 공급사슬의 경쟁우위

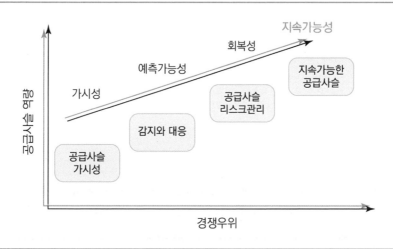

5.2. 사회적 책임조달

　지속가능한 공급사슬의 한 차원으로서 사회적 책임조달이 활발하게 논의되고 있다. Cater and Jennings(2004)가 제시한 사회적 책임조달에 해당하는 요소는 다음과 같다.

(1) 인권

어린이와 강제 노동, 규율, 노동 시간, 결사의 자유와 같은 노동 조건들

(2) 안전

안전한 업무 환경, 일상의 건강, 안전 훈련이 제도화된 공급자에 의한 제공

(3) 커뮤니티

　공급자로부터 받은 선물의 기증, 경매와 같은 자선적 계획, 지역 공급자의 사용과 같은 경제적 인센티브 제공

(4) 다양성

소수인종/여성 소유의 비즈니스 기업들로부터 구매

(5) 윤리

　공급자들이 가난을 피하고 생존을 유지하도록 하는 가격책정, 공정 무역 운동을 통한 구매를 포함하는 조달 의사결정에서 윤리적 행동

(6) 기타

　기업들로부터 품목을 구매할 때 발생하는 지역의 민주적 제도에 대한 존경, 동물복지 관심, 장난감에 안전하지 않은 페인트 사용과 같이 고객들에 대한 사회적 영향을 미치는 요인들

5.3. 녹색 공급사슬

녹색(green) 공급사슬이라는 개념이 자주 사용되고 있다. 이 공급사슬관리 프랙티스는 녹색 고객, 녹색 디자인, 녹색 공급자, 녹색 운송, 녹색 구매, 녹색 창고, 녹색 포장, 녹색 제조를 모두 포함하는 개념이다. 이 관리에서 중요한 개념은 3R(Reduce, Reuse, Recycle)로서 모든 공급사슬 단계에서 이에 적합한 프랙티스를 사용하는 것이다.

녹색 공급사슬 이전부터 리버스 로지스틱스(reverse logistics)라는 개념이 이미 등장한 바 있다. 회수물류, 역물류라고 부리기도 하는 이 개념에서는 아래의 5R이 자주 사용된다. 나아가, 최근에는 과대포장과 쓰레기산 문제가 사회적, 경제적, 환경적 문제로 부각되고 있고 친환경 재활용 제품과 착한 소비와 공정무역이라는 용어가 자주 등장하고 있다. 이러한 용어에 대한 증가하는 관심은 공급사슬 분야에서도 지속가능성의 중요성을 다시 확인해 주고 있다.

(1) 반품과 교환(returns and exchange)

(2) 반품된 제품의 재판매(reselling returned products)

(3) 수리(repairs)

(4) 리사이클링과 폐기(recycling and disposal)

(5) 교체(replacements)

참고문헌

김사홍(2016), "사회적 네트워크 분석을 통한 공급네트워크 구조분석: 전자·금속산업을 중심으로", 「금오공과대학교 컨설팅대학원」, 박사학위논문.

Carter, J.R. & Ellram, L.M.(1994), "The Impact of interorganizational alliances in improving supplier quality", *International Journal of Physical Distribution & Logistics Management, 24*(5), 15－23.

Carter, C. & Jennings, M.(2004), "The role of purchasing in corporate social responsibility: a structural equation analysis", *Journal of Business Logistics, 25*(1), 145－186.

Carter, J.R. & Narasimhan, R.(1996), "Is Purchasing Really Strategic?", *International Journal of Purchasing and Materials Management, 32*(4), 20－28.

Chin, K., Tummala, V.M.R., Jendy, P.F.L. & Tang, X.(2004), "A study on supply chain management practices: the Hong Kong manufacturing perspective", *International Journal of Physical Distribution and Logistics Management, 34*(6), 505－524.

Choi, T.Y., & Wu, Z.(2009), "Taking the leap from dyads to triads: buyer－supplier relationships in supply networks", *Journal of Purchasing and Supply Management, 15*(4), 263－266.

Duncan, R.(1976), "The ambidextrous organization: designing dual structures for innovation", In R. H. Kilmann, L. R. Pondy & D. Selvin(Eds.), *The Management of Organization*(pp. 176－188). North Holland: New York.

Fynes, B., Voss, C. & de Búrca, S.(2005), "The impact of supply chain relationship quality on quality performance", *International Journal of Production Economics, 96*(3), 339－354.

Gorane, S.J. & Kant, R.(2016), "Supply chain practices: an implementation status in Indian manufacturing organisations", *Benchmarking: An International Journal, 23*(5), 1076－1110.

Hahn, C.K., Watts, C.A. & Kim, K.Y.(1990), "The supplier development program: a conceptual model", *International Journal of Purchasing and Material Management, 26*(2), 2－17.

Hazen, B.T., Overstreet, R.E. & Cegielski, C.G.(2012), "Supply chain innovation diffusion: going beyond adoption", *The International Journal of Logistics*

Management, 23(1), 119−134.

Jacobs, M., Vickery, S.K. & Droge, C.(2007), "The effects of product modularity on competitive performance: do integration strategies mediate the relationship?", *International Journal of Operations & Production Management, 27*(10), 1046−1068.

Kaynak, H. & Hartley, J.L.(2008), "A replication and extension of quality management into the supply chain", *Journal of Operations Management, 26*(4), 468−489.

Koh, S.C., Mehmet, D., Erkan, B. & Ekrem, T.(2007), "The impact of supply chain management practices on performance of SMEs", *Industrial Management and Data Systems, 107*(1), 103−124.

Lane, P.J., Salk, J.E. & Lyles, M.A.(2001), "Absorptive capacity, learning, and performance in international joint ventures", *Strategic Management Journal, 22*(12), 1139−1161.

Lau, A.K.W., Yam, R.C.M., Tang, E.P.Y. & Sun, H.Y.(2010), "Factors influencing the relationship between product modularity and supply chain integration", *International Journal of Operations & Production Management, 30*(9), 951−977.

Li, S., Ragu−Nathan, B., Ragu−Nathan, T.S. & Subba Rao, S.(2006), "The impact of supply chain management practices on competitive advantage and organizational performance", *Omega, 34*(2), 107−124.

Lin, C., Chow, W.S., Madu, C.N., Kuei, C.H. & Yu, P.P.(2005), "A structural equation model of supplychain quality management and organizational performance", *International Journal of Production Economics, 96*(3), 355−365.

Liu, Y., Huang, Y., Luo, Y. & Zhao, Y.(2012), "How does justice matter in achieving buyer−supplier relationship performance?", *Journal of Operations Management, 30*(5), 355−367.

Malhotra, A., Gosain, S. & El Sawy, O.A.(2007), "Leveraging standard electronic business interfaces to enable adaptive supply chain partnerships", *Information Systems Research, 18*(3), 260−279.

March, J.(1991), "Exploration and exploitation in organizational learning", *Organization Science, 2*(1), 71−87.

Mucelli, A. & Marinoni, C.(2011), "Relational capital and open innovation: two cases of successful Italian companies", *Journal of Modern Accounting and Auditing, 7*(5),

474-486.

Paton, R. & McLaughlin, S.(2008), "Services innovation: knowledge transfer and the supply chain", *European Management Journal, 26*(2), 77-83.

Peng, T.A., Lin, N., Martinez, V. & Yu, C.J.(2010), "Managing triads in a military avionics service maintenance network in Taiwan", *International Journal of Operations and Production Management, 30*(4), 398-422.

Robinson, C.J. & Malhotra, M.K.(2005), "Defining the concept of supply chain quality management and its relevance to academic and industrial practice", *International Journal of Production Economics, 96*(3), 315-337.

Ross, D.F.(1998), *Competing Through Supply Chain Management*, Chapman & Hall, New York.

Sako, M.(2002), "Modularity and outsourcing: the nature of co-evolution of product architecture and organization architecture in the global automotive industry", in Prencipe, A., Davies, A. & Hobday, M.(Eds), *The Business of Systems Integration*, Oxford University Press, Oxford, 1-40.

Sahay, B.S. & Mohan, R.(2006), "3PL practices: an Indian perspective", *International Journal of Physical Distribution and Logistics Management*, 36(9), 666-689.

Salvador, F.(2007), "Toward a product system modularity construct: literature review and reconceptualization", *IEEE Transactions on Engineering Management, 54*(2), 219-240.

Sanchez, R. & Mahoney, J.T.(1996), "Modularity, flexibility, and knowledge management in product and organization design", *Strategic Management Journal, 17*(S2), 63-76.

SChilling, M.A.(2000), "Toward a general modular systems theory and its application to interfirm product modularity", *Academy of Management Review, 25*(2), 312-334.

Soares, A., Soltani, E. & Liao, Y.Y.(2017), "The influence of supply chain quality management practices on quality performance: an empirical investigation", *Supply Chain Management, 22*(2), 122-144.

Sundram, V.P.K., Ibrahim, A.R. & Govindaraju, V.G.R.C.(2011), "Supply chain management practices in the electronics industry in Malaysia: consequences for supply chain performance", *Benchmarking: An International Journal, 18*(6), 834-855.

Tan, K.C.(2001), "A framework of supply chain management literature", *European Journal of Purchasing and Supply Management, 7*(1), 39−48.

Tan, K.C.(2002), "Supply chain management: a strategic perspective", *International Journal of Operation and Production Management, 22*(6), 614−631.

Tan, K.C., Kannan, V.R. & Handfield, R.B.(1998), "Supply chain management: supplier performance and firm performance", *International Journal of Purchasing and Materials Management, 34*(3), 2−9.

Ulrich, K.T. & Ellison, D.J.(1999), "Holistic customer requirement and the design−select decision", *Management Science, 45*(5), 641−658.

Ulrich, K.T. & Tung, K.(1991), "Fundamentals of product modularity", Proceedings of the 1991 ASME Winter Annual Meeting Symposium on Issues in Design/Manufacturing Integration, Atlanta, 1−14.

Victor H.Y. Lo & Alice Yeung (2006), "Managing quality effectively in supply chain: a preliminary study", *Supply Chain Management: An International Journal, 11*(3), 208−215.

추가 읽을거리

곽기영(2014), 『소셜 네트워크 분석』, 청람.

Borgatti, S.P. & Li, X.(2009), "On social network analysis in a supply chain context", *Journal of Supply Chain Management, 45*(2), 5−21.

Carter, C.C., Ellram, L.M. & Tate, W.(2007), "The use of social network analysis in logistics research", Journal of Business Logistics, 28(1), 137−168.

Jayaram, J. & Vickery, S.(2018), "The role of modularity in the supply chain context: current trends and future research directions", *International Journal of Production Research, 56*(20), 6568−6574.

Kim, D.Y.(2014), "Understanding supplier structural embeddedness: a social network perspective", *Journal of Operations Management, 32*(5), 219−231.

Kim, Y., Choi, T.Y., Yan, T. & Dooley, K.(2011), "Structural investigation of supply networks: a social network analysis approach", *Journal of Operations Management, 29*(3), 194−211.

Pashaei, S. & Olhager, J.(2015), "Product architecture and supply chain design: a systematic review and research agenda", *Supply Chain Management: An International Journal, 20*(1), 98 – 112.

연습문제

1. 객관식 문제

1.1. 다음 문제의 참과 거짓을 구분하시오.

(1) 조직의 상류 공급사슬의 상황에서 사용하는 관행들은 밀접한 커뮤니케이션, 정보공유, 공동 문제해결을 포함한다.

(2) 가치사슬을 따르는 여러 주체들과의 적절한 인터페이스는 조직에게 넓은 지식의 폭에 대한 접근을 제공하고 더욱 다양한 혁신을 위해 지식 통합을 허용한다.

(3) 공급사슬 상황에서 외부 지식은 다른 주체들과 깊은 관계를 구축하는 것을 통해 핵심 공급자 혹은 고객 등으로부터 나온다.

(4) 조직이 동시에 탐구하고 활용한다는 양면성(ambidexterity) 개념은 탐구, 동화, 활용 중 하나만 집중적으로 추구하는 것을 의미한다.

(5) 외부 파트너늘의 지식에 접근하는 것은 환경에 대한 더 나은 적응으로 이어지고 기존 역량의 향상으로 이어진다.

(6) 공급사슬 혁신은 최종 고객의 만족을 향상시키거나 효율성을 향상시키는 제품, 프로세스, 서비스의 변화뿐만 아니라 외향 공급사슬에서 향상된 기술의 적용과 향상된 프로세스와 절차를 포함한다.

(7) 제품 모듈성의 특성을 설명하는 분리성은 제품이 기능의 손실 없이 새로운 구성으로 재결합될 수 있는 수준을 의미한다.

(8) 통합적 디자인(낮은 제품 모듈성)을 갖는 제품에서 구성요소들은 잘 명시된 인터페이스에 기반하여 명백히 표현될 수 있다.

(9) 핵심 모듈이 기술적으로 역량 있는 모듈 공급자들로 아웃소싱되기 때문에 모듈 제품 디자인과 같은 부가가치 활동들은 어떤 한 조직에서 전반적 모델 공급사슬로 이전될 수 있다.

(10) 공급사슬 품질관리는 시장에서 중개자와 최종 고객들의 가치를 창출하고 만족을 얻기 위해 제품, 서비스, 프로세스들을 측정, 분석, 지속적으로 향상시키며, 공급사슬 내 모든 파트너들을 포함하는 비즈니스 프로세스의 공식적 조정과 통합이다.

1.2. 다음 문제의 정답을 찾아내시오.

(1) 다음 중 공급사슬 프랙티스와 가장 거리가 먼 것은?
① 연속적 대량생산　　② 대량고객화
③ 공급사슬 통합　　　④ IT 활용

(2) 다음 중 공급사슬에서 혁신에 필요한 학습 단계 중 가장 거리가 먼 것은?
① 탐구　　　　　　② 동화
③ 활용　　　　　　④ 모방

(3) 다음 중 제품 모듈성의 속성에서 가장 거리가 먼 것은?
① 분리성　　　　　② 이전 불가능성
③ 특이성　　　　　④ 재결합

(4) 다음 중 제품 모듈성과 공급사슬 통합 사이의 관계를 잘못 설명한 것은?

① 핵심 모듈이 기술적으로 역량 있는 모듈 공급자들로 아웃소싱 될 수 있다.

② 모듈 제품 디자인과 같은 부가가치 활동들은 어떤 한 조직에서 전체 공급사슬로 이동될 수 있다.

③ 제품 모듈성은 디자인 활동을 복잡하게 만들지만 생산/판매/엔지니어링에 걸쳐 조정과 정보공유를 향상시킴으로써 개발 시 많은 다양성을 확대시킨다.

④ 모듈 디자인은 커뮤니케이션과 정보공유를 단순화하고 공급사슬 파트너들 사이의 신뢰를 구축함으로써 경쟁적 성과를 직접적으로 향상시킬 수 있다.

(5) 다음 중 모듈성의 영향에서 가장 거리가 먼 것은?

① 고객에게 제공된 다양성 수준을 증가

② 공급사슬 구성 복잡성의 수준을 증가

③ 공급사슬 협력 복잡성의 수준을 감소

④ 제품 모듈성, 제품 다양성, 혁신성을 공급사슬 디자인 계획과 관리와 일치시킴으로써 공급사슬 성과가 향상

(6) 다음 중 공급자 혁신성에 대한 설명 중 가장 잘못된 것은?

① 공급자는 공급사슬 전체의 혁신에서 핵심적 역할을 한다.

② 상호 견제로 인해서 공급자 개발은 구매자의 혁신역량에 서의 영향을 미치지 않는다.

③ 공급자 혁신성은 비용, 품질, 제품개발, 납기 신뢰성, 유연성 성과 차원에서도 제조업체의 성과에 긍정적으로 영향을 미친다.

④ 공급자 혁신성은 구매자 혁신성에 영향을 미친다.

(7) 다음 중 공급자 품질관리의 세 가지 요소 중 가장 거리가 먼 것은?

① 공급자 선택   ② 공급자 개발

③ 공급자 평가   ④ 공급자 통합

(8) 다음 중 공급사슬 품질관리의 프랙티스 중에서 가장 거리가 먼 것은?

① 최고경영층의 리더십

② 제품의 아키텍처 디자인

③ 프로세스 디자인과 관리

④ 종업원과 고객관계

(9) 다음 중 사회 네트워크 분석을 이용한 공급 네트워크 분석의 응용 사례에 해당하지 않는 것은?

① 공급 네트워크의 복잡성과 가시성

② 산업 클러스터에서 공급 네트워크

③ 공급 네트워크 내 정보의 흐름과 파워

④ 공급 네트워크 내 의사결정

(10) 다음 중 사회적 책임조달과 가장 거리가 먼 것은?

① 인권   ② 안전

③ 다양성   ④ 과대포장

2.1. 사전 학습문제

(1) 지금까지 학습한 공급사슬관리 이슈 중에서 가장 중요하다고 생각하는 프랙티스 5개를 제안하고 그 이유를 설명하시오.

(2) 공급사슬의 경쟁력을 평가하는 지표를 투입물(inputs), 변환과정(transformation), 산출물(outputs), 성과결과(outcomes) 차원에서 모두 나열해 보시오.

(3) 제품품질과 서비스품질을 결정하는 주요 차원들을 정리하고 그 특징을 설명하시오.

(4) 사회 네트워크 분석의 기본 개념을 이해하기 위해 아래의 게임을 해당 사이트에서 수행해 보고 나머지 두 개념을 정리해 보시오.
  ① 케빈베이컨 게임(www.oracleofbacon.org)
  ② Small world 효과(Milgram의 실험)
  ③ 6단계 분리이론

(5) 착한 소비, 공정무역의 개념이 무엇인지 파악하고 그 유형을 찾아서 정리해 보시오.

2.2. 사후 학습문제

(1) 공급사슬관리 프랙티스를 유형의 프랙티스와 무형의 프랙티스로 구분해 보시오. 나아가, 기술에 의해 직접적인 영향을 받는 프랙티스와 간접적으로 영향을 받는 프랙티스로 구분해 보시오. 분류결과로서 어떤 프랙티스 유형이 가장 많은 비중을 차지하고 있는지 보여주고 그 이유를 제안하시오.

(2) 공급사슬관리의 혁신을 강화하기 위한 주체들은 무엇이 있는지 제시하고 이들과의 관계는 어떻게 이루어져야 하는지를 설명하시오.

(3) 개방형 혁신 패러다임하에서 공급사슬과 공급 네트워크 관점 각각의 특징을 설명하고 어떤 관점이 개방형 혁신 패러다임과 더 잘 어울리는지를 설명하시오.

(4) 공급자 품질관리와 공급사슬 품질관리의 유사점과 차이점을 설명하시오.

(5) 사회 네트워크 분석이 공급사슬관리에서 유용하게 사용될 수 있는 분야를 모두 찾아 제시해 보시오.

(6) 지속가능한 공급사슬의 성공요인을 찾아 정리해 보시오.

색인

저자 약력

금오공과대학교 경영학과 교수인 김진한은 서강대학교에서 경영과학 전공으로 박사학위를 받았다. 저자는 한국외환은행 경제연구소, 현대경제연구원, 포스코경영연구소, 피츠버그대학교에서 과학적 의사결정, 신사업, 기술혁신과 네트워크 등에 대한 컨설팅과 프로젝트를 수행하였으며, 서강대, 이화여대, 건국대, 인천대, 세종대 등에서 강의를 한 바 있다. 현재 대학에서는 공급사슬관리, 서비스운영관리, 기술경영, 데이터 분석 관련 과목에 대한 강의를 주로 하고 있다.

공급사슬관리

초판발행   2021년 2월 25일

지은이   김진한
펴낸이   안종만·안상준

편 집   황정원
기획/마케팅   장규식
표지디자인   최윤주
제 작   고철민·조영환

펴낸곳   (주) **박영사**
               서울특별시 금천구 가산디지털2로 53, 210호(가산동, 한라시그마밸리)
               등록 1959. 3. 11. 제300-1959-1호(倫)

전 화   02)733-6771
f a x   02)736-4818
e-mail   pys@pybook.co.kr
homepage   www.pybook.co.kr
ISBN   979-11-303-1209-5   93320

정 가   28,000원